现代汉语修辞学

张弓／著

河北出版传媒集团

河北教育出版社

图书在版编目（ＣＩＰ）数据

现代汉语修辞学 / 张弓著 . -- 石家庄 : 河北教育出
版社 , 2014.8（2022.10 重印）
ISBN 978-7-5545-1321-7

Ⅰ . ①现… Ⅱ . ①张… Ⅲ . ①现代汉语－修辞学－高
等学校－教材 Ⅳ . ① H15

中国版本图书馆 CIP 数据核字 (2014) 第 184131 号

书　　名　**现代汉语修辞学**

作　　者　张　弓

责任编辑　石　姮　赵　磊　张　怡

出版发行　河北出版传媒集团

河北教育出版社 http://www.hbep.com
（石家庄市联盟路 705 号，050062）

印　　制　保定市铭泰达印刷有限公司

排　　版　保定市万方数据处理有限公司

开　　本　787mm×1092mm　　1/16

印　　张　19.5

字　　数　300 千字

版　　次　2014 年 10 月第 1 版

印　　次　2022 年 10 月第 2 次印刷

书　　号　ISBN 978-7-5545-1321-7

定　　价　36.00 元

出版说明

　　《现代汉语修辞学》是已故著名修辞学家张弓先生的代表作。张弓先生（1899.1—1983.6），江苏省灌云县人，1924 年毕业于武昌师范大学国文历史部，先后任教于天津南开大学，北京中国大学、中法大学等。新中国成立后，曾任河北师范学院教授，中国科学院河北省分院语文研究所研究员，河北大学中文系教授、系主任，兼任河北省语文学会会长、河北省社科联副主席、中国修辞学会名誉会长、全国政协委员等职，是现代汉语修辞学的开拓者和奠基人之一。在修辞学研究方面，张弓先生著有《中国修辞学》（1926）、《现代汉语修辞学》（1963）、《古汉语修辞学讲纲》（1964）等，其中《现代汉语修辞学》被誉为中国现代修辞学史上继陈望道先生《修辞学发凡》之后的第二座里程碑。

　　该书精辟地阐述了修辞手段与语言各因素的关系，使人们对许多修辞手段的本质及构造有了更深刻的认识；明确指出了修辞是词句方面的同义形式的选择，这对后来修辞学界"同义形式选择"论的发展具有开拓的意义；详细论述了现代汉语的各种修辞方式，并对其进行科学归纳、分类，创立了自己完整的修辞方式系统；吸取我国传统的"炼字"之说，提出了"寻常词语艺术化"的新课题，为修辞学界许多人所称道并研讨；还借鉴国外先进的语言学理论，以全书近五分之一的篇幅，系统论述了现代汉语的各类语体，初步建立起了自己的语体学说。张先生把汉语语体的研究作为修辞学的重要任务之一，使语体论在其整个专著中占据重要地位，这在当时我国的修辞学界是一大创举。张弓先生的语体理论能够结合汉语的实际，论述精辟，多有创见，对作为一门独立的学科——现代汉语语体学的建立和发展，起到了奠基的作用。另外，该专著所提出的"结合现实语境，注意实际效果"的修辞原则和"内容决定形式，形式内容统一"的观点，以及所表现出的"古为今用、洋为中用"的思想和辩证唯物主义的方法论，对我国修辞学界都具有启发和指导意义。总之，张弓先生的《现代汉语修辞学》，对我国修辞学事业的发展和繁荣做出了重大贡献。

1993 年，为适应汉语修辞教学和研究之需，并根据张弓先生遗愿，征得天津人民出版社和张弓先生家属同意，河北大学中文系语言研究室对原著个别例句更换后，由河北教育出版社重排出版。为纪念和缅怀张弓先生在汉语修辞学研究方面的巨大贡献，继承和弘扬张弓先生的修辞学理论和思想，2014 年 6 月，河北大学文学院、河北教育出版社、河北省修辞学会多次商议将 1963 年版《现代汉语修辞学》重印出版并联合举办"张弓先生修辞学理论高层论坛"研讨会，并得到河北大学、河北教育出版社及张弓先生家属在经费和出版方面的大力支持。值该书出版之际，谨此说明并表示诚挚的谢意。

河北大学文学院　河北教育出版社　河北省修辞学会

2014 年 6 月

序

修辞学，在现代汉语的科学研究上，当然是跟语法有所区别的，但在教学体系上，有时又是跟语法分不开的。关于词汇和语音等也如此。

例如语法中的句子结构要讲到变式句和省略句，词法中要讲到转类法和创词法，一方面应当根据形式逻辑来解释语法规律，另一方面就得认识这些规律的形成，原是以修辞上的需要为出发点的。

因此，一部有实用价值的语法书，并不避免有关修辞学的种种说明；一部有实用价值的修辞学书，必须涉及有关语法的许多语言因素。而这些被利用为修辞手段的语言因素，又多半是一种同义形式。

说到复式句、多合句和篇章结构，那就更是语法和修辞学（包括一般所谓作文法）的会师。其中有个主要关键，那就是往年称为文章体裁的"语体"，语体的不同，可以影响到词汇上的措词和句法上的语气，也跟着有不同的选择标准。

那么修辞学本身要独立说明的是什么？毫无疑问，就是各色各样的修辞方式了。

张弓先生研究汉语修辞学几十年，我在几十年前就已读过他著的一本分析归纳修辞方式的书；他积累了多年的教学经验，参取了修辞学的先进理论，掌握了传统的现代作品中的资料和实例，现在写成这部《现代汉语修辞学》。对于修辞方式，更加了一番分析归纳的功夫，分为描绘、布置、表达三大类共廿四法。我也曾在 1925 年开始讲授修辞学、编写讲义时，把修辞方式分为理解、想象、情趣、声色四大类共廿五法，现在看来，分类的出发点偏重在心能方面了。此调不弹已久；而张弓先生则于修辞方式之外，如上述诸点，也都有所阐明。喜其成书，乐为之序。

黎锦熙

1962 年 10 月 30 日

例　　言

（一）本书从语言科学角度，根据修辞学先进理论，归纳现代汉语修辞实例，结合汉语修辞传统，以说明现代汉语修辞的规律。

（二）内容重点：

1. 着重阐明现代汉语修辞和现代汉语各因素（词汇、语法、语音）的关系，具体分析修辞方式利用语言因素的情况。

2. 讲述现代汉语修辞方式的体系，特别着重各方式的"现实基础""类别"及"社会作用"几方面（我们认为修辞方式是修辞范畴的主要形式）。

3. 着重说明现代汉语修辞和汉语语体的相应关系。最后一章专讨论这个问题，特别着重各修辞方式在各类语体中的适应性、局限性。

（三）本书广引各类语体的例句（文艺作品、政论、科学论文、公文等），注重思想性（思想感情健康、具积极意义）、艺术性（语言具美感性）及现实性（现代刊行的文章）。

（四）本书的引例和解说多着重证明劳动人民（工农兵）修辞的优点。

（五）本书根据著者最近的见解，就历年在高等院校所编写的讲义修改而成（1956 年师范学院《现代汉语试行教学大纲》中附有著者提出的关于修辞教学的建议）。

（六）本书系统讲述现代汉语修辞科学知识并具体讨论修辞实践和研究的方向、方法问题，可供大中学师生及语文工作者参考。

张 弓

1962 年 7 月

目　　次

第一章　什么是修辞，怎样修辞

（一）修辞的事情

学习、研究修辞学，首先要明确认识修辞是怎么一回事。修辞是为了有效地表达意旨、交流思想而适应现实语境、利用民族语言各因素以美化语言。这是具体的事情，要因时因地制宜，巧妙灵活地运用民族语言的词汇、语法、语音各因素，使语言艺术化。而艺术化是以表情达意为基础的，目的是更好地完成社会交际任务。

这里所说的"美化"，具有广阔的全面的意义，固然不是指"花言巧语"，也不是限于"文艺形象化手法"，而是说各种交际场合下各类语体中的语言所要求的表达技巧。掌握这所说的技巧，语言才能够充分地圆满地表情达意。做到这所说的"美化"，语言才能够真正做到准确、鲜明、生动，收到好的交际效果。

古语"言以文远"（《文心雕龙·情采》赞，暗用《左传》的话。《左传·襄公二十五年》："言之无文，行而不远。"）以及"情欲信而辞欲巧"（《礼记·表记》），这两句话正可以借来帮助说明这个问题。

这"文"就是"文饰条理"，就是我们说的"美化"。"言以文远"就是"语言因为美化才能够传远垂久"，这就是说明语言美化的功能。"情欲信而辞欲巧"是说内容要真实而文辞要"美化"，"巧"可以就当作"美化"。这句话和《易·文言》中的"修辞立其诚"意思相近。这是说明语言美化与表达态度的关系,说明语言美化与表达的真诚态度的相应关系。

有的人以为修辞有神秘性,以为语言的妙处是只可意会而不可言传。这看法是不对的。我们的看法是:修辞是有规律可循可说的,绝没有什么神秘。修辞活动必须依照规律进行,符合规律才可能收到效果。又有的人以为修辞就是雕琢词句,就是文辞的矫揉造作,这看法也是不对的。我们的看法是:修辞是根据一定内容,活用语言条件,自然地表现。随机应变,顺理成章,绝不是矫揉造作的。又有的人以为修辞就是咬文嚼字,就是装饰表面,这看法也是不对的。我们的看法是:修辞是调整文章"表"和"里"的关系,使思想感情的表现、客观事物情境的反映能恰如其分,无过无不及,绝不是讲究孤立的形式美。

以上概括说明什么是修辞,批驳了对修辞事情的几种不正确的看法——神秘、矫揉造作、片面形式装点,提出了我们认为正确的看法,修辞是有规律的、自然的、内容形式统一的。当然,这所说的"自然"是指态度真诚,表达符合规律。

(二) 修 辞 的 原 则

修辞的原则是:结合现实语境,注意交际效果。所谓语境,包括社会情境、自然环境及上下文。分析起来,有:①联系说话时的情境;②利用时间、地点等条件;③利用自然景物特点;④适合说话人和听众读者的关系;⑤适应听众读者的情况;⑥照顾上下文的关系等项。

结合现实语境——到什么山唱什么歌,看菜吃饭,量体裁衣,说话要对应现实情境,要结合社会环境或自然环境(主要是结合社会环境——当何时,处何境,为何事,对何人说)。如毛主席的政论文章、演说都是针对当时(特定历史阶段)的情况提出新的论断,措辞都是密切结合实际，有的放矢的，因而有极高度的说服力。

例如《论反对日本帝国主义的策略》一文，这是毛主席 1935 年 12 月 27 日在陕北瓦窑堡党的活动分子会议上的报告，是在 1935 年 12 月中共中央政治局瓦窑堡会议之后作的。这一次政治局会议批评了党内那种认为中国民族资产阶级不可能和中国工人农民联合抗日的错误观点，决定了建立民族统一战线的策略，是一次极重要的中央会议。毛主席在这篇报告中，根据中央决议，面对实际，充分说明了建立民族统一战线的可能性和必要性。特地运用对照辞式，把"统一战线"和"关门主义"正相反对的两个策略作了比较的论述。说统一战线是要招收广大的人马，把敌人包围起来加以消灭；而关门主义是依靠单兵独马，去同强大的敌人打硬仗。论断统一战线是马克思列宁主义的策略，而关门主义是孤家寡人的策略。这样鲜明、强烈的对照就使群众容易体会统一战线的高度正确性，容易了解关门主义的严重危害性，发挥了伟大的战斗力。

又例如毛主席所写的《抗日游击战争的战略问题》一文。当抗战初期，党内外都有许多人轻视游击战争的重大战略作用，而只把自己的希望寄托于正规战争，特别是国民党军队的作战的时候，毛主席写出这篇论文，就有力地批判了这种错误观点，指出游击战争发展的正确道路，指示全国人民必须把抗日游击战争问题放在战略的观点上加以考察。

在这篇论文中，提出了游击战的六个具体战略问题。第一就是"主动地、灵活地、有计划地执行防御战中的进攻战，持久战中的速决战和内线作战中的外线作战"。而"灵活性"（主要方法是分散、集中和转移）是具体表现"主动性"的东西。运用"渔人打网"和"流水疾风"两个明喻，精确地形容游击战争的分散、集中和转移兵力，形象地说明游击战的灵活性特征，充分阐示游击战战略的重大作用。这就使群众对游击战战略容易有具体体会。

以上所讲的是关于修辞对应社会环境的事情。下面再讲修辞联系自然环境。

例如周总理《在加德满都市民欢迎大会上的讲话》：

"亲爱的朋友们：当我们站在这个广场上，同千千万万的尼泊尔人民在一起的时候，过去时代的珍贵的回忆就又涌现在我的眼前。虽然在我们两国之间横亘着世界上最险阻的喜马拉雅山，然而我们的人民却自古以来就保持着友好的来往，他们交换了彼此在文化上创造和在农业和工艺上的成就。"后面又说："在我要结束我的讲话的时候，我祝中国和尼泊尔的友谊像连结着我们两国的喜马拉雅山那样巍然永存。"

（《人民日报》1957 年 1 月 29 日）（引例中的着重号·、。，都是引者所加，以下皆同）

前例用"喜马拉雅山的险阻"从反面衬托中尼两国的自古以来一直保持着友好的来往，后例又以"喜马拉雅山的巍然永存"鲜明地比喻"中尼两国友谊的永远牢固"。两例都是联系两国间的自然环境、结合地理特点，使人感到贴切而有深厚情味。

例如陈毅副总理《在首都庆祝匈牙利解放十五周年大会上的讲话》：

中匈两国人民在长期的革命斗争中互相关怀、互相支持，我们之间的友谊像长江和多瑙河一样源远流长。

（《人民日报》1960 年 4 月 4 日）

结合自然环境，将两国著名的大川用作喻体，赞颂中匈间的伟大友谊，令人感觉意味深厚而又亲切。

又例如《湄公河畔友情深》：

中柬友谊就像连接我们两国的湄公河（在云南境内叫澜沧江）那样深广和源远流长。柬埔寨朋友们经常这样形容中柬两国人民的深情厚谊。的确，在柬埔寨人民生活中，特别是最近几年来，无论在美丽的湄公河畔，还是这个国家的其他角落，到处都可以感受到中柬人民这种日益加强的传统友谊。……以美帝国主义为首的帝国主义和反动派仇恨这种人民之间的深厚友谊，几年来他们一直千方百计地捏造各种谣言，破坏中柬友谊。但是就像一只手拦不住日夜长流的湄公河一样，他们无法破坏这种真诚的友谊。

（《人民日报》1960 年 12 月 16 日）

这以连接中柬两国边境的湄公河的源远流长比喻中柬友谊的深厚悠久与无限发展。用柬埔寨人民的佳话，借眼前景物，歌颂两国传统友谊的加强，自然听来感到亲切有味。后面把帝国主义和反动派的无法破坏中柬友谊比作一只手拦不住长流的湄公河，表现出高度的战斗性。

修辞联系自然环境也是为的说明社会情况或烘托人物动态，前举各例，可作证明。依我们看，修辞联系自然环境，大约有些是有汉语修辞传统"比"和"兴"的意义。

总之，修辞联系实际语境，有时间、地点、人物以及其他诸方面，复杂多端；而且具体结合现境也是灵活多样。说话人（或作者）要从新的角度来观察，抓住事物的新关系来恰当地表现。

此外上文下文（前话后话）也是语境的一个方面。这所说的"上文下文"就是指修辞手法密切关联的上下文。各种修辞方式以及寻常词语的艺术化，往往是以上下文的映衬为条件，修辞的功能力量也往往在上下文的联系上显示出来。

就修辞方式说，如反问、引语、代替等式都往往依靠特定上下文作条件。有一定的上下文的前配后衬，辞式的妙处才容易显出来。

上文提出根据，或在下文作补充说明，才能表现"反问"的真精神和力量。

例《将革命进行到底》：

中国人民决不怜惜蛇一样的恶人，而且老老实实地认为：凡是耍着花腔，说什么要怜惜一下这类恶人呀，不然就不合国情、也不够伟大呀等等的人们，决不是中国人民的忠实朋友。像蛇一样的恶人为什么要怜惜呢？究竟是哪一个工人、哪一个农民、哪一个兵士主张怜惜这类恶人呢？确是有这么一种"国民党的自由主义"人士或非国民党的"自由主义人士"，他们劝告中国人民应该接受美国和国民党的"和平"，就是说，应该把帝国主义、封建主义和官僚资本主义的残余当作神物供养起来，以免这几种宝贝在世界上绝了种。但是他们决不是工人、农民、兵士，也不是工人、农民，兵士的朋友。

（《毛泽东选集》第四卷，1382 页）

"像蛇一样的恶人为什么要怜惜呢？""究竟是哪一个工人、哪一个农民、哪一个兵士主张怜惜这类恶人呢？"是反问辞式。实际意思是：怜惜蛇一样的恶人是毫无理由的，断乎没有工农兵主张怜惜这类恶人的。

由于上文说明了中国人民认为凡是说要怜惜一下恶人的，决不是中国人民的忠实朋友；下文又申说凡劝告中国人民应该接受美国和国民党的"和平"的，决不是工农兵，也不是工农兵的朋友，上下照应，就使中间的"反问"辞式具有战斗力，显出尖锐性。

引语辞式——引用现成话、老话以说明新道理、新问题。这也需要上下文有叙述、有论断。

例如《三千里江山》：

……吴天宝是怎么长大的，他自己也说不清，反正是长大了。……他到底长大了。从乡村流落到城市，从放猪到赶大车，从赶大车又学着开火车，每逢憋屈的没法，就想："你等着吧，咱们看将来的！"他的将来十分渺茫，自己也不知道究竟怎样，直到遇见了共产党，路子明了，方向清了，他才真正看见了自己的将来。

人说：在家靠父母，出外靠朋友。在吴天宝呢，自从靠上组织，头一回才算有了家了。
。。

（106—107 页）

引用"在家靠父母"现成话，赋予以新的政治意义。依靠上文的叙述和下文的论断，把吴天宝的靠上组织的"家"的极重大极深刻的意义烘托出来，把成语革新的功能显示出来。

代替辞式——根据一定条件，用另一个名字代替本事物的原名字，这样就能具有生动的描绘性。这种辞式大部分必须在上下文作交代。

例如《三千里江山》用"小炮弹"代替一个结实的战士：

　　一个战士结实的像小炮弹，………
　　　。。。
　　小炮弹咯咯笑起来：………
　　。。。

（12 页）

这是以某战士的体格特征的比喻体"小炮弹"，代替本体"某战士"。先在上文作了交代，下面就直接用"小炮弹"作代名。上文的说明是先立了根。

又例如《暴风骤雨》用韩世才的形貌特征"长脖子"代替本体"地主的腿子韩世才"。先提代名，下文补述代名的由来。

上文"卖馃子的长脖子男人……"
　　　　　　。。。

　　长脖子一面说，一面把篮子放在地板上，挨进炕沿站立着。长
　　。。。
脖子说：……
。。
　　长脖子答应……
　　。。。

（15—16 页）

下文特地对长脖子的丑恶性格、丑恶历史做了清楚的介绍：

　　　这长脖子男人，名叫韩世才，外号韩长脖，今年二十七岁，生
　得头小脖长，为人奸猾，是韩老六的远房本家。……平日倒腾点破
　烂，贩卖点馃子，这不够吃喝，更不够买烟。韩老六有时接济他一
　点，就这样他成了韩家大院的腿子。

（15—16 页）

　　有了这一节的叙述，就使这个代替辞式"长脖子"的憎恨感情色彩
鲜明。

　　其他许多种修辞方式都往往依靠上下文的力量才能显出精神，显示
作用。修辞方式往往是跟上下文自然地有机地联系着的。

　　又如修辞活用的"同义词""反义词"，完全是在特定的上下文中处
理的。假若离开上下文，就失掉了同义、反义的关系。这样的活用的同
义词、反义词是不属于词汇范畴，不列于词典的。至于寻常词语的艺术
化，把寻常的单词或词组安排在适当地方，造成一定的美感性，表现一
定的感情色彩，这就完全依靠上下文的组织的力量。

　　总之，修辞活动必须照顾特定的上下文，必须看上下文来适当运用
语言的艺术手法，万不可以孤立地使用各种方式方法。研究修辞实例，
也必须注意上下文的联系，万不可以断章取义。

　　注意交际效果——语言是社会交际工具，说话写文章，本来是一种
社会活动，原是以交流思想、影响群众为目的。修辞运用种种艺术手
法，不是为的个人自我欣赏，而是为的提高语言的表现力、感染力、说
服力，使听众读者能对所表现的情意有正确的理解，受强烈的感染，起
一定的反应。我们说，修辞原则是注意交际效果，就是注意怎样善于利
用民族语言的一切可能性，运用民族语言的材料、方法、方式等项，以
达到一定的交际目的。当然，这个原则牵涉到群众观点问题。说话做文
章必须树立群众观点，在各方面随时为群众着想，看准对象，推敲语言
才能收到预期的效果。

　　毛主席在《反对党八股》一文中，再三强调演说、谈话、写文章要

看对象，要注意听众读者，严厉批评了做党八股的人不顾对象，忽视群众的倾向。他说：

> 为什么一定要写得那么长，又那末空空洞洞的呢？只有一种解释，就是下决心不要群众看。因为长而且空，群众见了就摇头，哪里还肯看下去呢？
>
> （《毛泽东选集》第三卷，835 页）

又说：

> 共产党员如果真想做宣传，就要看对象，就要想一想自己的文章、演说、谈话、写字是给什么人看、给什么人听的，否则就等于下决心不要人看，不要人听。
>
> 还说："射箭要看靶子，弹琴要看听众，写文章做演说倒可以不看读者不看听众么？"
>
> （《毛泽东选集》第三卷，837 页）

毛主席在《合作社的政治工作》一文的按语中，也同样指责了做党八股的人不为读者设想的倾向。他说：

> ……本文作者懂得党的路线，他说得完全中肯。文字也好，使人一看就懂，没有党八股气。在这里要请读者注意，我们的许多同志，在写文章的时候，十分爱好党八股，不生动，不形象，使人看了头痛。也不讲究文法和修辞，爱好一种半文言半白话的体裁，有时废话连篇，有时又尽量简古，好像他们是立志要让读者受苦似的。
>
> （《中国农村的社会主义高潮》下册，1134 页）

这里，毛主席号召大家同"不生动，不形象""半文半白""使人看了头痛"的党八股进行斗争。用"好像他们立志要让读者受苦似的"这样深刻而幽默的话语，谴责做党八股的人违反群众观点的倾向。在这里，毛主席特别指出做党八股的人不讲究文法修辞问题，这是我们学习修辞学的人应该特别注意的。

我们学习、研究修辞要认真体会毛主席的教导，注意实际效果，考虑群众反应。怎样考虑呢？大略分析，有"材料""内容""形式""作用"各方面。先概括提述一下，后再作具体说明。

材料，要采用群众所熟悉的。

内容，要准确（符合客观事物实际，思想情感与广大劳动人民相合），要新颖（除旧布新、推陈出新），要平易（为群众所容易领会，所能够迅速体会的）。

形式，要生动通俗。

作用，对群众要有说服、感染、鼓舞、鼓动等作用。

具体地讲：就"材料"说，例如比喻辞式，喻体（用来打比方的东西，这是比喻的材料）必须是群众所常见熟悉的。利用熟的喻体来说明较生的本体（被比方的东西，也就是所描绘的事物），以"熟"比"生"，这样，群众对本体才容易体会、认识、感受。假如用生的喻体说明生的本体，以生比生，那样就收不到比喻效果，可能使群众感觉迷惑。又例如引语辞式，所引用的成语也必须是群众所熟知的，才可能起一定的作用。假如引用冷僻典故，群众就莫名其妙。

再就"内容"说，要准确。如比喻式的喻体（打比方的）和本体（被比方的）之间的类似点，必须达到高度，这样就是准确。又如引语式所引的老话、成语必须加以革新，把它活用起来确切地恰如其分地说明事物道理，这也就算准确。比喻、引语的褒贬色彩的轻重深浅要符合广大劳动人民的情感分量，这算是准确。还要新颖，如比喻式的喻体和本体的关系应当是新发现的。引语式的内容也应当是新生事物，新鲜道理，通过老话来说明现实社会的新问题（所利用的老话只是材料）。还要平易，内容不艰深，近情近理，能适合群众的理解力。

再就"形式"说，例如比喻式，如果能深入实际，运用想象，选择新的喻体，利用别的事物和本事物的异而同的关系作"恰似点"的描绘，以具体显示本事物的本质特征，这样就可能给人生动的感觉。毛主席著作中创造的比喻，都是根据对客观现实事物所作极深刻的观察、极精确极新鲜的判断，所以具有极高度的生动性。再如引语式，如果能结合现实，根据说话主旨，从新的角度来利用现成话，说明新问题，也就可能表现生动性。毛主席运用引语辞式，深入实际，推陈出新，辩证地说明真理，因而使人感觉特别生动。运用各种修辞方式、手段，能利用普通话（全民语言）的条件（语音、词汇、语法），发扬民族语言的艺术形象传统，这样就容易达到通俗的要求（民族风格是和通俗性相连的）。

最后，就"作用"说，果能具有以上所述的材料、内容、形式，就自然能在交际方面对群众发挥各种积极作用。

"注意交际效果"和"结合现实语境"两个原则是相联系的。密切结合语境才可能收到交际效果。当然要获得交际效果，还有许多条件。

以上说明修辞的"结合现实语境""注意交际效果"两项原则。现实语境千差万别，交际情况千变万化，修辞实际活动，要符合这两项原则，就必须有高度的灵活性。

（三）修辞的要件

修辞的要件是：内容决定形式，形式内容统一。美的辞式是健康、充实、深刻的思想感情的自然表现。"内容决定形式"，这话是我们研究修辞者应该注意体会的。我们说话写文章都应该按主题、中心思想和目的决定词句的取舍和用法。内容是先决条件。

例如山东民歌《今朝英雄胜百代》：

万里长城人民建，千里运河人民开，

自古中国英雄多，今朝英雄胜百代；

举手推倒重重山，落手填平茫茫海。

（《人民日报》1958 年 6 月 20 日）

这首诗用夸张辞式表现了我国劳动人民的豪迈气概、雄伟气魄。我们读了就感觉到这种壮美辞式是和健康、充实的思想情感分不开的。赞颂历史上劳动人民伟绩，更推重今日的英雄力量，放长眼光，向前远看，勇敢地征服自然，改造环境。这样的思想情感可算十分健康的。

又例如湖南民歌：

天连水来水连天，青天碧水常相连；

党和人只针连线，千年万年心不变。

作者正是由于对党怀着极真实、极深刻、极热烈的感情，所以能自然运用美妙辞式（复合比喻——用天和水、针和线做比喻），充分表现对党坚决拥护的态度。

又例如安徽民歌《花也舞来山也笑》：

一阵爆竹连天响，四十条纲要放光芒，

花也舞来山也笑，人换思想地换装。

（《红旗歌谣》56 页）

这首民歌反映了广大农村对党的英明的农业政策热情的拥护。诗里就用了"拟人"辞式（花舞山笑），创造了欢乐气氛。

上面略举的几个例子，证明修辞的成功是思想感情和语言的相符相应。具体说明有了健康、充实、深刻的思想情感，才可能产生美妙的辞式。另　面也说明只有密切结合现实实际，灵活巧妙运用各种修辞手法，才可能把健康充实深刻的思想情感不折不扣地传布给群众，才可能用美的思想情感感染群众、影响群众。

以上概括说明修辞的"内容形式统一"的要件，修辞实际活动，要符合这样条件，就必须认清内容形式的复杂问题，做细致的工作。

在本节最后，谈谈修辞学的科学性质问题。

修辞学本来就是研究语言的表达形式问题，就是研究怎样结合语境，面对群众，很好地选择运用民族语言的表达形式（主要是广义的同义形式）问题。修辞事情的特点，就是讲究语言表达形式的时宜性（包括因时、因地、因人、因事制宜诸端）。当然，表达形式是为内容服务，是必须服从内容的需要。修辞学假如脱离内容，孤立地研究形式美，那是错误的。但是讲修辞千万不可以讳言"形式"，不可以忽略"形式"。修辞学假使一味地讲内容而不顾语言表达形式，那就会失掉修辞学科学的本质特点。语言的真正内容是产生在一定语境之下，是有的放矢的。

修辞的内容与形式的辩证统一关系，必须很好地掌握。

第二章　现代汉语修辞学的任务

修辞学是语言学的一个部门，它和语言学的其他各部门（词汇、语法、语音）密切关联，而又具有一定的独立性。它不是词汇学、语法学的附属物，不是词汇学、语法学所能包括或代替的。

词汇学研究构词法、词义，语法学研究词法、句法的语法结构，语音学研究语音的构造系统，都是各研究语言本身的一种因素。而修辞学不是这样，它是研究词汇、语法、语音的运用，它研究词汇、语法、语音，是从表达态度、表达方法、表达效果的角度来研究。格沃兹节夫《修辞学概论》说："修辞学研究如何恰当地运用符合规范的那些语言手段以便完成交际任务。"这话正确而简括。

现代汉语修辞学的任务，依我们看，可分为三大方面：

（一）研究现代汉语修辞和汉语各因素的关系

现代汉语修辞学的任务首先是研究现代汉语修辞和汉语各因素的关系，研究怎样适应具体语境，活用现代汉语规范化语言各种因素（词汇、语法、语音），以充分地恰如其分地表示对现实事物的一定的态度（肯定、否定，拥护、反对，赞扬、谴责，褒、贬等），恰当地表示对事物的一定评价（美丑、善恶、长短、得失等）。

怎样活用呢？重要的是根据内容需要，选用词或句的同义手段（包括词汇方面的同义手段，语法方面词法、句法的同义手段，当然还有许多修辞手法是在"同义"之外的）。这所说的"同义手段"，是指同一种或极相近的意思、意义在民族语言方面有多种多样的表现手法。而这些手法可以表现出情味、色彩、语气、态度等等的细微差别。表现同中之异。同，是意义意思的相同相近；异，是情味或色彩或语气或态度的细微差异。修辞学应当负责探讨词句方面的同义手段的选择、运用问题。

词汇的同义手段，主要是同义词。同义词就是一组词中的基本意义。核心意义相同，而补充的意义、附加的色彩有细微差别。一组同义词间的关系是大同而小异，是同中显异。修辞方面的选词，大半是关于同义词的选择工作。用词的准确与否大半跟选择同义词的得当与否有关系。选择同义词必须认准一组所有同义词的共性和各个词的个性，必须有辩证的看法。选用同义词必须认清同义词的细微差异，辨明同中之异。临时调度运用同义词必须根据说话（或文章）内容，结合现实语境，严肃地精细地加以选择。

同义词的价值，从修辞学角度来看，它不仅是在于此词可以代替彼词，更重要的是在于使同一概念的表现多样化。

善于选用同义词，根据具体内容，结合语境语体，灵活选用同义词，就可以使表达的思想确切、细致，使言辞丰富、多彩，不致单调、重复。

研究现代汉语修辞必须注意考虑现代汉语同义词在同一词义下的各方面的差异（除意义差异外，还有修辞色彩、语体色彩等差异）。认清了差异，才好因时制宜地选用。

例如："东方红，太阳升。""太阳"这个词，具有庄严色彩，就不能用同义词"日头"来代替。

例如《三千里江山》：

> 高青云听着人谈，自己也谈。每逢一谈，他就想起母亲；想起
> 母亲，他就渴望着谈谈祖国。日久天长，祖国跟母亲融到一起，分
> 不清界限了。他觉得母亲就是祖国，祖国就是母亲。

（129 页）

这里"母亲"也具有庄严色彩，假如换作"妈"或"娘"，色彩就差得远了。

又例如"闲谈""唠嗑"是同义词，"闲谈"是普通话词，"唠嗑"是方言词。周立波的《暴风骤雨》常常用"唠嗑"这个词，就带有地方色彩。

科学语体术语虽然在特定某门科学领域中保持单义性，但是就语言词汇总体说，术语也存在同义。如"词"这个术语在语法专门科学论文里使用，而在通俗科学语体里，可以换用"字眼"这个词。"词组"是专门科学术语，在通俗科学语体中有的换用"半截话"这个名称。

"走""溜"可算同义词，"走"是个通用词，"溜"是口头语词，带幽默味。文艺作品常常应用"溜"这个词，能显出语态的生动活泼。

如《三千里江山》：

> 姚志兰看见势头不对，扭头想溜。……
> 看热闹的人都挤进屋子，围得风雨不透，又闷又热。姚志兰喝
> 了两口酒，热燥燥的，胸口发闷，趁人不留意，偷偷溜出去。

（112—113 页）

这里用了两个"溜"字就能传神，如改用"走"字，就嫌板了。上面所举的例子，是关于同义词的修辞色彩、语体色彩的，至于同义词的意义的细微差别，将在下章加以分析，这里暂不提述。

有的人以为从修辞角度讲述同义词，免不了使修辞学和词汇学相混。我们看，只要能够保持修辞学角度，认清同义词在修辞范畴的一些事情，讲起来就不致相混。

如下面这些课题：①同义词的描绘功能；②不同语境语体中所活用的同义词的修辞多面功能（如表现褒贬色彩，庄严昂扬或幽默讽刺色彩、地方色彩、时代色彩、科学术语性等等）；③同义词与修辞方式、修辞性成语（同义词作辞式、作成语的材料）；④说话人（或作者）临时创造的"修辞同义词"的价值（两个或更多的词在一定上下文里自由构成同义关系。这不属词汇的同义词）；⑤同义词的各种运用法；⑥同义词的修辞功能和语音关系等，都应归入修辞学范畴，修辞学应该负论述的专责。

关于词汇的同义手段在修辞方面的积极作用，第三章将作具体的讲述，这里只把研究同义词这个任务略提一下。

词法方面的同义形式的选用也是修辞的重要手法。形容词、动词、代词（人称代词、疑问代词）等都有同义形式，随意使用，能收到特殊的表达效果。词汇和词法的同义词的条件不同，词汇同义词是通过词汇意义表示基本意义一致中的细微差别，而词法同义词是通过语法特点来表示的。

句法同义手段的选用也是修辞的重要工作。同一意义或相近意义的句子，可以选用不同的句法形式（结构、语气）来表现，从而产生不同的表达效果。句法各种形式是民族语言在历史过程中造成的，具有规范性，而临时的具体选择运用则要凭说话人（或作者）的本领。选择句法要以当时的语境和说话的态度、目的为依据。酌量轻重缓急，掌握艺术分寸。

关于现代汉语词法的同义形式在修辞上的功用，下章具体讲述，这里姑且不谈。

现代汉语句法方面（语气，结构）存在的种种同义形式，也是可以利用作修辞手法的。适当地选用，就可以收到特殊的表达效果。

如反问和直陈的同义形式。

例《将革命进行到底》：

> 难道被迫进行了如此长期血战的中国人民，还应该对于这些穷凶极恶的敌人表示亲爱温柔，而不加以彻底地消灭和驱逐吗？只有彻底地消灭了中国反动派，驱逐了美国帝国主义的侵略势力出中国，中国才能有独立，才能有民主，才能有和平，这个真理难道还不明白吗？
>
> （《毛泽东选集》第四卷，1381 页）

这是两个反问句（是非句反问式），论断对国内外反动派必须毫不留情地彻底地消灭和驱逐。通过这样句式，就能显出强烈的情意，发出巨大的力量。倘若用"直陈句"说成："不应该对穷凶极恶的敌人表示亲爱温柔"，意思是一样而语气就比较平弱了。

再如否定与肯定的同义形式。

如用两重相套的否定表肯定，这可以算是与肯定句构成同义形式。

例《如此美国的新冲绳政策》：

> 美国总统肯尼迪前几天发表了一个关于美国对冲绳和琉球的"新政策"的声明。肯尼迪在这个声明中，一方面不得不承认，"琉球群岛是日本本国的一部分，但是另一方面又蛮横地拒绝把冲绳和琉球岛归还给日本"。
>
> （《人民日报》1962 年 3 月 27 日）

这里用双重相套的语式"不得不"表述肯尼迪受形势的逼迫而承认琉球是日本的一部分，语势很紧，假如改作肯定语气"只好"那就松些了。

以上是关于句子语气同义形式运用的例子。

又如假设的偏正句和对照的联合句的同义形式。

例《全世界革命力量团结起来，反对帝国主义的侵略》：

> 如果说，十月革命给全世界工人阶级和被压迫民族的解放事业开辟了广大的可能性和现实的道路，那末，反法西斯的第二次世界大战的胜利，就是给全世界工人阶级和被压迫民族的解放事业开辟了更加广大的可能性和更加现实的道路。
>
> （《毛泽东选集》第四卷，1360 页）

这是运用"假设"的偏正复句（如果——假设连词，那么——与如果相应的关联词）的结构形式，灵活地表达"比较"的联合复句的内容。这样就表现得更为鲜明有力。假如直接用比较的联合复句形式，说："十月革命给全世界工人阶级和被压迫民族的解放事业开辟了广大的可能性和现实的道路，第二次世界大战的胜利开辟了更加广大的可能性，更加现实的道路。"这样就较为平淡了。当然，采用同义形式的哪一种，是要看语境、看上下文而定。

这是关于句子结构的同义形式的例子。

句法的同义形式多种多样，下章还要正式讲述，这里仅只提出一点头绪。

词法、句法在修辞方面的积极作用，在第三章将作详细讲述，这里只把"研究选用语法的同义形式"这个任务略提一下。

修辞结合实际，选用民族语言的同义形式，这确是最细致的工作，最精微的事情。陆机《文赋》有两句话可以借来说明："考殿最于锱铢，定去留于毫芒。"（殿，最下。最，第一。"锱""铢"都是古代衡名。"锱"，重六铢，见《说文》。"铢"，今一两当四十八铢。"锱铢"，形容极细微。）这句话的意思就是说：评量最高最下的标准，决定取舍的根据是在细微之处。

除去词汇、语法现象和修辞手法有重大关系外，语音方面和修辞也有一定的关系。这也是不可忽视的。语言形象化手法有些是利用"语音"条件。讲修辞假若仅只联系词汇、语法而不提到语音，那还是不够全面的，现代汉语普通话标准音的各种现象如"叠音""拟声""谐音""双声叠韵""字调""语调""押韵""儿化韵"等，对修辞手法、表情达意的语言艺术有重大关系。语音现象在修辞手法方面最明显地表现出民族语言特色。汉语在语音方面有光辉传统，现代汉语有好些地方利用语音条件，发扬语音优美传统，表现鲜明的民族风格。

语言音律美在修辞方面，对社会交际、群众斗争、政治宣传鼓动能起一定作用。

语音在修辞方面的积极作用，第三章将详细地讲述，以上只是把研究"利用语音条件"这个任务提一下。

总之，修辞学必须对现代修辞各种手法中利用汉语各因素（词汇、语法、语音）的情况作具体分沂，这样讲述才算是切实，假使抛开汉语语言因素来讲修辞，那就不免落空。不过我们又要认识清楚：修辞是在一定语境下，一定上下文更具体利用语言因素以构成语言的艺术手法，这是创造性活动，而语言的一切因素只是修辞的材料、条件而不是修辞本身。

我们应当体会到：修辞学的任务，主要是研究修辞的内部规律，它涉及词汇、语法、语音的问题，只是为的说明修辞的内部规律。万不可以将修辞学和词汇学、语法学混为一谈。联系是必要的，混淆是有害的，分界是应该的，而割裂又是错误的。

我们对于修辞学和语法学、词汇学，一面要分清界限，一面又要注意联系。联系方面，本节前面讲词句的同义形式已经作了一些分析，现在把修辞学和语法学、词汇学的差别提述一下。

（1）修辞学和语法学的差别：

第一，修辞学，研究说话人（或作者）怎样在具体情况下，创造性地运用民族语规范化的语法，以很好地完成社会交际任务；语法学，研究民族语一般词法句法规律。

第二，修辞学，研究准确、鲜明而生动地表现思想感情，讲究语言的艺术手法；语法学，研究语言正确地表达思想的规律。

第三，修辞学，讨论语言的充足条件，我们认为语言的需要美感性艺术手法就是为的圆满地完成交际任务；语法学，只是研究语言的必要条件（语言在交际上的起码条件）。

（2）修辞学和词汇学的差别：

第一，修辞学，研究怎样结合具体情况，利用民族语言的词汇、词义的条件以提高表达效果；词汇学，系统说明词的构造方式、词的意义的发展情况、发展规律。

第二，修辞学，说明说话人（或作者）临时用词的独创性以及词义的自由变通性；词汇学，说明词汇的约定俗成的事情。

第三，修辞学，把词义语汇引入新美学范畴，能提高人们对词语的美化力量和欣赏力；词汇学，把词汇当作语言的一种因素加以研究，能引导人们掌握民族语言词汇系统和词汇精神实质。

为了很好地完成"研究现代汉语修辞和汉语各因素的关系"这项任务，必须对词汇学、语法学、语音学的知识体系充分掌握，必须对现代汉语各因素的发展情况随时掌握。

（二）研究现代汉语修辞方式的体系和
寻常词语的艺术化问题

现代汉语修辞学的第二任务是研究现代汉语修辞方式的体系和寻常词语的艺术化问题。

修辞方式（又叫修辞格）是适应社会交际的需要，根据民族语言的内部发展规律创造的具体修辞手法，如比喻、拟人、夸张、代替、对照、对偶、反复、排叠、同语、反语、问语、幽默、讽刺等式。

依我们看，它是修辞范畴的主要形式，它好像和语法方面词法的词类，句法的单句、复句结构等一样。语法学必须以词类和句法结构为研究的主要对象；修辞方式自然也应该算作修辞科学研究的一个主要对象。

目前修辞学界，有些人认为修辞学就只限于研究修辞方式，以为把修辞方式作了系统全面的研究，就算是完成了修辞学的任务，尽了修辞学的能事。这种看法未免狭隘。修辞学的对象有许多方面，而修辞方式仅只是其中的一个方面（重要方面）。

另一些人恰恰相反，否定修辞方式的重要性，甚至根本反对研究修辞方式，这是不正确的。无论怎样，修辞方式确是修辞范畴的特有的现象，修辞学假如忽略或舍掉了这部分内容，就是疏忽了或放弃了这门科学研究的重要责任的一个方面，可以说是旷职。

各种各类辞式都是在历史过程中形成的，本来都属于集体的产物。民族形象的传统历代递承，时地的色彩自自然然地随机表现。

前面说过修辞方式是修辞学必须研究的一个重要方面，但是有一个关键问题，就是应该"怎样进行研究"，假如零碎地表面地研讨，脱离语境，孤立地研究形式美，这样的研究没有什么意义，也没有什么用处。必须系统地深入地研讨，密切结合语境，把形式内容当作统一体来加以研究，这样才可能收到一定的效果，得到实际的好处。汉语修辞方式有数千年的传统，现代汉语修辞方式有一定的体系，我们研究这个体系，必须特别抓紧"分类""发展"两个方面。"分类""发展"是构成科学体系的重要环节。

分类，是阐示事物的本质特征，表明彼此事物间的实质关系的逻辑方法。发展，是实际的方向。

辞式的分类，可以根据语言因素、辞式表达作用等酌量建立标准来区分种类。

辞式的发展，要根据汉语辞式的历史和现实的情况就辞式的实质、形式的演变加以具体研讨。发展原因是多方面的，如社会的变革、发展，说话人、作者的思想认识的提高，思维的精密化，文化科学的发展，语言本身因素（语音、词汇、语法）的发展等。而这些方面又往往是彼此相关联的。

至于对各式辞例作具体研究时，还必须注意结合当时各方面语境，通过语言因素必要的分析，以体会辞例的思想内容，从而探索辞式的精神、实质。

除去修辞方式的探究阐述以外，还有一方面不可忽略的事情，就是"寻常词语的艺术化问题"的研究。

寻常的单词（或词组），名词、代词、动词、形容词语、副词语等，如果经说者（或作者）精心选择，组织在一定上下文里，结合主题思想或人物形象或情景事件，联系现实实际，担负表达任务，就可能收到艺术的效果，表现朴素美，发挥感染力。

果鲁伯柯夫《文学教学法》（上册）讲文艺语言的两种基本手法时说：一是修辞方式（比喻等），一是选用朴素普通的词语来表达形象性的思想。

他说：

学校教学实践里往往可以看到这种情况：只把形容语、隐喻语和比喻语这些描写特别生动，色彩特别鲜明的词看作艺术语言。这样了解艺术语言应该承认是片面的，不正确的。毫无疑问，形容、隐喻、比喻以及艺术语言的其他表现方法对艺术语言是有重大意义的，但是，如果认为艺术语言就是这些，那就大错而特错了。作家使他的写作收到艺术效果，不仅仅是用这些方法，他还要巧妙地选用一些最平常、最普通的词，只要这些词能够精确地说明被描写的物体或行为的特征。……我们谈到艺术语言，应该是指整个文学作品里的语言，指作者的两种基本手法：一种是用比喻、借喻等方法来加强词语的艺术表现力，一种是选用朴素、普通的词把形象的思想内容非常精确地表达出来。这两种手法的共同点是：形式同内容的符合都达到最高限度，都具有词语和思想的同一性以及艺术词语的不可代替性。

（216—218 页）

这讲得颇为深刻明白。

修辞学的中心任务，就是研究艺术化语言的手法和规律，就应当兼顾修辞方式和寻常词语的艺术化方法。估计寻常词语的美感价值和表达力量，必须根据当时现实语境（包括上下文），本文语体特点，所表现的事物的实际情况（包括性质、行为），说者（或作者）对事物的评价和态度等等方面作周密具体的分析，万不可以孤立地片面地来加以论断。

本书第四、五、六、七章详细讲述修辞方式体系，第九章具体讨论寻常词语艺术化问题。

（三）研究现代汉语修辞和汉语语体的关系

现代汉语修辞学的另一个主要任务，是研究现代汉语修辞和汉语语体的关系。

"语体"是修辞学研究的一个重要课题，而且是最新的最有实际意义的课题。这里所称的语体，不是旧日所称的"文体"（文章体裁——叙事、抒情、论理等文体），而是由语言特点形成的体系，是全民语言体系中的支脉。

各民族语言由于交际的内容、目的、场合以及说话对象的不同而形成各种不同的语体（在历史过程中形成）。

语体系统的研究应肯定为新修辞学的主要内容。苏联现今讨论修辞学问题，大都着重修辞与语体的关系。中国语言学界最近也注意语体问题，但对语体的科学的论述，对"现代汉语语体与修辞关系"的探讨还仅只是开端。

我们认为修辞科学应当把修辞和语体联系起来进行研究。现代汉语修辞学应该具体研究现代汉语的各因素（词汇、语法、语音），修辞各种手法（主要是各辞式）在现代汉语各类语体中的适应性和局限性。

依我们考虑，现代汉语语体可大体分为口头语体和书面语体。书面语体又可区分为"文艺语体"、"科学语体"、"政论语体"、"公文语体"各目。各类语体根据各自的特点，对汉语各因素，汉语修辞手法有不同的要求需要，各因素各手法在各类语体中有不同的适应性（发挥一定作用）和局限性（不能运用、不能发挥作用）。具体分析研究这个问题，是修辞学最新、最重要的任务。本书将在最后一章专讨论这个问题。

关于语体的研究，要紧的是根据语言学观点，从语言的角度来观察分析。

关于各语体的语言词汇特征的研究，主要的是看准一般语言词汇里的某语体词汇特征。如文艺体自有艺术词汇体系，科学体自有本门科学词汇的体系。而另一方面也不可以不注意各语体的错综运用其他各种词汇的情况。

各体的句法特征，应该从句子的成分、结构、语气各方面作具体的分析。

关于语音在各种语体中的适应性，也是不可以忽略的。对现代汉语语音的各种现象在某些语体（文艺语体、政论语体、口头语体）中所起的作用，应该做具体的探究。

至于修辞各种方式在各种语体中的适应性、局限性，这在修辞学中是个重要问题。究竟哪些方式适用于哪种语体，哪些方式不适用或不宜用于哪种语体，还有，同是一种辞式在不同的语体中运用，可能发生不同的作用，本身性质也可能有所不同等等，这些都是需要逐步地作具体研究。

角度必须准确，态度必须谨严。研究语体，必须保持语言学角度，切不可以跟研究文章作法中的文体论相混。

总起来说，现代汉语修辞学的主要任务有三项：

一是研究现代汉语修辞和现代汉语各因素的相关点。执行这方面的任务，要注意汉语修辞对词汇、语法、语音三因素的如何临时利用，如何联合利用。要注意修辞学与词汇学、语法学科学的分工。

一是研究现代汉语修辞方式的体系及寻常词语艺术化方法。执行这方面的任务，要注意系统地具体地分析研究现代辞式，要注意探究寻常词语艺术化的根据及条件。

一是研究现代汉语修辞和现代各类语体的相应关系。执行这方面的任务，要注意确保语言学角度，要注意语言各因素各种修辞手段在各语体中的具体适应情况。

这里应当连带提一下修辞学科学的领域问题。我们认为修辞学既然是语言科学的一个部门，那么它千头万绪，总不能超出语言的单位，也就是总不能出乎语言词句之外（语音是词句的物质外壳）。所以篇章结构等事情，我们认为不应归入修辞学范畴。这类的问题，是作文法、文艺创作论所应当解答的。假使把篇章结构（起头、结尾等）放在修辞学中讨论，就会侵占文艺创作论、文章作法的领域，就会模糊修辞学语言科学的本质。

第三章　现代汉语语言各因素和现代汉语修辞手段

前章提到研究现代汉语各因素（词汇、语法、语音）的选择活用问题，是现代汉语修辞学的一项重要任务。并把这项任务的性质、内容及执行任务的注意点作了讲述。这里，接着进一步将现代汉语各因素和修辞手段的关系，各因素在修辞活动中的积极作用作具体的分析说明。按我们的看法，一切修辞活动，都必须利用语言因素（词汇、语法、语音），有时是联合利用两个或三个因素。修辞的成功与否，就是看对这些因素的利用得当与否。修辞的一切手段，都离不开语言因素，所以研究现代汉语各因素与修辞手段的关系，确是建立新的修辞学体系的一项重要工作。下面分作三节来讲述。

（一）现代汉语词汇同义词和修辞手段

关于现代汉语词汇同义词和修辞手段的关系问题，现按修辞学观点，分作五项说明：

（1）现代汉语同义词类别举例。

（甲）概括的范围的差异——较广较狭。

例（一）"节约""节俭"，"节约"较广，包括人力、物力、资金、时间的节省；"节俭"较狭，仅指物力、资金。

例（二）"主动""自动"，"自动"较广，包括人的自愿的动作、物的依靠本身动力的运动；"主动"较狭，单指人的自觉自主的活动。

例（三）"关心""关怀"，"关心"较广，对人对事，一般都能用；"关怀"是文言词，多用于人，也有时用于事，但有限制。

例（四）"对比""对照"，"对比"较广，包括同类事物相反事物的比较；"对照"相反事物比较，较狭。

（乙）气派的差异——较大较小。

例（一）"制止"（大）——"阻止"（小）。

例（二）"期间"（大）——"时间"（小）。

例（三）"局面"（大）——"场面"（小）。

例（四）"企图"（大）——"打算"（小）。

（丙）分际分量的差异——较轻较重。

例（一）"严格"（轻）"严厉"（重）。

例（二）"妨碍"（轻）"危害"（重）。

例（三）"别扭"（轻）"冲突"（重）

（丁）个体群体单位的差异。

例（一）树（个或群）——树木（群）。

例（二）车子（个或群）——车辆（群）。

例（三）船（个或群）——船只（群）。

例（四）马（个或群）——马匹（群）。

例（五）纸（个或群）——纸张（群）。

以上四项是属于意念的差异。

（戊）感情色彩的差异——褒贬。

例（一）"谨慎"（褒）——"拘谨"（贬）。

例（二）"单纯"（褒）——"单调"（贬）。

例（三）"自豪"（褒）——"自大"（贬）。

例（四）"坚持"（褒）——"固执"（贬）。

（己）语体色彩的差异——同义词使用在不同的语体中，表现不同的色彩（如庄严语体，诙谐、幽默语体；政论语体，公文语体，文艺语体，科学语体；口头语体，书面语体）。

例（一）"死""逝世""完蛋"三个同义词，语体的色彩不一样。"死"是中性的，"逝世"适用于庄严体，"完蛋"适用于诙谐语体。

例（二）"您""阁下"，也有语体色彩的差异。"您"一般的口头语体、书面语体通用的礼貌称，"阁下"旧词（旧社会一般书信体通用的礼貌称），现在是外交公文应用的礼貌称。

例（三）"撤退""退却""后退""溜之大吉"，"撤退""退却"应用于军事场合公文体，"后退"应用于一般语体，"溜之大吉"应用于口语讽刺体。口语词往往应用于文艺作品。

例（四）术语和通用词交错的同义词，很明显，术语是应用于科学语体，通用词应用于一般语体。如"花冠"（术语）"花瓣"（通用词），"氧化钙"（术语）"石灰""白灰"（通用词）。科学语体表示科学概念必须使用专门术语词（有单义性），不宜用通用词。

用专门术语可以保证科学概念的准确性。通用词因为会引起歧义的理解，所以不宜用在科学语体中来表示科学概念。

总之，同义词千差万别，千变万化，范围有广狭之别，气派有大小之异，分际分量有轻重之差，单位有个体群体之分，情感色彩有差异，语体色彩有区别，临时调度运用必须根据内容，结合现实实际，严肃地精细地选择。

从修辞学角度看来，辨认词的感情色彩的差异和了解词在各语体中的用法，这两项是特别重要的事情，并且往往是相连的。

（2）同义词与修辞方式、修辞性成语。

同义词可能作为条件以构成种种修辞方式（包括修辞性的成语固定词组）。同义词的并用可以作为"对偶式""错综式"的条件，可以作为修辞性四字格成语的条件。

对偶式利用同义词。如：

　　单丝不成线，独木不成林（"单"、"独"同义）。人众热气大，柴多火焰高（"众"、"多"同义）。

错综式也常利用同义词。如：反复式的错综，利用词的同义条件。例俗语：

　　老子英雄儿好汉（"英雄"、"好汉"同义）。
　　《新儿女英雄传》："代表们心里一透亮，谁都笑开了脸儿，申家庄的就向孙家庄的道歉，说：'这是我们不对啦，找你们麻烦！'孙家庄的也向申家庄的赔礼，说：'我们也不好，跟你们吵嘴。'"（197页）"道歉""赔礼"也是同义词。

带修辞色彩的四字联合式成语词组也有好些是利用同义词。

如："东张西望""低三下四""装疯卖傻""丢三掉四""七歪八扭"（以上带贬的色彩）。"精打细算""雄心壮志""呼风唤雨""高瞻远瞩""旋乾转坤"（以上带褒的色彩）。每个例子里前后加着重号的两词是有同义关系，两个同义词配合衬托。

（3）特定上下文中的灵活同义词和词汇中的固定同义词。

这个认识在修辞方面是很重要的。有些词在一定上下文中，彼此可能构成同义关系，离开具体上下文就不是同义，有这种同义关系的词可以叫作灵活的同义词；不以上下文为转移的，词汇中公认的同义词，可以叫作固定的同义词。前者是说话人在临时语境中自由创造的；后者是语言词汇在历史发展过程中自然形成的。有了前一种，同义词的领域就扩大得多了。认清这两种同义词的实质和作用，对于修辞的研究和实践有很大好处。下面举例说明灵活的同义词。（固定的同义词不必另举例子，前面所举的词例，都属这类。）

如《新儿女英雄传》第九回一段里叙述尹大伯，用几个同义词称呼他：

晚上，他（指牛大水）溜进一个村子，跳墙进了尹大伯的家。尹大伯是个红脸白胡子的老头儿，和他的小孙子正吃饭呢；一见大水，老人家忙下炕说：……大水一面吃一面问：……大水舒舒服服地吃了一顿饱饭，大伯点起一根火绳，熏蚊子，叫大水安安稳稳睡他的觉；说：……老人家安顿大水在炕上睡下，爷爷孙子两个就夹着破被子，到房顶上去放哨。老大伯一夜没睡，尽支起耳朵听呢。天一扑亮，敌人进村了。老人家忙叫醒大水，端下锅，大水钻进炕里面地底下挖的地洞，……敌人挨家搜查，查到这一家。一个汉奸踢着尹大伯问："……"尹大伯慢慢站起来，用手托着耳朵，凑过去问："……"汉奸大声说："……"尹大伯说："……"汉奸忙说："……"尹大伯说："……"汉奸急忙问："……"老头儿说："……"……鬼子吼着："……"汉奸对着老头儿的耳朵嚷：

"……"老人家眯缝着眼儿，说："……"汉奸嚷着："……"老大伯伸着头，仔细地听着，笑起来说："……"他们出了门，尹大伯托着白胡子，差点儿笑掉了下巴。

（120—121 页）

称呼"尹大伯"交错地运用一些同义词（尹大伯、老大伯、大伯、老人家、老头儿），这不仅可以避免词的重复（反复运用一个词），并且能适应故事的情节精确地表现思想情感。"尹大伯""大伯""老人家""老头儿"，孤立地看，并不是同义词，但是在这一段上下文里这些词显然构成了灵活的同义关系。灵活同义词，文艺作品中常见。

（4）词义的发展和词的新的同义关系。

由于社会的变革，由于词语本身的变化发展，由于说话人对事物的认识的发展，而词语的含义和色彩也有所发展；因此各词语间自然发生新的同义关系。

例如"骄傲"，旧义是"自高自大"，和"自满"同义；现在新义是集体的豪迈得意的意思，跟"自豪"发生同义关系。现在"骄傲"一词的运用，有的用旧义，有的用新义。

又如"吹嘘"，旧义是"赞扬""夸奖"，带褒的色彩；新义变成"自我虚夸"的意义，带强烈的贬义，跟"吹牛""夸大"构成同义。

又如"纷繁"，旧义本是"繁杂"，带贬的色彩；新义变为"繁复多样"的意义，改为褒的色彩，跟"丰富"构成同义。考虑选用同义词，必须注意现代汉语词义间的新同义关系。

（5）推敲语言、修改文章和同义词的利用。

在推敲语言、修改文章的时候，对词语的考虑，绝大部分是关于同义词的利用问题。为了避免语言的重复单调，为了反映现实事物的多样性，必须考虑同义词的利用。为了避免语言的不确切，为了准确表现思想情感，精确描绘事物，必须考虑同义词的利用。而考虑同义词的利用，除去对同义词的本身意义和色彩的差异需要明辨以外，还要注意同义词在语法组织中的任务（同义词与语法），以及同义词的语音条件。

例如："消灭""消亡"同属动词，但前者能带宾语，是及物动词，如"消灭帝国主义"。而后者意义是自行消失，不能带宾语，是不及物动词。

又例如："充足""充分"是形容词的同义词，都有"足够"的意义，但两个词的语法职能有所不同。前者只能作定语，如"充足的理由"；后者能作定语，如"充分的理由"，还能作状语，如"充分发挥了战斗力"。

认清同义词的语法作用是要紧的事情。同义词的运用必须适合于它的职位。

同义词的选用有时要考虑到词的声音，特别明显的是在诗歌语体中考虑同义词，往往要联系语音，有时选用某个同义词就是为的调协音节的声调或韵脚。

（二）　现代汉语语法同义形式和修辞手段

前章提到研究语法的词法、句法同义形式的选用问题是修辞学的一项任务。

现在这里把现代汉语"词法"（词类和词的形态）"句法"（句子结构、语气等）的同义形式和现代修辞手段的关系，语法同义形式在现代修辞范畴中的积极作用具体分析讲述一下。

（1）词法的同义形式和修辞的关系。

（甲）形容词的同义形式，原词和各类型的重叠式构成同义关系，彼此意义基本相同而表量或附加的感情色彩有点差别。

①单音节形容词和它的重叠儿化的平行形式：

好——好好儿　高——高高儿

快——快快儿　多——多多儿
胖——胖胖儿

②单音节形容词和它的词尾重叠的平行式：

亮——亮堂堂　甜——甜滋滋
黑——黑漆漆　苦——苦叽叽
方——方正正　沉——沉甸甸
圆——圆鼓鼓　轻——轻飘飘
瘦——瘦精精　静——静悄悄
胖——胖糊糊　闹——闹哄哄

词尾重叠式具有描绘性，能使事物性态特征鲜明。

③单音节形容词和它的嵌字词尾重叠的平行形式：

灰——灰不溜溜　苦——苦不叽叽　傻——傻不叽叽

单音节"不"字词尾重叠式，带贬义，附加憎厌色彩。

④双音节形容词和它重叠的平行形式：

清楚——清清楚楚　慌张——慌慌张张
漂亮——漂漂亮亮　辛苦——辛辛苦苦
拖沓——拖拖沓沓　古怪——古古怪怪
肮脏——肮肮脏脏　啰苏——啰啰苏苏

⑤双音节形容词和它嵌字重叠的平行形式：

慌张——慌里慌张　拖沓——拖里拖沓

　　肮脏——肮里肮脏　古怪——古里古怪
　　啰苏——啰里啰苏

　　第④类原词分开重叠式，有的带着表爱色彩，如清清楚楚。有的带着表憎色彩，如肮肮脏脏。第⑤类词嵌"里"字重叠式，单带表憎色彩。

　　（乙）动词的同义形式。

　　①一般单音节动词和原动词重叠加儿化（表示亲切敬爱意味）形式：

　　坐——坐坐儿　谈——谈谈儿
　　躺——躺躺儿

　　前式语意平直，后式含积极的情感色彩。

　　②一般单音节动词和原动词重叠加词尾"巴"形式：

　　洗——洗巴洗巴　扫——扫巴扫巴
　　包——包巴包巴　画——画巴画巴

　　前式语意平直，不带情感色彩，后式有好歹做做意思，表示潦草敷衍的意味，含消极的情感色彩。

　　③一般单音节或复音节动词和原动词重叠形式：

　　你讲——你讲讲！
　　请考虑——请考虑考虑！
　　希望王同志调查——希望王同志调查调查！

　　前式语意平直，后式原动词重叠，表示商求的意思，借音节的延宕，表委婉的语态。

（丙）代词的同义形式。

代词在词类中具有最广泛的概括性和最大的灵活性。如"我""你""他"可以指代世界上一切人，"它"可以指代世界上一切事物。这是最广泛的概括性。各代词完全随语境而临时活用，所指代的人物事物等，必须联系语境和上下文才能明确。变通的（活的）指代（后面解说）更是要深刻体会上下文才能掌握其意义。这是最大的灵活性。

现代汉语的人称代词和疑问代词，各有一些同义形式，特别显示修辞功能。我们认为代词的本来指代和变通指代两类平行结构就属于同义形式。例如"我"和"我们"有时属于同义形式。"我"表第一身单数，这是本来指代。有时用"我们"代替"我"，就是变通指代。这就算是同义关系。

现代汉语人称代词有一些同义形式，用在各种语境构成表情的丰富性、多样性。

①以复数代单数。如以"我们"代替"我"，这种例子有的很明显。像著书人表明自己见解时，有的不直称"我的"看法，而称"我们的"看法，这是表示谦虚的态度。

②以第一身复数代第二身单数或复数。如以"咱们"代替"你"或"你们"，这是对交谈人表示亲切的情意，把对方的心事说成是自己的心事，有设身处地的意思。像老工人对青年工人说："咱们青年人对新事物很敏感。"这里"咱们"就跟"你""你们"同义，但是语气比较亲切。

③以无定称代定称。如以"人家"代替"你"或"我"，随境确指。"人家"本是无定称的他称，但在一定语境下活用起来能确指"你"或"我"又并带有感情色彩。

例如《三千里江山》：

姚志兰的爱人叫吴天宝，是在职工夜校认识的。两人不像爱人，倒像竞赛的对手。……姚志兰会拿食指按着嘴唇，瞟着吴天宝说："咱怎么敢跟人家比呢？人家是火车头，咱得向人家看齐。"

（6 页）

这里三个"人家"都是确指对方（吴天宝），都是和"你"同义，但比较直接用"你"情意委婉得多。

再例如《三千里江山》：

姚志兰一听是小朱，开开门赶着要打。小朱跑到当院站住脚，回过身说："别闹了，你把大衣给我吧。人家是来拿大衣，想找地方睡一睡，黑夜好值班，谁稀罕听你们的墙根。"

（48 页）

以"人家"代替"我"（说话人自称）是确指自己，表现得委婉灵活、耐人寻味。如果直接用"我"，意味就差得多了。

现代汉语的疑问代词，也有一些同义形式，适当地选用在一定上下文中，也能收到特殊的表达效果。疑问代词的变通指代往往不是表特指疑问而是有强调任指的意义。后面分项举例看看。

如"谁"和"任何人"同义，"什么"和"任何物"同义：

例（一）"谁都有自己认为最重要的任务"，意思是任何人都有自认为最重要的任务。

例（二）"我们什么也不要。"意思是不要任何物。

例（三）"食堂有什么，就吃什么。"意思是任何食物都吃。

又如"哪儿""哪里"和"任何地方"同义：

例（四）"我今天哪儿也没去。"意思是没去任何地方。

例（五）"红旗到哪里，胜利就到哪里。"意思是红旗到任何地方，胜利就到任何地方。

又如"多会儿""多咱"和"任何时候"同义：

例（六）"他多会儿（或多咱）也不急躁。"意思是任何时候都不急躁。

又如"怎么"和"任何情况或方式"同义：

例（七）"明天怎么也要完成这项任务。"意思是处于任何情况或采用任何方式都要完成这项任务。

以上几个例子，变通地运用"疑问代词"以任指人或物或地或时或情况方式，总之是显出强调的语意。我们试比较一下：例（一）假如改成直接任指，说："任何人都有自己认为最重要的任务。"意态就比较平直一些。例（四）如改成"没去任何地方"，就不像原例句的重点突出。

采用同义形式的哪一种才适宜，这是具体的问题，要根据具体情境（包括上下文）来考虑、解决。疑问代词还有一种活用法，是虚指，就是指代说不出或不说出的人或事物等（如什么），里面有的也具有修辞的作用（如强调、委婉、含蓄等）。但它不如任指的使用时候多。这儿不加讨论。词法的同义形式还有其他种类，现在不备述。

（2）句法的同义形式和修辞关系。

（甲）句法结构的同义形式和修辞的关系集中地表现在语序的同义形式上，像顺陈、倒装。

顺陈是词语通常排列的次序，倒装是变通的次序。托尔斯泰说："语言艺术家的技巧就在于寻找唯一需要的词的唯一需要的位置。"（《什么是艺术》）这句话揭出了词序在表达方面的重要性。顺陈和倒装，一是常式，一是变式，构成同义形式。

①谓语倒装。谓语在前，主语在后，作用是强调谓语（按顺陈式是主语在前，谓语在后）。

例（一）：

萧三"怒吼吧，南朝鲜的人民！"

（诗题）

例（二）《燃烧吧，汉城》：

斗争吧，东京，
燃烧吧，汉城，
飞进吧，星星之火。

（《风暴颂》93—94 页）

例（三）《愤怒的群山》（寄给战斗着的南朝鲜人民）：

坚决战斗吧，屹立的群山。

（《人民日报》1960 年 4 月 29 日）

例（四）周立波《铁水奔流》：

……他碰到了许文挟个黑皮包，匆匆忙忙往里走。他含笑问道："哪儿去，许文同志？"

（178 页）

以上各例都是谓语倒置在前面，例（一）、例（二）、例（三），都属于祈使句的倒装。谓语提前，是为了强调谓语所表现的事情，表示强烈的同情，殷切的期望。例（四）属询问句的倒装，强调询问的事情，并表示急迫的语气。假如按顺陈式表示法，就没有这样的强调作用。

②宾语倒装。宾语提前，动词放后，作用是突出宾语。（宾语还有另种倒装式，它提在主语谓语之前。这里不举例。）

例（一）辽宁民歌《高歌生产》：

　　东山唱歌西山应，
　　铁牛翻土把地耕。

例（二）辽宁民歌《大河北乡修梯田》：

　　千年土地把身翻，
　　千年石头把家搬。

新诗歌中常常运用单音节动词的"把"字句。有的可以加强语气并调协音律。

例（三）《谁是最可爱的人》：

　　我们什么也不要。

　　　　　　　　　　　　　　　　　　　　（6 页）

这是宾语的倒装。将宾语"什么"提到谓语"不要"之前，借副词"也"的帮助，突出宾语的内容，强调自己毫无所求。如果用顺陈式说法（不要什么），那就平平泛泛了。

例（四）《百鸟衣》：

黄金不要，

白银不要，

高官也不要，

只要一匹骏马骑。

（66 页）

这和例（三）格式基本相同。

③状语倒装。状语按顺陈式是在中心词之前，和中心词紧密相连；倒装，是状语放在中心词之后，和中心词离开，或是放在主语之前（也就是全句之前）。

放在中心词之后：

例（一）楼适夷《欢迎你，日本的朋友！》：

到人民广场去！

到日比谷公园去！

从所有的城市和乡村，

从所有的田野和街头。

（《风暴颂》130 页）

介词结构作状语表行动的出发点"从……和……"放在中心词动词"到"之后，远离中心词，有强调"来处"的意义。假如按顺陈式说法，"从……到……"语势就平平了。

时间词状语放在全句之前：

例（二）闻捷《千佛灵岩》：

年年月月，清泉从变色岩上流过，

闪烁着北魏壁画多彩的颜色；

日日夜夜，白杨应和着窟檐的铁马，

低唱着优美的东汉相和歌……

(《河西走廊行》158 页)

时间词"年年月月""日日夜夜"作状语，冠在句首，放在主语"清泉""白杨"之前，突出描绘景物动态的时间性。如若按顺陈式把这时间词状语各放在主语之后，谓语之前，这样语气语势就平平，不能引起读者的特别的注意。

表示处所的介词结构作状语，放在全句之前：

例（三）李季《青年颂》（写给银川平原上的千万青年们）：

在贺兰山下的银川平原上，

他们正在把大地的面貌改变。

(《致以石油工人的敬礼》84 页)

"在……上"作状语，冠在句首，放在主语"他们"之前，突出叙述他们（指青年）光荣劳动的地点。

以上所讲的谓语、宾语、状语倒装是单句内部的各成分的倒装。

④复句里偏句、正句的倒装。正句在前，偏句在后，作用是突出偏句。

例（一）《论人民民主专政》：

党的二十八年是一个长时期，我们仅仅做了一件事，这就是取得了革命战争的基本胜利。这是值得庆祝的，因为这是人民的胜利，因为这是在中国这样一个大国的胜利。

(《毛泽东选集》第四卷，1485 页)

这是"表原因"偏句的倒装。这样就把"原因"着重地指示出来。

例（二）闻捷《彩色的贝壳》：

海是一匹烈性的马，它嘶叫着、甩动银鬃；

船夫是个真正的骑士，虽然他手中并无缰绳。

　　　　　　　　　　　（《生活的赞歌》62 页）

　　这是让步复句偏句的倒装，突出偏句"他手中并无缰绳"。

　　例（三）闻捷《幻想、智慧、奇迹》：

全人类又向你深深致敬，

向着你人类社会的第一颗福星，

不管他生活在北京、巴黎和伦敦，

不管他是黑种人、白种人……

　　　　　　　　　　　（《生活的赞歌》30 页）

　　这是综括复句（无条件句）的倒装，突出偏句"不管……"，"不管……"。

　　单句的句子成分的倒装，复句中偏句的倒装，在文艺作品里运用特别多。

　　（乙）句法语气的同义形式和修辞的关系。句子语气有多种多样的同义形式。同一种意思，就可能用种种语气形式来表现，因而起不同的作用。这里提出几种形式分析一下（自动和被动，肯定和否定，直陈和反问，祈使和询问）：

　　①自动和被动的同义形式。

　　例如《高举十月革命的红旗，从胜利走向胜利》：

　　十月革命以来的四十三年的历史发展表明：在全世界，社会主义新制度一定要代替资本主义的旧制度。

　　　　　　　　　　　（《人民日报》1960 年 11 月 7 日）

另一处说:"资本主义必然要被社会主义所代替。"

前例宾语是自动语气,后例全句是被动语气。前后例意义仿佛,但因语气不同,表达的作用就有区别。前者话题是社会主义,后者是资本主义。前者重点在表明主动的力量,后者在表明被动的情况,这是一件事情的两种表达形式。要看语境的需要而选择运用。

②肯定和否定的同义形式。句子的意义基本一致,但因肯定否定的语气不同而表现力有差异。在一定情况下,用否定的说法表示肯定,可能比较直接用肯定的说法还有劲有味。

这项同义形式可以作如下的分析:

第一,单纯否定对面以表肯定。如有时说"不美妙"比说"坏"还有味;说"不坏"比说"好"还有分量。

第二,双重相套的否定表肯定。

例如:

由此可知,肯尼迪式的"新边疆"精神,不过是武装侵略与和平渗透的代名词。关于这一点,就连《纽约时报》也不得不承认,现在使用的"新边疆"这个术语,它原来所包含的"社会创造力",已经是不存在的了。

(《红旗》1962 年第 11 期 22 页)

这里用"不得不"比用"只得"或"只好"还有力量,更有意味。

第三,两端的否定表肯定。

例如:"他来得不早不晚"或"他讲得不紧不慢"。这里"不早不晚""不紧不慢",实际是表"恰好"之义,但在一定语境下和一定上下文里,比用"恰好"更委婉有味。

③直陈和反问的同义形式。同一意义或相近意义的句子,可以运用直陈句、反问句不同的语气形式来表现,从而产生不同的效果。

例如《蒋介石在挑动内战》:

不是吗？叫日本人缴枪给蒋介石，叫伪军"负责维持地方治安"，这会有什么结果呢？只有一个结果，就是以宁渝合流、蒋伪合作，去代替"中日提携"、日伪合作；以蒋介石的反共建国，去代替日本人、汪精卫的反共建国。这难道还不是违背波茨坦公告吗？抗战一旦结束，内战危险立即严重威胁全国人民，这一点难道还有疑义吗？

（《毛泽东选集》第四卷，1138 页）

这说"难道还不是违背波茨坦公告吗？"实际就是"确是违背"；说"难道还有疑义吗？"实际就是"无疑"。这样的反问语气形式，在一定语境下，比直陈更有力量。反问态度较坚决，意义较强烈。表面疑问，实质确定，以疑态表信念，这种语气是具有复杂性的。这种语气形式，有激动人心的作用。

④祈使句和询问句的同义形式。同一命令禁阻的意义的句子，可能用不同形式来表现，一是单纯祈使，一是用问句表祈使。

例（一）《三千里江山》：

姚志兰一伸舌头，双手捂着脸笑，又露出脸悄悄恳求康文彩说："你替我唱一个好不好？"

（112 页）

用商问口气表祈求。

例（二）《刘三姐》：

三妹，你不要唱了，好不好？

（4 页）

用商问口气表禁阻。

例（三）《三千里江山》：

老包头嚷："……"武震走上去说："你少说一句好不好，还能当哑巴把你卖了？"

（40 页）

用商问口气表禁阻。

用询问句（商问）表祈使或禁阻有的是委婉一些，有的是表面缓而里面紧（如最后一个例子）。

以上是讲述句法的同义形式（句法的同义形式还有各种，这里不细讲）。句法的同义形式有的是构成各修辞方式的条件。如倒装修辞方式是以句法的变通词序为条件。问语（反问式）修辞方式是以反问的句子语气为条件。

（三）　现代汉语语音现象和修辞手段

苏联恩·依·库德良舍夫说："艺术语言的基本特质是它的形象性，语言的形象性是由所有语言手段的总和而形成的，也就是词汇的选择，句子的构造以及语言旋律节奏等等。"（《苏联文学教学论文选》231 页）这话值得深刻体会。我们研究修辞手法与语言本身因素的关系，必须注意语音的修辞功能，并且要联系词汇、语法来估量语音在修辞方面的功能。

这里把"现代汉语语音各种现象与现代汉语修辞手段的关系"，"语音在修辞范畴的积极作用"作较详细的分析讲述。按语音现象"叠音""拟声""谐音""双声叠韵""字调""押韵""儿化韵"，分别讲述其特征以及修辞作用。

（1）叠音。

叠音指音节的重叠。这种语音结构在修辞方面有很大作用，用音节重叠的方式构成的词就叫叠音词。叠音词适当地运用在一定的上下文中，能有描绘的作用或表现旋律的作用。它大部分描绘景物特征、人事情节、人物动态及环境气氛。它的修辞职能是通过各类型的音节重叠，凭借"音感"以反映事物的生动性；有时还附带着说话人的爱憎情感。有人称它做"叠字"，我们认为称作叠音词比较好，能标出这类词的本质。

汉语从古以来大量运用叠音词。从《诗经》《楚辞》以来，在文学作品中广泛运用。现下这类词仍在继续发展中，前途远大。民间口语广泛运用这类词来表现思想情感，自然、活泼、生动。按音节数量看，有双音节，三、四音节，现在四音节逐渐增多。文艺作品（特别是民歌、小说类）常常运用这类词以增强表现力。就是公文有的地方也间或运用，可以表现庄严性或概括性。

例（一）《中国共产党八届八中全会关于开展增产节约运动的决议（一）》：

中国共产党第八届中央委员会第八次全体会议认为：目前全党和全国各族人民的中心任务，就是要深入展开轰轰烈烈的厉行增产节约的群众运动，为完成和超额完成 1959 年的生产和建设计划而斗争。

（《红旗》1959 年 17 期）

"轰轰烈烈"在这里表现"运动"的情况，有概括性，并带庄严隆重色彩。

例（二）《中国共产党八届八中全会关于开展增产节约运动的决议（五）》：

只要全国上下同心同德，厉行增产节约，这样，我们的国家就一定能够战胜前进道路上的任何障碍而蒸蒸日上，并且使我们全体

48 现代汉语修辞学

人民的生活欣欣向荣。

（同上）

这里引用带叠音词修饰语的四字成语来形容我们国家的前途日益发展和全体人民生活的日益美好，有巨大的概括力并表现隆重的色彩。

下面再就文艺方面举出叠音词的运用实例：

例（三）江西民歌《再走还是社里田》：

青青水，蓝蓝天，社里田土紧相连，
双季稻儿黄金金，红薯藤儿绿艳艳，
看一眼，走半天，再走还是社里田。

（《红旗歌谣》83 页）

这首民歌运用四个叠音词"青青""蓝蓝""黄金金""绿艳艳"，描画出社田的一幅美景，渲染水和天，稻儿薯藤的色彩。

例（四）《水田姑娘唱旱田歌》：

一畦畦清水照人影，一个个笑脸乐呵呵，
一抱抱稻秧苗儿青，一阵阵米香钻心窝。
一双双手儿翩翩舞，一对对赤脚入泥窝；
……

手插秧来口唱歌，越唱心里越快乐，
……

先唱党和毛主席，再唱水田新生活。
一片片稻秧成大海，一句句山歌激水波，
朗朗的笑声遍田野，不知是歌多、秧多、笑声多。

（《红旗歌谣》110 页）

这首，连用几个重叠量词（叠音）"畦畦""个个""抱抱""阵阵""双双""对对""片片""句句"，由音节的繁复表现出人和物的繁复的动态。量词的重叠，表示"每一"或"所有"的意思。

例（五）韦其麟《百鸟衣》：

> 像春天的竹笋一样，
> 古卡日夜地成长：
> 白圆圆的脸会朝着娘笑了，
> 乌亮亮的眼睛会认出娘了，
> 红扁扁的小嘴会叫娘了，
> 肥胖胖的手脚会爬地了，
> 娘看见这些呵！
> 高兴得三天三夜睡不着觉。

（6—7 页）

这段连串地运用三音叠音词（词尾重叠式——白圆圆、乌亮亮、红扁扁、肥胖胖），描绘婴孩古卡的面貌，表示赞扬的态度，流露喜爱的情感。

例（六）《阿妈尼送我上前线》全篇各章都使用几个叠音词，描绘环境气氛和阿妈尼送别的殷殷的情意。节引一部分于下：

> 黑压压的云，阴沉沉的天，
> 我着装出发上前线。
> 亲亲的人呀热热的话，
> 阿妈尼送我到门前：
> "冰溜溜的小路，笔陡陡的山，
> 上坡下岭脚放稳，
> 一路平安到前线，

别叫阿妈尼把心担。"

"北风吹来凉嗖嗖,

心里热乎我慢慢儿走。

亲亲的人呀热热的话,

阿妈尼送我到村头:……"

"颤巍巍的树丫,白花花的道,

一步一步我心摇摇。

话儿十回并九转,

阿妈尼送我上小桥:……"

"看看山下茫茫的路,

弯弯曲曲伸向深山里。

压下乱嘈嘈的心底话,

挥手告别阿妈尼。"

(《志愿军诗一百首》93—95 页)

　　这简直是一幅送别的画图,运用若干的叠音词,渲染出路上的一片气氛,衬托着依依惜别的深情,里面含着对中朝战斗友谊的深刻赞颂。

　　例(七)《三千里江山》:

　　武震眨着眼想:"这个人怎么懈里懈怠的,像个油子?"

(177 页)

　　"懈里懈怠"四个音节嵌字(嵌"里"),叠音词带着憎恶的情感,表示贬抑态度。

　　例(八)《三千里江山》:

　　他(武震)随那人民军战士往联队部去,半路立在高处一望;远远近近都是山。远山灰蒙蒙的,一重比一重远,一重比一重淡。

近处山岭长满密丛丛的赤松，霜雪一洗，碧绿鲜亮，透出股淡淡的青气。……大沟里高高低低净稻田，稻子收割了，还没运走，乱堆在野地里，一个一个尖顶小窝棚似的，数不清数。

（42 页）

这一段利用不同结构的叠音词刻画复杂的山景以及稻田情况。主要的特点是运用对立意义的叠音词（性态形容词）"高高低低""远远近近"以充分形容事物的复杂状态。对立字义组成的叠音词有全面或多样的意味。

（2）拟声。

就是指模拟人声物声（人类动作的声音、自然物发出的声音以及劳动工具的声音、军用品的声音等）。拟声词就是在单词方面利用拟声手段反映外物（包括"人"）声音的节律、历程。拟声词的作用，是利用语音结构，使语言收到绘声的效果，让群众（读者听众）能感到事物的生动性和内在旋律性。拟声词只是按照感觉，作大体的描拟，不能完全与事物的原声音相符。拟声词和叠音词有交错的关系，一部分的拟声词是用叠音式构成的，如轰隆隆、哗啦啦。但是这并不妨碍两类语音现象各自的独立性。下面举出实例来看看拟声在修辞方面的积极作用。

例（一）《三千里江山》描摹广播中的祖国五月节日天安门前群众的声音，使读者简直感觉像亲闻其声：

……说话天黑了。凉风下来了，漫野散出股说不上名的花香。右首新打的电话所大洞子口扬起片声音，哇哇的，有几万，几十万人。姚志兰先不懂，一转眼明白了：是广播啊！是北京的广播。是北京天安门的广播。在这个烈火般的五月节日的晚上，在北京天安门前，祖国人民从心底唱出他们的自由、他们的欢乐。一片掌声，一片呼喊，又是一片欢笑，哇哇哇哇，海啸一般震天响。……军号吹起来，战鼓响了：咚——咚——咚咚咚……姚志兰恍惚听见了脚

步声，听见了千千万万劳动人民的脚步声。这是中国人民的大进军
——奔向和平，奔向建设，奔向胜利的大进军！一时是秧歌，一时又
是腰鼓：唪唪唪唪，唪唪唪唪，敲得山响。一个清脆的女音唱起《国
际歌》来，跟着，无数喉咙掀起山摇地动的歌声，波浪似的忽高忽
低。于是毛泽东、斯大林的名字又被千千万万个声音举到半天空了。

（154—155 页）

这一段利用拟声词描绘出欢笑声、呼喊声以及腰鼓的响声，反映出
节日天安门前的浩大的声势和热烈的场面。同时在这幅图景中包含作者
歌颂的一片热情。

例（二）《开炉》：

"开炉啦？"
"开炉啦！"
鼓风炉子呼啦啦，
火星飞起开了花。

（《上海工人诗选》30 页）

这用"呼啦啦"这个词描拟劳动工具"鼓风炉"的声响，通过这样
的声响描绘，配合上下文，就展开炼钢劳动的生动图景，同时并暗含劳
动的欢乐情绪。

例（三）《缝纫机》：

……
梭子前后转，
车针上下跳，
争取红旗多荣耀！
嚓，嚓，嚓，

嚓，嚓，嚓，

千针万针急如雨……

（《上海工人诗选》4 页）

通过"嚓，嚓，嚓"单音节重叠的拟声词，就把缝纫机急速运转的声音和缝工们的紧张而快速的劳动节奏活画出来。

例（四）《三千里江山》：

姚长庚添了愁。一下雨，桃花水该下来了，清川江桥能架得住大水冲吗？头场春雨来时，先是阵雪豆子，接着飘飘洒洒，半雨半雪，渐渐变成大雨，哗哗哗哗，一天一宿不停。

（121 页）

"哗哗哗哗"描拟大雨的声音，而雨和人物姚长庚的心情又有关联。

例（五）《三千里江山》：

头顶上有几架敌机嗡嗡嗡，一会儿远了，一会儿又飞回来，好像几只苍蝇粘到头上不走了，紧自哼哼。……话音没落，只听半天空哇哇哇，好像一阵暴雨泼下来；接着唰唰唰唰，四处踢通扑通乱响，炸弹落了一地。

（89—90 页）

描写敌机的声音，用"嗡嗡嗡""哼哼"，描绘敌人炸弹的声音，用"哇哇哇""唰唰唰唰""踢通扑通"。这里拟声词对情节的描写有很大的作用。

以上各例中，这些声音的描拟都是成为一段情节里的一个"点"或一条"线"。现时劳动工具的声音的描拟渐渐加多。

（3）谐音。

广阔地讲，包含"调声""协韵"等事，现在这里所提的"谐音"仅只指利用词语的同音（或近音）的关系构成的修辞手法。在一定语境下利用这样语音条件，可以构成双关辞式或歇后语等手法。

例（一）《三千里江山》：

> 李春三毛毛愣愣说："我看你（指郑超人——引者注）是贾家的姑娘嫁贾家，贾（假）门贾氏！明是熊蛋包，还要往自己脸上贴金。"

（61 页）

这是利用谐音双关的歇后语讥讽郑超人的虚伪作态。"贾""假"同音，构成谐音双关。

例（二）《红旗谱》：

> 这时运涛气呼呼，扬起头来看看前方，响亮地说：回去告诉老乡亲们！……我们在前方和封建军阀冲锋打仗，一直打到长江北岸，眼看就要冲过长江去，北伐就要成功，革命就要胜利。蒋该死，他叛变了！

（182 页）

"该死"谐"介石"，利用音近条件，构成"双关"，表示极强烈的愤恨。

例（三）《红旗谱》：

> 运涛到这分儿上，什么也不怕了。他更加愤怒，瞪着眼珠子大喊：
>
> "打倒刮民党！"

"中国共产党万岁！"

（182 页）

"刮民党"谐"国民党"也是利用音近条件构成双关（刮、国音近），揭露敌人的罪状，表示猛烈的战斗精神。

谐音双关词语原是人民口语的表现手法，新鲜活泼，有的含幽默味，有的有尖锐性。

（4）双声、叠韵。

双声和叠韵是我们汉语语音的特点之一，利用双声或叠韵这两种音节间的关系来加强语言表现力，是汉语修辞从古以来的重要手法。现在专讲一下双声叠韵联绵词跟修辞的关系。

（甲）双声。两个音节，彼此的声母相同，叫作双声。由双声关系构成单纯性的不可分割的并且是合成一个整体的双音节词，叫作"双声联绵词"。

例如"伶俐"（línglì），两个音节声母"l"相同，并且上下音节合成一个整体，所以是双声联绵词。又如"幽咽"（yōuyè），两个音节的介音"y"相同，两音节也合成整体，也算双声联绵词。有的双音节词，虽然前后音节有双声关系，如"阴阳"（yīnyáng），"加减"（jiājiǎn）、"批评"（pīpíng），但它们音节的关系不是浑整的，是可以拆开的，所以不属联绵词。

联绵词音节调谐，顺口悦耳，在修辞方面有重大作用。无论描绘品德、抒情、写景、叙事，都可以利用联绵词作工具。下面举双声联绵词单词例子。

例如：

"芬芳"（fēnfāng）、"慷慨"（kāngkǎi）、"嘹亮"（liáoliàng）、"玲珑"（línglóng）。

例（一）《为了六十一个阶级弟兄》：

　　党的教导，在我们心里开出了多少最芬芳的共产主义鲜花？你数不清！

（《中国青年报》）

例（二）何其芳《生活是多么广阔》：

　　生活是多么广阔，
　　生活又多么芬芳。

（《夜歌和白天的歌》162 页）

例（三）魏巍《写在凯歌声里》：

　　……你们是迎着朝鲜战场上的漫天大火，慷慨而去。……

（《人民日报》1958 年 3 月 17 日）

例（四）《一担山歌一担青》：

　　……歌声嘹亮震天庭。

（《红旗歌谣》202 页）

例（五）《百鸟衣》：

　　星星最玲珑了，
　　和依娌一起就暗了。

（33 页）

　　以上一些双声联绵词用在一定的语境、一定上下文里，有描绘渲染的作用。如例（一）的"芬芳"描绘出共产主义崇高的品质。例（二）"芬芳"渲染了生活的美景。例（三）的"慷慨"一词充分形容出志愿军战士的爱国主义、国际主义的精神。例（四）的"嘹亮"活现歌的声响。例（五）的"玲珑"描绘星星的光亮，借以衬托出依娌的精明。

　　（乙）叠韵。两个音节，彼此元音和韵尾两个音素都相同，或没有韵尾，单有元音，而元音相同的叫作叠韵。例如"汪洋"（wānyáng），两个音节，元音"a"，韵尾"ng"都相同，这叫叠韵关系。又如："邋遢"（lātā），两个音节，都单有元音"a"，没有韵尾，也是叠韵。由叠韵关系构成的单纯性的不可分割的并且成为一个整体的双音节词，叫作叠韵联绵词。如"灿烂"（cànlàn），"迷离"（mílí）。有的双音节词，前后音节虽然有叠韵关系，例如：支持（zhīchí）、目录（mùlù），但不是浑整的，不属联绵词。

　　后面举出叠韵联绵词例词，并征引包含叠韵联绵词例句。

　　例词：

　　"汪洋"（wāngyáng）、"苍茫"（cāngmáng）、"灿烂"（cànlàn）、"烂漫"（lànmàn）、"妖娆"（yāoráo）、"翩跹"（piānxiān）。

　　例（一）　毛主席《浪淘沙·北戴河》：

　　大雨落幽燕，白浪滔天，秦皇岛外打鱼船。一片汪洋都不见，知向谁边？

　　例（二）　毛主席《沁园春·长沙》：

　　怅寥廓，问苍茫大地，谁主沉浮？

例（三）林元《平壤街头》：

现在，斯大林路和金日成广场正在根据这个蓝图建设着。平壤市人民在这些蓝图里，看见了自己灿烂的明天。

（《访战后朝鲜》2 页）

例（四）刘白羽《早晨的太阳·序》：

只要看看杜勒斯、铁托一切反动派渣滓对我们大跃进的焦急的诽谤；只要听听福建前线那嘹亮的炮声在地球各处引起的回响；只要看看我们东方的朝霞怎样烂漫地散布天空；我们就更明了我们生活在怎样一个大时代了。

（《早晨的太阳》5 页）

例（五）毛主席《沁园春·雪》：

须晴日，看红装素裹，分外妖娆。

例（六）毛主席《浣溪沙》（1950 年国庆观剧，柳亚子先生即席赋《浣溪沙》，因步其韵奉和）：

长夜难明赤县天，百年魔怪舞翩跹，人民五亿不团圆。

同双声联绵词一样，以上一些叠韵联绵词，运用在一定上下文里，也起描绘煊染的作用。

例（一）"汪洋"描绘海水的形势，作雨中渔船的衬托，显示渔人和风雨斗争的气魄。例（二）"苍茫"摹画出大地的旷远光景。例（三）"灿烂"形容出光明的前景。例（四）"烂漫"画出了朝霞散布的美景。例（五）"妖娆"渲染出红日白雪相映的艳丽景色。例（六）"翩跹"描写近百年魔怪在历史舞台上的动态。

双声叠韵联绵词两个音节，以起音收音作条件合成一个词，也就是合两字之音以表一事之意。双声，声同而韵异；叠韵，韵同而声异。可以拆开来用而不可以拆开来讲。如犹豫（yóuyù）是双声联绵词，有人把这个词拆开来讲，说"犹"是一种兽，"豫"又是一种兽，这实在是错误的。又如"窈窕"是叠韵联绵词，旧解："善心曰窈"，"善容曰窕"，据我们看，这也是不正确的。我们认为"窈窕"就是"苗条"，是凭两字声音的组合起来表示整个意义。它们的字形是不确定的，同一个词可能有不同的写法。如：犹豫可写作"游豫""由预""犹与"；烂漫可写作"烂缦"；逍遥可写作"消摇"等。

由于语音（音韵）的变化发展，古代认为是双声叠韵的词，现在可能不是。

在现代方言之间，双声叠韵也不完全一样。我们现在所说的双声叠韵当然是指普通话标准音而言。

双声叠韵联绵词如果运用得自然、适当，将它们和别类结构的词错综配合，可以调谐音节，增强美感，收到修辞的特殊效果。假如用得过多，用得不适当、勉强，就会使人生厌。

双声叠韵联绵词的结构，大约原是从双音节叠音词发展来的（如迷──→迷迷──→迷离），但是它们又可以演变为四音节叠音词。如"啰苏"变为"啰啰苏苏"、"肮脏"变为"肮肮脏脏"、"慌张"变为"慌慌张张"、"拉杂"变为"拉拉杂杂"（以上叠韵重叠）。"参差"变为"参参差差"、"伶俐"变为"伶伶俐俐"（以上双声重叠）。又可以变为"叠音"和"双声叠韵"相参式的结构（当中嵌一定的字），如"啰里啰苏""慌里慌张""拉里拉杂""参里参差"。

这些结构在修辞方面都大有用处。

（5）字调。

就是一个字音的高低升降，也就是一个整个音节的声调（字调是汉语音节结构的一个不可缺少的构成部分）。构成字调的主要因素是音高的变化，其次是音长的差异。字调除了在词汇方面有区别语义作用、在语法方面有区别词类作用以外，在修辞方面还有构成音律美的重要作用。

过去字调分平上去入四声，现在普通话调类分阴阳上去四类。平上去入，过去简分为平仄二声，平声属平，上去入属仄声。现代汉语语音阴阳属平，上去属仄声。

平仄的字调相对应、相调协，这也是汉语修辞的常用手法。后面按"语体""修辞方式""成语词组"，说明平仄声调在语言艺术化方面的作用。

（甲）在诗歌及其他韵文里，声调是重要因素。下面举出诗歌例子，看看运用字调的情况。（用符号"＋"表平，用符号"－"表仄）

例（一）毛主席《送瘟神》第二首：

春风杨柳万千条，六亿神州尽舜尧。
＋ ＋ ＋ － － ＋ ＋　－ － ＋ ＋ － － ＋
红雨随心翻作浪，青山着意化为桥。
＋ ＋ ＋ ＋ ＋ － －　＋ ＋ ＋ － － ＋ ＋
天连五岭银锄落，地动三河铁臂摇。
＋ ＋ ＋ － ＋ ＋ －　－ － ＋ ＋ ＋ － ＋
借问瘟君欲何往，纸船明烛照天烧。
－ － ＋ ＋ ＋ ＋ －　＋ ＋ ＋ ＋ － ＋ ＋

例（二）郭沫若《志愿军凯歌》：

迎头花雨洒空前，最可爱人今凯旋。
＋ ＋ ＋ ＋ ＋ ＋ ＋　－ － － ＋ ＋ － ＋
平壤山呼犹动地，凤城海啸又掀天。
＋ ＋ ＋ ＋ ＋ － －　－ ＋ ＋ － － ＋ ＋
红旗夹道风中舞，青简留芳域外传。
＋ ＋ ＋ － ＋ ＋ －　＋ ＋ ＋ ＋ － ＋ ＋
饮水思源功在党，人民领袖万斯年。
－ ＋ ＋ ＋ ＋ － －　＋ ＋ ＋ ＋ － ＋ ＋

（《长春集》221 页）

新诗虽然不像旧体诗的严格遵守平仄规则，但是也大多照顾平仄的调协。抑扬长短的字调，也是新诗歌的形式的一个因素。后面举几首新诗来看看平仄的配合情况。

例（三）未央《祖国，我回来了》：

祖国，我回来了，

祖国，我的亲娘！

但当我的欢喜的眼泪
- + - - + +

滴在你怀里的时候，
- - - - + - -

我的心儿
- - + +

却又飞到了朝鲜前方。
- - - + - + + +

　　　　　　　　　（《志愿军诗一百首》114 页）

例（四）《四川出现双太阳》：

阳春三月好风光，四川出现双太阳，
+ + - + + - -　 + - + - - + +

青山起舞河欢笑，人民领袖到农庄。
+ - + + - - +　 + - + + + - -

　　　　　　　　　　　　（《红旗歌谣》18 页）

（乙）平仄声调和修辞方式。像对偶辞式明显地需要讲究声调谐和，基本上要求平仄对应，抑扬交错，这样不仅好读好记，并且对于突出内容有很大作用。

例（五）毛主席《送瘟神》：

红雨随心翻作浪，青山着意化为桥。
+ + - - - + +　 + - + + + - -

例（六）陈毅副总理赞美中柬友谊：

青山不老，绿水长流。
+ + - - + + - +

　　　　　　　　　（《人民日报》1960 年 5 月 8 日）

例（七）民歌：

　　家乡一片绿，祖国万年青。
　　＋＋＋－－　－－＋－＋

例（八）《在欢送志愿军大会上》：

　　万姓欢呼连草木，满腔热血涌波涛，
　　－－＋－－＋＋　＋－＋＋＋－－
　　人民友谊乾坤远，国际精神日月高。
　　＋＋－－＋－＋　－＋－－＋＋－

（《潮汐集》93 页）

　　以上对偶辞式例子，都是各音节平仄声调几乎完全对应。

　　又如回环辞式，有的也照顾前后语的平仄声调，当然声调与意义可能是有联系的，但这种联系不是必然的。例如"昔去雪如花，今来花似雪。"描绘风景和调协声调自然地结合。
　　　　　　　　　　　　　　－－＋＋　＋＋＋－

　　又如倒装辞式，有时也要照顾字调的意义。有的词语倒装为的是调协上下文音节的声调。

　　如毛主席《送瘟神》：

　　　　春风杨柳万千条，
　　　　六亿神州尽舜尧。

　　"六亿神州"是倒装，是为了和上句"春风杨柳"相对应相调协。

　　又如安徽民歌：

　　　　如今歌手人人是，
　　　　＋＋＋＋－－＋
　　　　唱得长江水倒流。

（《红旗歌谣》58 页）

上句是倒装，顺陈应当是"如今人人是歌手"，这倒装有突出内容重点（歌手）的作用，但也有照顾平仄声调的意义。

（丙）平仄和四字联合式新旧成语词组的关系。字调平仄相应，高扬和低抑的调子相配，这就作为造成汉语词语的骈偶性的条件。我们可以说"字调"是和汉语词语的骈偶方式有密切关系。不仅诗歌这类严密性的音乐组织不能不讲究平仄字调，就是其他语体也免不了要注意平仄的自然调协。只要语句需要对称，就不免有平仄调谐的要求。我们看，现时盛行的越来越发达的"四字联合式"的新旧成语，许许多多是可以联系"字调"来说明它的构造条件和社会作用的。因为四个字（音节）之间有平仄对应的关系（构造），说起来顺口，听起来悦耳，这样就有利于交际活动，就能收到表达的特殊效果。下面举些例子来看看：

如：①"千头万绪"②"千秋万载"③"铜墙铁壁"④"粗枝大叶"⑤"花言巧语"⑥"青山绿水"⑦"狼心狗肺"⑧"珠光宝气"⑨"精雕细刻"⑩"轻描淡写"⑪"牵肠挂肚"⑫"拖泥带水"⑬"争奇斗艳"⑭"拈轻怕重"⑮"张牙舞爪"⑯"花香鸟语"⑰"山清水秀"⑱"天翻地覆"⑲"风吹草动"。

以上四字联合式例子，就字调说，全是"平平仄仄"式；就结构方式分析，有的是偏正式相联合（例①—例⑩），有的是动宾式相联合（例⑪—例⑮），有的是主谓式相联合（例⑯—例⑲）。

又如：①"百孔千疮"②"半夜三更"③"粪海肥山"④"万水千山"⑤"破釜沉舟"⑥"饮水思源"⑦"弄假成真"⑧"动魄惊心"⑨"抗美援朝"⑩"返老还童"⑪"水到渠成"⑫"柳暗花明"⑬"水涨船高"⑭"弊绝风清"。

以上四字联合式例子，字调全是仄仄平平式；结构方式有的是偏正式联合（例①—例④），有的动宾式联合（例⑤—例⑩），有的主谓式联合（例⑪—例⑭）。

四字联合式除去"平平仄仄"、"仄仄平平"两种以外，还有其他的平仄调配方式。错综变化，形式多样。有平仄仄平式：例如"人杰地灵""人面兽心"，有仄平平仄式：例如"落花流水""水流花放"；有仄平仄平式：例如"指东话西""换衣卸装""趾高气扬"。就四字联合式成语看，字调配合，多种多样，以多样的抑扬顿挫的声调，表精确复杂的概念，在交际方面有显著的重大作用。

现在总起来说，字调的配合方式虽然多种多样，但原则就是：平仄的相重（同）和相间（异），统一与变化。平仄声调虽然是在修辞方面有一定作用，但万不可为它所束缚。必须照顾实际语境，体察上下文来自然地运用。"自然"就是意味着适应内容需要，遵循表达规律。假使脱离内容，忽略语境，片面讲究字调，勉强安排平仄，那就要犯形式主义的毛病了。对字调问题，不可忽略又不可拘泥；我们应该在必要时，在有利于表情达意、有利于社会交际的目的下，酌量利用"字调"这项条件。

（6）押韵。

就是每句或隔句的某些音节间有叠韵的关系。押韵的位置，有的押在句末，有的在句中，有的在句首。又有每句押韵，隔一句押韵，隔二句押韵的。传统的民歌形式是以押句末韵，隔一句韵为主。这种押在句末的韵又叫"韵脚"。韵脚在诗歌里，对于诗的思想感情意境的表现有重大的作用。富曼诺夫对韵脚的看法很好。他在日记中说："仅仅喜爱韵脚是无益的事情。我以为：内容应该不可避免地产生它所必需的、可以表现它的，无论新的或旧的一切韵脚。韵脚本身绝不会有美，只有产生韵脚的内容才会给它内在的美。"这提出内容和韵脚的关系，指出韵脚美的价值是决定于内容，见解很精确。马雅可夫斯基很重视韵脚，他正确地说明韵脚在诗歌中的作用。他在《怎样写诗》中说："没有韵脚……诗就会分散。韵脚使你回到上一行，回想起前一行，使叙述一个思想的所有诗行共同行动。"又说："我总是把意义最显著的词放在诗行末尾，并且无论如何使它押韵。所以我的韵脚几乎总是异乎寻常的。"这说明韵脚通过前后押韵字的呼应，有联系各诗行的作用，又有突出重要意义的词的用处。我们在后面举例来看看：

例（一）《泰山不够装》：

扁担细又长，挑起两箩筐，
莫嫌箩筐小，泰山不够装。

（《红旗歌谣》175 页）

"长""筐""装"叶韵。是"ang"韵，是平声韵。

例（二）《麦堆赛过大山岗》：

金浪翻滚麦穗黄，洪亮歌声震田庄；
布谷鸟儿高声唱，清脆笑声飘四乡。

（《红旗歌谣》219 页）

此诗中"黄""庄""唱""乡"叶韵，都是"ang"韵。"黄""庄""乡"是平声，"唱"是去声，属仄声。这首诗押韵是平仄通押。

例（三）《打夯歌》：

打夯本费力哟，嗨哟嗨呀，
担土不轻闲哪，嗨哟嗨哟。
想起毛主席的话哟，嗨哟嗨呀，
劲头往上蹿哪，嗨哟嗨哟。
不怕日头晒哟，嗨哟嗨呀，
不怕流血汗哪，嗨哟嗨哟。

大家齐努力哟，嗨哟嗨呀，

全都争模范哪，嗨哟嗨哟。

登一堤一望哟，嗨哟嗨呀，

子牙河在西边哪，嗨哟嗨哟。

两岸的大平原哟，嗨哟嗨呀，

麦苗儿肥又欢哪，嗨哟嗨哟。

庄稼就是命哟，嗨哟嗨呀，

修堤保平安哪，嗨哟嗨哟。

越砸越有劲哟，嗨哟嗨呀，

人民军队美名传哪，嗨哟嗨哟。

（《人民日报》1950 年 6 月 25 日）

上面引歌的一节，隔句押韵，韵脚闲、蹿、汗、范、边、欢、安、传，这些押韵字都是"an"韵。闲、边、欢、安、传是平声，蹿、汗、范是仄声，这也是平仄通押。

例（四）江西民歌《万水千山听调动》：

百花园中比花红，生产战场比英雄，

洪水让路山低头，万水千山听调动。

（《红旗歌谣》263 页）

韵脚红、雄、动，都是"ong"韵。红、雄是阳（平），动是去（仄），这也是平仄通押。

工人们表现崇高革命品质的一句话："比比过去，不能忘记；看看现在，还要争气；想想将来，更有勇气。"记、气韵脚字的韵母都是"i"。话押了韵，就好念、好听，容易记并容易体会、传播。

广大劳动群众传诵的体现共产主义伟大风格的四句口号："见困难就上，见荣誉就让，见先进就学，见后进就帮。"第一、二、四句押韵，韵脚字上、让、帮的韵母都是"ang"。这样句子，念起来就感觉音节响亮、谐和，容易记忆，也容易感受话里的精神。

押韵的依据，旧时人们作诗歌，选韵大都根据《佩文诗韵》。这书列一东、二冬、三江等106韵目，按平、上、去、入分部。押韵规则是：平只押平，入只押入，上去可以互押。（《佩文诗韵》韵目是根据南宋时代平水刘渊所编的《礼部韵略》。刘渊把"广韵"206韵删去99韵目定为107韵；元代阴时夫撰《韵府群玉》又减少一个韵目，并了一个韵目，明清以来通行的韵书都依据这个韵目。《中华新韵》例言（6）批评《佩文诗韵》说："既非实录，尤乖学理"，这话确当。）

今日新诗押韵，较为自由，打破旧规，不拘于平仄字调，凡同韵母的字都可以互押。押韵可依据《中华新韵》（1941年国语推行委员会公布的，分十八韵）和《十三道辙》（艺人自己创造的，分十三道辙），自由选韵。

押韵在诗歌类的文艺作品中是必要的事。韵脚在整个"诗腔"方面占的地位很为重要。韵脚有一定的好处：①使听众读者易于接触诗情的焦点；②留余音；③好唱、容易记、容易传播。但是万不可被韵脚所拘束限制，不可为了勉强凑韵而损害内容，只要韵脚大致相近就行。丁绍仪说："诗贵用韵，韵宜稳宜响，不响则虽首尾完善，中有好句，终觉口齿滞涩。"这见解可供参考。"稳妥""响亮"确是诗歌押韵的重要条件。鲁迅曾谈过新诗押韵问题，主张押大致相近的韵脚。他说："……新诗先要有节调，押大致相近的韵，给大家容易记，又顺口，唱得出来。"（《给宾隐夫的信》）又说："诗须有形式，要易记易懂易唱动听，但格式不要太严。要有韵，但不必依旧诗韵，只要顺口就好。"（《给蔡斐君的信》）

我们认为这见解是准确的，说法是平易切实的。押韵，如果结合实际语境，根据诗意和情感的旋律，自由地选择、自然地调配韵脚，是可以引起联想，增强形象的组织力，有助于诗的艺术的表现。诗的押韵形式和诗的内容是辩证的统一的。诗歌作者宜辩证地对待押韵问题，既不可以拘泥韵脚，也不可以不管韵脚。

（7）儿化韵。

儿化韵是在原韵后面加儿音。它是由各种不同的韵母加上"儿"尾变来的，读法是各种不同元音加上卷舌作用。儿化的儿是和前头元音溶在一起，成为元音的不可分割的部分。如"嘴儿""小船儿"。儿韵的"儿"——如儿孙的"儿"、耳朵的"耳"、一二的"二"，是自成一个音节；儿化韵的"儿"不是一个音节，只是音节中的一个音素。北京音里儿化韵非常多。

儿化韵与词汇与语法都有关系（区别词义与词汇有关，区别词性与语法有关），我们这里要特别谈的是儿化韵的修辞作用。儿化韵有时是表现意味，附加感情。表现小的意味的——有加小的有不加小的。这小指相对的"小"。

例如"人儿""脸儿""壶儿""碟儿""碗儿""事儿""活儿"，都不加"小"而表现小的意味。

另如"小本儿""小人儿""小曲儿""小包儿"，都加"小"。

附加亲爱的情感的，如"老头儿""二姨儿""小妹儿"。

前所举的表现小的儿化词，也大多附带爱的意味。

儿化词生动、轻灵，含有艺术味。

例如《跃进花儿开不败》：

跃进花儿开不败，标兵越多越盛开。
……花儿盛开添光彩。

（《部队歌谣选》17 页）

又如《刘三姐·抗禁》：

年年三月是歌节，月儿明亮歌儿甜……

（57 页）

　　以上讲述的现代汉语各种语音现象（叠音、拟声、谐音、双声叠韵、字调、押韵、儿化韵），在修辞方面的作用都联系词汇或语法来加以分析。本来修辞的手法往往是联合语言的各因素以构成的。后面第五、六、七章《修辞方式分说》，分析各具体辞式，有的地方还将提到"语音"条件。

　　按我们的体会：语音形式本身，不能有什么艺术价值，只有由说话人（或作者）适应一定语境，把它适当地组织在一定上下文中，让它为正确的主题思想服务，这样，才可能起一定的艺术作用。千万不可以孤立地片面地讲语言的音律美。

第四章　现代汉语修辞方式总说

（一）汉语修辞方式是劳动人民创造的

修辞方式是适应社会交际的需要，根据民族语言的内部发展规律创造的具体的、一定的手法（语言艺术化的手段如对偶、对照、回环、反复、比喻、拟人、夸张、问语、幽默、讽刺、双关等式）。原来都是由劳动人民群众在生产劳动、社会斗争中创造出来的；而知识分子、文人不过是在劳动人民所建立的修辞方式的基础上酌量加工。我们从古代民间文学可以看出劳动人民对各种修辞方式的创造。

我国古代民间文学如谚语、歌谣、寓言等文体中创造了汉语修辞的各种方式，并且其中有许多比喻比拟以及各种形象性的表达方式成为民族语言的优美形象传统，表现出鲜明的民族风格。

（1）先举对偶、对照（即对比）、回环、反复等辞式。

（甲）古谚语中，这几类辞式广泛应用。

对偶：

　　　例（一）"麦秀风来摆，稻秀雨来淋。"

（《古农谚》）

　　　例（二）"春种一粒粟，秋收万担粮。"

（同上）

例（三）"采茶摘尖，铲草除根。"

（同上）

例（四）"骤雨不终朝，迅雷不终日。"

（《月令广义》——农谚）

例（五）"立夏不下，田家莫耙；小满不满，芒种莫管。"

（《月令广义》："立夏、小满皆欲雨，故谚云。"）

例（六）"端午晴干，农夫喜欢。"

（《四时杂占》："重午只喜薄阴，但欲晒得蓬艾。"）

例（七）"布谷鸣，小蒜成；秋霜熟，芸薹足。"

（《岁时杂占》）

对照（即对比）：

例（八）"肥不过春雨，瘦不过秋霜。"

（《农谚》）

例（九）"冬雪对麦似棉被，春雪对麦如利刃。"

（同上）

上面一些谚语例子，是劳动人民运用对偶、对照辞式来描写阴、晴、风、雨、霜、雪自然气象的变化和农业生产的重大关系，都可算是古代生产劳动经验的总结。利用这样的修辞手法能便于传播，容易使听众读者记忆牢固。

回环：

例（十）"高者不说，说者不高。"

（《丸经》引俚语论矜能，意思是高明的人不自夸耀，夸耀自己的是不高明的。）

例（十一）"成人不自在，自在不成人。"

（朱熹引谚训人）

例（十二）"人靠地长，地靠人养。"

（《农谚》）

以上这些例子是运用回环辞式，说明彼此作风事理的相排或相依的关系。例（十）、例（十一）表相排，例（十二）表相依。

（乙）再就歌谣方面说，古代劳动人民的诗歌常常运用对偶、对照、回环各式，大家共知，不必举例。还有反复式，诗歌中用得特别多。从词、语到章节都有反复式的表现。章句反复属于结构，但也有修辞作用。《诗经》章句反复很多。往往有的全篇两三章，除去当中的两个词有差异外，其余都相同。现举几个最有典型性的例子看看：

例（一）《卫风·木瓜》：

投我以木瓜，报之以琼琚。匪报也，永以为好也。
投我以木桃，报之以琼瑶。匪报也，永以为好也。
投我以木李，报之以琼玖。匪报也，永以为好也。

全篇三章，各章只有两个词不相同。

例（二）《郑风·褰裳》：

子惠思我，褰裳涉溱。子不我思，岂无他人？狂童之狂也且！
子惠思我，褰裳涉洧。子不我思，岂无他士？狂童之狂也且！

全篇两章，各章间也只有两个词不相同。这样的章句反复，明明属于音乐组织方面，但它和内容也有关系，它也有修辞的作用。

《诗经》外，古诗歌也有运用反复式的。

例（三）《江南可采莲》：

江南可采莲，莲叶何田田。鱼戏莲叶间，鱼戏莲叶东，鱼戏莲叶西，鱼戏莲叶南，鱼戏莲叶北。

这是最明显的反复式例子。

至于叠音词的广泛运用，也是歌谣的特点。

叠音词是构词方式，也有修辞的作用。

《诗经》叠音（单音节重叠）词的大量运用，是它的艺术表现的一个显著特点。利用叠音词（词的反复）以精确描绘景物特征、人物动态，鲜明表现心理活动，有的在绘景方面还带着褒贬色彩。

例（四）绘景：用"灼灼"描绘桃花的鲜明，"依依"形容杨柳的柔美，"杲杲"描绘日初出的光景，"潇潇"形容风雨暴疾的情况，"芃芃"形容麦的盛长，"绵绵"描绘葛的长而不绝。

例（五）描绘人物动态：用"蹶蹶"形容动而敏于事，"踽踽"形容独行无所亲。

例（六）描绘心理活动：用"耿耿"形容不安的心理，"摇摇"形容忧无所诉的情况，"旦旦"形容恳恻款诚，"钦钦"形容忧心想望。

例（七）描绘景物附带褒贬色彩："夭夭"形容桃叶的少壮，"猗猗"形容绿竹的美盛，都带褒的色彩。"噎噎"形容天气的阴郁，"虺虺"形容雷鸣之声，都带贬的色彩。

以上列举各例说明古代谚语、歌谣中运用对偶、对照、回环、反复辞式的情形。

（2）再举比喻、夸张、设问（即问语）、幽默、讽刺、拟人、谐音、双关等辞式。

这几类辞式，在歌谣、寓言中也常常运用。

（甲）先就歌谣说：

比喻：

如《诗经·国风》广泛运用比喻辞式。比喻是它的基本表现方法之一。《国风》描绘事物，往往用群众所熟悉的易于理解的事物打比方，使人容易通过"喻体"了解本事物的特征。

例（一）"自伯之东，首如飞蓬。"

(《卫风·伯兮》)

例（二）"彼其之子，美如玉。"

(《魏风·汾沮洳》)

例（三）"出其东门，有女如云。"

(《郑风·出其东门》)

例（四）"心之忧矣，如匪浣衣。"

(《邶风·柏舟》)

例（五）"行迈靡靡，中心如醉。"

(《王风·黍离》)

更有用一系列的比喻的。

例（六）"手如柔荑，肤如凝脂，领如蝤蛴，齿如瓠犀，螓首蛾眉。"

(《卫风·硕人》)

用一串的精确的比喻描绘女性人体美。前四个是明喻，后两个是暗喻。

夸张：

《国风》也有运用夸张辞式的。

例（七）"一日不见，如三秋兮。"

(《王风·采葛》)

例（八）"叔于田，巷无居人。"

(《郑风·叔于田》)

例（九）"谁谓河广？曾不容刀。"（刀——小船）

(《卫风·河广》)

例（七）用意是极言怀念的殷切。例（八）是极力赞扬叔的性格。例（九）是极言河面的狭窄。

设问：

《国风》里常常运用设问辞式的。

例（十）"岂曰无衣？与子同袍。"（《秦风·无衣》）

例（十一）"日居月诸，胡迭而微？"（《邶风·柏舟》）

例（十二）"不稼不穑，胡取禾三百廛兮？"（《魏风·伐檀》）

上面三个例子，都是运用设问式表示强烈情感。例（十）有鼓动性。上面问，下面答，表现同仇敌忾思想。例（十一）有呼吁感叹意味。例（十二）有控诉质问的意义。后两例无答语。

古代劳动人民歌谣，用设问式的很多。

幽默与讽刺：

例（十三）《牟子》引古谚："少所见，多所怪，见秦驼，言马肿背。"

这批评眼界狭隘，少见多怪，含有深刻的幽默味。

例（十四）《后汉桓灵时童谣》是出色的讽刺诗。原诗："举秀才，不知书；举孝廉，父别居；寒素清白浊如泥；高第良将怯如黾。"

后汉桓帝时选举极滥，本篇列举几件事实，暴露功名和实质的矛盾（秀才无才，孝廉不孝，名为清白，实则其浊如泥，号称良将，实则其怯如黾），巧妙地反映封建社会的政治黑暗情况，虽没加什么断语，而讽刺的力量很大。同时里面燃烧着人民的愤怒的火焰。

拟人：

《汉魏乐府》中有运用拟人辞式的，把动物加以人格化。

例（十五）《艳歌何尝行》："飞来双白鹄，乃从西北来。十十
五五罗列成行。妻卒被病，行不能相随。五里一反顾，六里一徘
徊。吾欲衔汝去，口噤不能开。吾欲负汝去，毛羽何摧颓。"

白鹄别妻，依依难舍。妻突然害病，不能跟随，欲衔不得，欺负不
能，五更反顾，六里徘徊。这是把白鹄加以人格化。

例（十六）《枯鱼过河泣》："枯鱼过河泣，何时悔复及。作书
与鲂鲇，相教慎出入。"

枯鱼遭祸，后悔莫及，作书警告伙伴，劝出入谨慎。把"鱼"人格
化，想象活泼。张荫嘉讲得明白："此罹祸者规友之诗。出入不慎，后
悔何及，却现枯鱼身而为说法。"

谐音双关：

这类辞式在汉语口语方面有悠久的历史、优美的传统。

例（十七）古诗（实际是民谣）："藁砧今何在？山上复有山。
何当大刀头，破镜飞上天。"

"藁砧"是"砆"，谐"夫"；"大刀头"是"环"，谐"还"。这是
谐音双关的辞式。

六朝时代民间的情歌，多运用这类辞式，显示表情色彩。

例（十八）晋代《子夜歌》（吴声歌曲）："思欢久，不见独枝

莲，只惜同心藕。"

以"藕"谐"偶"。

例（十九）《子夜歌》："空织无经纬，求匹理自难。"

以布匹之"匹"谐"匹偶"之匹。

例（二十）《子夜歌》："春蚕不应老，昼夜常怀丝。何惜微躯尽，缠绵自有时。"

以"丝"谐"思"，以蚕丝缠绵谐爱情的缠绵。

唐代刘禹锡所作的《竹枝词》，据正确的考订，原来是巴渝沅湘间的民歌，刘禹锡稍稍加以修饰，再教当地人民歌唱。词里用谐音双关的词，表现男女相思之情。

例（二一）刘禹锡《竹枝词》："杨柳青青江水平，闻郎江上踏歌声。东边日出西边雨，道是无晴却有晴。"

两个"晴"字谐"情"字。

后来各代山歌抒写爱情也有用这种辞式的。

总之，谐音双关式是民间语言的传统修辞手法。往往有几个特点：①用来含蓄地写爱情；②材料是眼前事物；③有隐语性。

（乙）次就寓言说：寓言里运用比喻、拟人、夸张、讽刺各手法很多，目的是通过这些修辞手法阐明事理，对听众读者容易收到说服的效果，或起诱导的作用。《战国策》、周秦诸子所引用的寓言，大约都是古代民间的创作。

比喻：

一般寓言本来具有比喻性。就一方面看，寓言可以说是比喻的扩展。

比喻发展成为完整的故事，就是寓言。当然，寓言的实质还有其他因素，如虚构情节和含有说教的意义等。例如：《守株待兔》《刻舟求剑》《愚公移山》《画蛇添足》《揠苗助长》等都是比喻的系统化。

拟人：

寓言大部分运用拟人手法，把人类以外的生物或无生物加以人格化。把其他生物或无生物描绘得具有人性，具有人类的思想感情意志，描绘物类能有人一样的行动活动。这种辞式，远古社会已经产生（神话、童话里往往运用），里面往往带迷信成分，后来由于人们思维的渐趋精密，由于对外物的认识的逐渐提高，而有所发展。如《战国策》，"子书"中寓言的拟人就含有很强的理性成分。一面抓住物类本身的特点情况，一面赋予物类以人性，巧妙地就着物类本身特点寄予人类的性格。通过这样的形象化手法以表现主旨。例如《战国策·燕策》中《鹬蚌相争，渔人得利》，这个著名寓言是利用鹬和蚌本身特点加以拟人化。说鹬啄蚌的肉，蚌拑鹬的嘴，相争持，相诅咒。

例如《庄子·秋水》中坎井之蛙，这个寓言讥讽有些人眼界狭隘，受环境的局限，"因见小而自满"，比拟也符合蛙的情况。

夸张：

周秦寓言常常运用夸张手法（这算是寓言的一种特征），把事物作扩大的描绘，借形象的扩大，突出事物的本质特征，给人鲜明的感觉、深刻的印象。

例如《东施效颦》（《庄子·天运篇》），这是描叙东施机械模仿的故事：没有病而硬蹙额，求美反丑。丑态的影响，使邻里的富人闭门，穷人搬家。这样手法确实属于夸张，并且含有幽默诙谐成分。

讽刺更是寓言的显著的特点，上面所举的比喻、拟人、夸张各例，绝大多数含有讽刺意味，这里不专述了。

以上列举各例证明古代歌谣创造的比喻、拟人、夸张、设问、幽默、讽刺、双关各种辞式。我们如果从修辞学的角度观察古代民间文学的各体作品的语言，就可以有这样的认识：现代汉语大多数的、重要的修辞方式确确实实是继承劳动人民群众的修辞优美传统而加以发扬的，是在现实社会新条件之下，在现代汉语本身新条件之下加以发扬的。

（二）　现代汉语修辞方式的类别

陈望道《修辞学发凡》辞格的分类，大体依据"构造"，间或依据"作用"，分为"材料""意境""章句""词语"四类三十八格（《修辞学发凡》75—76 页）。见解精确，系统清楚。本书以"语言因素和表现手法的关联性"作标准，将现代汉语辞式区分为三类：

第一类：描绘式类，主要是利用词语的转义条件构成描绘事物的一定修辞手法。有比喻、拟人、较物、连物、夸张、代替各式；

第二类：布置式类，依据词语排列方式构成表现事物的一定修辞手法。有对照、衬托、对偶、反复、回环、排叠、层递、联珠、倒装、错综各式；

第三类：表达式类，是根据语义、语气、语调和各种变通的说法构成一定的修辞手法。有同语、反语、撇语、问语、引语、幽默、讽刺、双关各式。

（三）　修辞方式分析研究的项目

各类辞式可以按下列各项目进行具体分析（为了避免与后面内容相重复，这里只提出项目，不举例子）。

（1）现实基础：各辞式对事物的形容比拟，所根据的现实的情况。

（2）结构特征：各辞式的类型特征以及对语言各因素（词汇、语法、语音）的具体利用。

（3）内部分目：按一定的标准，在各辞式内部划分子目。

（4）社会作用：各类修辞手法对听众读者起各种积极作用。有说服力、感染力、鼓舞力、鼓动力。

（5）运用的条件：各辞式具体运用必需的主要和次要的条件。

（6）在各类语体中的应用：各辞式在文艺作品、科学论文、政论文、公文各种语体中的不同的应用情况。

（7）本辞式和相近似辞式的差异和其他辞式的关联（本质的差异和实质的关联）。

（8）辞式的发展：由于社会的发展、人们思想认识的发展，由于语言本身因素的发展，现代汉语各种辞式也就有新的发展，在形式、实质方面都产生了新的特点。

我们分析研究辞式，可估量各式的性质、情况，灵活地应用上面所提的项目或别立项目；不拘定每式全按这些项目来分析。本书"辞式分说"有些辞式的分析，仅用上述项目的一部分。

第五章　现代汉语修辞方式分说（一）

第一类方式　描绘类

本类有比喻、拟人、较物、连物、夸张、代替各项。

（一）比　喻

比喻式　比喻式是根据类似的联想和对事物关系的新认识，选取另外的事物来描绘本事物的内在特征。这是语言形象化的一种重要手法，也是人们经常运用的一种修辞手法（基本上利用词语的转义）。说话写文章往往需要比喻，比喻可以造成语言的具体性、实感性、鲜明性，并且可以通过"喻体"透露说话人对本事物的爱憎情感，表示对本事物的褒贬意味、肯定否定态度。

例如说：

> 这些坚定的人好比屹立天地间的岩石。
>
> （《理想，情操，精神生活》15 页）

这个比喻就是通过喻体"岩石"表示对革命立场坚定的人们的赞

扬，表示敬爱。

又例如说：

> 墙头草两边倒。一个人要是无产阶级立场不坚定，也就好比墙头草一般，扶得东来西又倒，碰得西来东又歪。
>
> （陈路《墙头草和劲草》,《中国妇女》1959 年 24 期）

这是通过喻体"墙头草"表示对立场动摇不定的人的贬义。

比喻在社会交际中能起种种作用。主要的是利用这一种描绘手段帮助大家对事物特征的具体认识；利用喻体的形象引起想象，让大家受到感染（喻体鲜明、生动，听众读者就会受到强烈的感染）。比喻的实际价值就在这里。

后面分作七项来说明：

（1）比喻式的结构。

包括三种成分：（甲）本体，被比喻的事物；（乙）喻体，做比喻的事物；（丙）比喻词（像、似、如、比、是等）居于本体、喻体的中间，作结合本体和喻体的工具。

例（四）："公社　　好比　　大红松"
　　　　　　　|　　　　|　　　　|
　　　　　（本体）（比喻词）（喻体）

例（五）："生活　　是　　　海洋"
　　　　　　|　　　　|　　　　|
　　　　　（本体）（比喻词）（喻体）

有的比喻省略一种成分，有的省略两种。

（2）比喻式的条件。

（甲）本体和喻体本来不同类、异本质，但个别方面有共同特征——"恰似点"。恰似点是比喻内容核心。

例如说："人民公社的产生是瓜熟蒂落。"这个比喻（属于暗喻），极为贴切。"人民公社的产生"属"本体"，"瓜熟蒂落"是"喻体"。"人民公社"是新的社会组织，"瓜"是果木（植物），二者本来是不同类不同本质，但是它们之间有共同点（恰似点），就是"条件成熟自然出现新局面"。"恰似点"是比喻内容核心。说话写文章运用比喻，要准确表现恰似点；听众读者研究比喻，要正确体会恰似点。

转过来说，同类的事物相比，就不算比喻。例如说："河北大学和南开大学的学生学习劲头一样大。"这是"比较"，不是"比喻"，因为两方面是同类。

《文心雕龙·比兴》赞语："诗人比兴，触物圆览，物虽胡越，合则肝胆。"这话很好地说明了"比喻"的条件。"圆览"，就是观察周全；"胡越"，形容距离的遥远；"肝胆"，形容接近。彼物和此物虽然原来像胡地越地的相远（本质相距很远，本质相异），但是经诗人把它们结合起来，就好像肝和胆的相近（有高度的恰似点）。这暗引《庄子》的成语，说明比喻的规律，多么精切。（《庄子·德充符》："仲尼曰：自其异者视之，肝胆，楚越也；自其同者视之，万物皆一也。"）

（乙）喻体要具体、浅显，是群众所常见熟知的。喻体的属性要根据民族习惯的看法。如：狼具凶狠的属性，狐狸狡猾，雪纯洁，钢铁坚强。

（丙）比喻要求新鲜（喻体、本体的关系新鲜）。比喻的材料是大家所常见熟悉的，但是本体、喻体两方面的关系是要说话人（或作者）建立的。比喻的新鲜性就是指本体、喻体的关系的新鲜。就说话人方面说，就是运用比喻的独创性。比喻一方面"材料要熟的"，要大家共知的；另一方面"内容核心要新的"，要说话人独创的，这正是辩证的结合。还按上面举的例子来分析：比喻的材料"瓜熟蒂落"是大家常见熟知的，而"内容"（以瓜熟蒂落比喻人民公社条件成熟自然产生），本体、喻体间的关系则是新鲜的，是说话人根据对事物的新认识、新判断来建立的。

我们要注意，比喻虽然恰当，但是倘若沿用得久了、陈旧了，就会失掉特殊表达力，就会变成平常一般词语。例如"学术的空气"、"思想的疙瘩"，这"空气""疙瘩"本是比喻，但是人们用惯了，就变成一般的词。

（丁）比喻要贴切——本体、喻体间的恰似点要达到一定高度。贴切问题是很复杂的，关涉到表达立场、说话主旨、事物情况、现实情境、说话人作者和听众读者的关系等各方面。总起来说，就是符合实际、照顾群众这两件事情。例如"人民公社的产生是瓜熟蒂落"，这个比喻确是极为贴切。站在人民利益立场，说明公社的产生恰当其时，公社是历史的必然产物。在逻辑论证的基础上运用这个比喻作形象的描绘，准确地反映了现实实际情况，因而对广大听众起巨大的教育作用。

以上比喻四项条件是连在一起的。我们钻研这个问题，要按比喻的实例作具体的分析和体会。比喻创造者要能洞察新事物的特征，能抓紧彼此事物的恰似点。

（3）比喻式的分类。

按比喻的性质，可区分为"明喻""暗喻""借喻"三类。

（甲）明喻。本体、喻体，分明揭出，两体界域明显。中间用"像"

"似""如""比""一样""一般""仿佛"等词来结合，人一望而知为比喻。这种比喻，使人感到明快、生动。

基本方式是"甲像乙"（甲表本体，乙表喻体，本体像喻体）。

例（一）《湖南农民运动考察报告》：

> 很短的时间内，将有几万万农民从中国中部、南部和北部各省起来，其势如暴风骤雨，迅猛异常，无论什么大的力量都将压抑不住。
>
> > （《毛泽东选集》第一卷，13 页）

用"暴风骤雨"比喻伟大的农民运动的形势，显示出运动的特征（迅猛异常），造成壮美的形象，同时也表现出赞颂农民运动的热情。

例（二）《关于人民公社若干问题的决议》：

> 一九五八年，一种新的社会组织像初升的太阳一样，在亚洲东部的广阔的地平线上出现了，这就是我国农村中的大规模的、工农商学兵相结合的、政社合一的人民公社。它一出现，就以它的强大的生命力，引起了人们广泛的注意。
>
> > （《人民日报》1958 年 12 月 19 日）

本体"新的社会组织人民公社"，喻体"初升的太阳"，比喻词"像……一样"，恰似点"朝气蓬勃，有强大的生命力"。这极贴切的比喻，有积极的褒义，有庄严的色彩。

例（三）安徽民歌：

> 毛主席好比灯一盏，
> 山南海北都照红。
>
> > （《安徽民歌选集》5 页）

通过喻体"灯",热烈歌颂伟大领袖的光辉。

例(四)王国藩《坚持勤俭办社的方针》:

> 我们向社员讲解勤俭办社方针时,曾将勤比作"耙子",将俭比作"匣子"。我们对社员说,既怕"耙子"掉齿,更怕"匣子"掉底。不勤就像耙子缺了齿,搂不起东西来;不俭就像匣子掉了底,有了东西也要漏掉。

用"耙子"比喻"勤",用"匣子"比喻"俭",借农民常用的劳动工具作喻体,使群众根据感性认识,自然容易体会比喻的内质——勤俭的真义。

例(五)《李有才板话》:

> 鬼映眼,阎家祥……两眼一忽闪,肚里有主张,强占三分理,总要沾些光。便宜占不足,气得脸皮黄,眼一挤,嘴一张,好像母猪打哼哼!

> (26页)

以"母猪打哼哼"的丑样子比喻地主的儿子阎家祥的嘴脸,表现了强烈的憎恶情感。

(乙)暗喻。比较"明喻"进一步,不露比喻的形迹,本体、喻体融成一片,精练、含蓄,能引人深刻思索、想象。

基本方式为"甲是乙"(本体是喻体)或"乙是甲"(喻体是本体)——这种居少数。"是"字表面是判断词,实质是暗比词。有的不用"是"而用和"是"相当的词语,如"变为""成为"等。

暗喻内部可分四类,下面按类举例。

本体是喻体,喻体是本体:

例(一)《中国革命战争的战略问题》:

马克思主义的方法就是政治上军事上的望远镜和显微镜。

（《毛泽东选集》第一卷，第 206 页）

这用"望远镜""显微镜"作暗喻，说明马克思主义方法能提高政治、军事的眼力——使人明察和远见。

例（二）《反对自由主义》：

革命的集体组织中的自由主义是十分有害的。它是一种腐蚀剂，使团结涣散，关系松懈，工作消极，意见分歧。

（《毛泽东选集》第二卷，第 348 页）

用"腐蚀剂"比喻自由主义，揭露自由主义对革命集体的严重危害性。

以上两个例子属本体是喻体式。

例（三）《铁龙飞越万水千山》：

铁路从掌握到人民手中那一天起，就变成一匹矫健的骏马在祖国的广泛原野上飞奔前进。

（《人民日报》）

"铁路"（本体），"骏马"（喻体），当中用"变成"来联结。

例（四）《关心群众生活，注意工作方法》：

……真正的铜墙铁壁是什么，是群众，是千百万真心实意地拥护革命的群众。

（《毛泽东选集》第一卷，第 134 页）

这属喻体是本体式（喻体——铜墙铁壁，本体——群众）。

例（五）邹荻帆《都门的抒情·针锋相对》：

"古巴要成为古巴的古巴，不能差毫分！"让你的每根甘蔗都成为宝剑……

（83 页）

"甘蔗"（本体），"宝剑"（喻体），当中用"成为"来联结。

用"变成""成为"一类词来联结"本体"和"喻体"，就使"比喻"更有曲折性、含蓄性，这跟用"是"来联结的有点不同。

本体、喻体之间，有同位关系的形式：

例（六）魏巍《斥杜勒斯》：

杜勒斯——这个美国垄断资本的小哈巴狗……

（《春天漫笔》104 页）

这儿杜勒斯、小哈巴狗，就语法说是同位关系。这个暗喻通过喻体（小哈巴狗）进行讽刺。

例（七）郭沫若《献给加勒比海的明珠》：

古巴，加勒比海的明珠，
……

（《风暴颂》62 页）

喻体"加勒比海的明珠"，作同位成分，通过这个同位成分，表示对古巴人民的热爱与尊敬。

本体、喻体，平行紧接：

例（八）谚语：

鼓不打不响（喻体），理不讲不明（本体）。

例（九）谚语：

　　路遥知马力（喻体），日久见人心（本体）。

（丙）借喻。比暗喻又进一步。在一段话里只提喻体，不提本体。方式是"乙代甲"（喻体代本体）。

例（一）《整顿党的作风》：

　　有些同志则仅仅把箭拿在手里搓来搓去，连声赞曰："好箭！好箭！"却老是不愿意放出去。

　　　　　　　　　　（《毛泽东选集》第三卷，821 页）

这段里只提"喻体"（搓箭不放），不提本体（徒然赞美理论而不愿意应用于实际）。

例（二）《毛主席对我国留苏学生讲话》：

　　帝国主义阵营的人口不过四亿左右，而且他们的内部是分裂的。那里会发生地震。现在不是西风压倒东风，而是东风压倒西风。

　　　　　　　　　　（《人民日报》1957 年 11 月 20 日）

这段单述喻体（东风压倒西风），省略本体（社会主义阵营、民族解放运动和和平民主运动的力量超过帝国主义侵略势力）。

例（三）《关于正确处理人民内部矛盾的问题》：

　　我们是反对一切毒草的，但是我们必须谨慎地辨别什么是真的毒草，什么是真的香花。我们要同群众一起来学会谨慎地辨别香花和毒草，并且一起来用正确的方法同毒草作斗争。

　　　　　　　　　　　　　　　　（29 页）

这段单提喻体"香花毒草"。

（丁）明喻、暗喻、借喻三种比喻的比较：

就根本看，三种比喻有一致性。都是用另外的事物来说明本事物的特征，都是在喻体中显示本体的特征，但是同中有异。差异点在哪儿呢？可以从"内容""结构"两方面来分析。

内容方面：明喻，本体、喻体关系较松，本体居主位。暗喻，本体、喻体关系较紧，本体、喻体地位同等。借喻，本体、喻体关系最紧，喻体占主位。

结构方面：明喻，较为繁复，本体、喻体、比喻词三种成分全备。暗喻，较为精简，其中一部分省略比喻词。借喻，最简练，省略本体和比喻词两种成分。

比喻又可以按"形式""意义"标准划分种类：

按形式可分为对喻、复喻。

对喻：喻体、本体形式两相对称。

例如：

民歌："星星跟月亮，老百姓跟共产党。"谚语："路遥知马力，日久见人心。"

复喻：以许多喻体重复比喻一个本体，列举几个喻体来说明某一个恰似点，这种比喻能使语言的力量强、意味厚。

例如《反对党八股》：

射箭要看靶子，弹琴要看听众，写文章作演说倒可以不看读者不看听众吗？

（《毛泽东选集》第三卷，837页）

以"射箭要看靶子""弹琴要看听众"两件事比喻写文章作演说要

树立群众观点，看准对象。

按意义可分正喻、讽喻。

正喻：这所称的"正"是和"讽"相对待的，就是指一般的不带讽刺性的比喻。无须举例。

讽喻：含讽刺性的比喻。

如明喻式例（五）以"母猪打哼哼"比喻地主儿子阎家祥的丑态。

讽刺的喻体材料往往是关于人间的诈伪、愚昧的事情或动物的性质动态。

总之，比喻按"形式"或"意义"分类，有一定的用处，但是从修辞学科学角度说，比喻按"性质"的分类是基本的标准。

（4）喻体和句子成分。

喻体在句子里，充当什么成分，就会起什么样的作用。结合语法、句法组织来分析比喻的现象，有的喻体充当定语，有的充当状语，有的充当谓语，有的充当补语，有的充当复句中的分句，处于不同的地位，执行不同的任务。

（甲）喻体充当定语，显示事物的特征。

例（一）何为《小城大街》：

这种日夜川流不息的脚步声，甚至在我的睡梦里都不曾消失。

（《织锦集》18 页）

"川流不息"这一成语，这里用来作定语，修饰街上的脚步日夜不停的声响。

（乙）喻体充当状语，具体地显示动作运动或性态的特征。

例（二）管桦《村长》：

人群立刻像风吹似的卷回来……

（《早晨的太阳》107 页）

喻体"风吹"带着比喻词"像……似的"作状语，修饰动作"卷回来"，显示出"卷回来"动作的特征。

例（三）何为《小城大街》：

> 旅馆的大门就在我的窗前对过，繁多的音响像潮水一样冲进小楼里，彻夜不绝。
>
> （《织锦集》17 页）

喻体"潮水"带着比喻词"像……一样"作状语，修饰动词"冲进"，具体显示出声音冲进窗口的特征。

例（四）刘白羽《早晨的太阳》：

> 我看见妇女们怎样像绣花一样精细地一颗一颗地选着谷种。
>
> （25 页）

喻体"绣花"带着比喻词"像……一样"作状语，修饰妇女们挑选谷种的精细的动态。

（丙）喻体充当谓语（表语），显示主语的特质。

例（五）《草原上不落的太阳》：

> 合作社是金桥银桥，把藏民渡上了天堂。
>
> （《红旗歌谣》29 页）

喻体"金桥银桥"作表语，用来比喻主语"合作社"，说明合作社的伟大意义。"是"在这里成为形象的判断词。

（丁）喻体充当补语，位置在动词或形容词之后，补充说明动作的结果、影响或性质的程度。

例（六）《湖南农民运动考察报告》：

这个攻击的形势，简直是急风暴雨，顺之者存，违之者灭。其结果，把几千年封建地主的特权，打得个落花流水。

（《毛泽东选集》第一卷，15 页）

用"落花流水"这个成语作喻体充当补语，放在动词"打"之后，描绘动作结果。

例（七）戈壁舟《月夜奔灵岩》：

她矮小的身材，结实得像小钢炮。说话像呼啸着的炮弹。

（《早晨的太阳》72 页）

用喻体"小钢炮"充当补语，放在形容词"结实"之后，说明结实的程度。

（戊）喻体当复句中的分句，有的带比喻词，有的不带。

例（八）刘少奇《马克思列宁主义在中国的胜利》：

不管各国革命有多大的复杂性和曲折性，一切国家的发展，都不可能离开马克思主义所指出的共同的历史轨道（本体），正像地球围绕太阳旋转不能离开自己的轨道一样（喻体）。

（《红旗》1959 年 19 期）

"喻体"作分句，在本体的后面，带比喻词"像……一样"。

例（九）阮章竞《光荣颂》：

大地离不开红太阳，
百花开放在春风中；（喻体）
欢天喜地的年月，
离不开共产党，

离不开毛泽东。(本体)

　　　　　　　　　　　　　　　　　(《虹霓集》2 页)

喻体作分句,不用比喻词,用"大地……""百花……"两个喻体作衬托,充分表示对伟大的党的感激、对伟大的领袖的爱戴。

（5）比喻式在各种语体中的应用。

不仅文艺作品需要比喻,如报告、政论等体也都需要。

格里沙宁·罗吉诺夫《怎样做报告》说得好:"如果演说的说服力,要用具体的例证获得,那么演说的清晰,就要用比喻的方法获得了。认为比喻只是作家和诗人的事情而不是报告者的事情,这是错误的想法。"但是政论等语体的运用比喻,只是帮助"论证的强化""论旨的明朗化""论点的鲜明化",发挥感染性,而不是直接地用喻体作凭据。这是应该注意的。

（6）比喻式与"例证""比较""词的比喻义"的区别。

比喻跟例证不同,为了证明道理、事情、规律,举出实例,使人家明白信服,这实例就叫作例证。例证确实、正确、充足、明显,就有说服的力量。比喻是虚构的,是形象的表现。例证是实际的,要有逻辑的根据、事实的材料。两者各有本质特点、各有特殊作用,不应相混。

比喻和比较也不同。比喻中的本体、喻体不是同类事物,比喻是一种平比的形容,阐明彼此事物的恰似点。比较是比量彼此事物的异同、优劣、美丑等方面,有的是平比（相等的）,有的是差比（超过或不及）,所比量的彼此对象的关系,一般地说,须属于同类的（异类不能相比较）。比喻与比较应该分清。

《墨子·小取》说:"辟也者,举也物而以明之也。侔也者,此辞而俱行也。"按这所说的"辟"就是比喻。所说"举也物"的"也"即"他"。(王念孙《墨子书通》以"也"为"他",说见《备城门》篇。)"举也物以明之"就是举他物以表明此物。

这所说的"侔"就是比较。"此辞而俱行"就是以比辞与彼辞相比较。

这里听诠释的"辟""侔"的意义，确能抓住两种事情的特征，可以引来以作说明比喻与比较的差异的一种佐助。

比喻和词的比喻义也不同——词的比喻义大多是比喻辞式的凝定化。有的比喻经过大家的长期沿用，就可能渐渐变成了词的比喻义。一经成为词的比喻义，就失掉了词的特殊表达力。例如"碰钉子"中的"钉子"、"扣帽子"中的"帽子"等就是。比喻辞式是说话人临时独创的，是新鲜的；词的比喻义是在社会交际历史过程中形成的，是渐渐凝定的。比喻辞式，一个喻体可能在不同的场合被用来表明不同的本体（如铁作喻体，有的地方用来表明"坚强"，有的又用来形容"冷"）；而词的比喻义本质是单一的，不能兼含数义。

（7）汉语比兴的修辞传统。

《周礼·春官》："太师教六诗：曰风，曰赋，曰比，曰兴，曰雅，曰颂。"《毛诗·大序》："……故诗有六义焉：一曰风，二曰赋，三曰比，四曰兴，五曰雅，六曰颂。"

"比"和"兴"是汉语修辞的重要的传统手法，历代有许多文人学者对比兴手法问题做了探讨、考索、分析，见解不一致，说法有出入。整理汇集起来，可以成为一部"比兴论"的发展史。这里只把比和兴的差别与关系略谈一下：

"比""兴"是极相接近而又确有一定的差异，两者不可混淆，但又不可截然分开。所以比兴往往联称。

刘勰《文心雕龙·比兴》篇中有条理地专讨论比兴的手法问题，指出比兴的差异点。

《诗》文宏奥，包韫六义，毛公述《传》，独标兴体；岂不以风通而赋同，比显而兴隐哉！故比者，附也；兴者，起也。附理者切类以指事；起情者依微以拟议。起情故兴体以立；附理故比例以生。比则畜愤以斥言；兴则环譬以记讽。盖随时之义不一，故诗人之志有二也。

这段对比兴的比论，值得参考。比隐，兴显；比附理，兴超情；比
斥言，兴记讽，可以算是指出来比兴两种手法的基本特点。当然，他的
说法里还带着经学上的封建意识。

李仲蒙诠释赋比兴，说："叙物以言情谓之赋，情尽物者也；索物
以托情谓之比，情附物者也；触物以起情谓之兴，物动情者也。"

对"比"和"兴"，从"情""物"的联系的角度来说明二者的差
异点，见解很为精当。这是继承《文心雕龙》的说法而加以发展和条理
化的。

（甲）比兴本身特征：比就是打比方，兴就是起头。它们都是根据
"联想"，但是有差别。两者就性质比较，是比显而兴隐，比明显而兴隐
约。比，用彼物表明此物，喻体、正文，意义明显；兴，触物起情，托
物发端，内容隐而不露。

再就态度比较，是比直而兴婉。这项和前一项是相关联的。比，用
彼比此，爽直明白（比喻中的明喻可作典型）；兴，非即非离，含蓄
委婉。

再就范围比较，比狭而兴阔。比只有正的（类同）一面，兴兼有正
反两面，就是兼有同异两方面。刘熙载《艺概》卷二《诗概》篇中说：
"兴与比有阔狭之分，盖比有正而无反，兴兼反正故也。"这讲得正确。兴
有的和正文相同，和正文正面联系；有的和正文相异，和正文反面联系。

例如杜甫《小寒食舟中作》：

> ……娟娟戏蝶过闲幔，片片轻鸥下急湍（二句以蝶鸥的往来自
> 在反衬自己欲归长安而不得）。云白山青万余里，愁看直北是长安。

这就是用"兴"的手法的明显例子，这"兴"是从反面联系正文，
戏蝶轻鸥，自由往来，而自己则境与愿违，欲归不得。触物兴怀，情味

很为深厚。

（乙）兴与比的关系：兴有的兼含比义，有的不含。

例如李季《王贵与李香香》：

> 山丹丹开花红姣姣，
> 香香人材长得好。
>
> 一对大眼水汪汪，
> 就像那露水珠在草上淌。
>
> 二道糜子碾三遍，
> 香香自小就爱庄稼汉。
>
> 地头上沙柳绿蓁蓁，
> 王贵是个好后生。
>
> 身高五尺浑身都是劲，
> 庄稼地里顶两人。

（9 页）

这算是兴而兼比，"山丹丹花开红姣姣"是起兴，也有比喻香香人才之意；"沙柳绿蓁蓁"是兴，也含有比喻王贵人物之意。

例如歌剧《红珊瑚》：

> 海潮涨潮又落潮，
> 渔家世辈受煎熬，
> 风卷日月出大海，
> 浪滚云天把船摇，

大橹磨碎儿孙手，

破网拉断爷娘腰，

血汗滴涨无边海，

泪水溅翻浪滔滔。

（25 页）

这以海潮的涨落起兴，后面紧接着描叙渔家世世辈辈的苦楚，血汗涨海，泪水溅浪。

这是兴，里面不含比义。

我们感觉到兴的手法是以语音为重要条件，民歌、民谣、歌剧中兴体的例子最多。

（丙）比兴跟现实语境的关系。广泛地说，比兴当然都是联系实际语境。仔细地说，比的材料不拘定当时当地事物，有的比喻不是取材于当下的事物；而兴是直接取材于眼前事物，歌咏本地风光，紧接着抒发自家情思，触景生情，出口成章。但要注意，有些套语的起兴，就不是这样。套语是沿用别人原来起兴的现成语句，当然不是结合什么语境。那只是借以起头，用以协韵。例如"樱桃好吃树难栽，山歌好唱口难开"（栽、开协韵）就是套语。

比，取景托情，由内及外；兴，触景生情，由外到内。形象思维的过程不同。

（丁）比兴和正文的关系。比，喻体（打比方的事物）和本体（被比方的事物）确有类似的关系。这类似的关系就是比喻的核心。而兴就不一样，兴有的和正文有关系，有的和正文全无关系。例如"孔雀东南飞，五里一徘徊"同下面的正文实际全不相干。姚际恒说得对："兴者，但借物以起兴，不必与正意相关也。"（《诗经通论》）我们圆活地说：兴和正文若相关、若不相关的在作品中占多数。

兴和语音往往有关系。兴，发端的话，往往对下文（正文）有调协音律的作用。如："桃花落了杏花开，毛主席领导工人站起来。"（"开"

和"来"韵脚调协）。

（戊）比兴修辞对群众的作用。比给听众读者鲜明具体的印象，能引起想象，激动情感。兴能使人接触到所描绘的景物的气氛。诗的兴，韵律调协，能使听众读者得到旋律的美感，能吸引人注意吟诵，能使人乐于吟诵。

虽然历代经学者把比兴讲得有些神秘化，解说不免穿凿附会，但是比兴本是民歌以及其他民间文艺体裁的艺术语言的手法，是汉语修辞的优美传统，这是没有疑问的。

我们要从修辞角度研究估计比兴的艺术价值、社会功用（如拟人、较物、衬托等辞式都往往与兴有关）。

（8）比喻式的发展。

比喻辞式是汉语修辞传统中重点辞式之一。历代劳动人民在劳动和斗争中创造了多种多样的精确、鲜明、生动的比喻。我们研究修辞，应当注意民族语言比喻辞式的传统（历代比喻的取材、比喻的精神等等），但另一方面更重要的是注意现代汉语修辞比喻中的新发展。研究修辞的新发展，是有现实意义的，对修辞实践有重要的关系。一般修辞学论著对修辞方式的发展不大注意。我们现在根据自己的体会提出比喻式的发展问题来谈谈。由于社会的变革、发展，由于对事物观察的细致、精密、深刻，由于对事物理性认识的深刻，由于联想、想象、艺术思维的发达，由于科学词的发达和通行，而现代比喻辞式有显著的发展，出现新的特点。初步分析起来，有如下几大特点：

（甲）选用科学术语词作喻体材料，使比喻内容特别精确、新鲜。

例（一）《中国革命战争的战略问题》：

　　我们应该学习的是布尔塞维克的聪明。我们的眼力不够，应该借助于望远镜和显微镜。马克思主义的方法就是政治上军事上的望远镜和显微镜。

（《毛泽东选集》第一卷，206 页）

选用科学词"望远镜""显微镜"作喻体材料,形象地说明马克思列宁主义方法的伟大功能,提高政治军事方面的眼力,能使人远见明察。这样比喻就具有极高度的准确性。

例(二)《伟大的号召》:

> 当中国人民不但彻底解除了帝国主义、封建主义的束缚,而且进一步解除了资本主义所有制的束缚的时候,特别是紧接着又在政治和思想战线上取得了社会主义革命的决定性胜利以后,六亿五千万人民要求迅速地改变自己国家的一穷二白的状况,迅速地建设社会主义的热烈愿望,就像几万年埋藏在地下的熔岩一样,从火山口上,以雷霆万钧之势喷发出来了。
>
> （《红旗》1959 年 17 期）

以科学词"熔岩"比喻全国人民要求迅速建设社会主义的热切愿望,形象多么准确。

例(三)郭沫若《向地球开战》:

> 全中国的劳动人民都在鼓足干劲,力争上游,
> 农业和工业都出现着生产大跃进,
> 这形势就像解放了的原子能,
> 四处都在发生着连锁反应。
>
> （《潮汐集》167 页）

把工农大跃进的新形势说成像"原子能的连锁反应",真能活画出这个伟大形势的特征。

现时比喻,用科学词作喻体的越来越多。这种手法的妙处是使科学词艺术化,使科学的准确性和形象的艺术性结合起来,这样就能让人家感受到双重的意味。这种发展,显然主要是由于科学词汇的发达和

通行。

（乙）运用一系列的各种喻体来分别形容这一个本体的各方面属性，使比喻内容精密化。旧时的比喻早有这种辞式，但新的比喻，内容的逻辑性加强，各喻体间有一定联系。

例（一）《论反对日本帝国主义的策略》：

> 讲到长征，请问有什么意义呢？我们说，长征是历史纪录上的第一次，长征是宣言书，长征是宣传队，长征是播种机。
>
> （《毛泽东选集》第一卷，145 页）

用"宣言书""宣传队""播种机"三种喻体构成暗喻，分别说明本体"长征"各方面的伟大意义，而各喻体间又有一定的联系。

例（二）林文元《读〈谁是奇迹的创造者〉》（给胡万春的一封信）：

> 就人物而论，我觉得"老八吨"是成功的。他的整个性格处处渗透着钢的特征：钢一样坚强，钢水一样红热，钢材一样耿直。
>
> （《人民日报》1959 年 7 月 14 日）

用"钢""钢水""钢材"几种喻体分别显示"老八吨"人物的各方面属性，而钢、钢水、钢材各喻体之间，很明显，是有关系的。

（丙）比喻的动态化，反映社会的动向。有的深刻的比喻具有历史的内容，特别是政论语体运用动态的比喻，有许多是通过一定喻体，显示历史的变化发展过程。

毛主席政论文中创造的极深刻新鲜的比喻，往往是配合逻辑的论证，标志历史的动向，描绘历史的面貌。

例如：《星星之火，可以燎原》中"干柴烈火"的比喻，就是历史转折点的形象反映。毛主席在这篇论文中指出，正是由于帝国主义跟中华民族这一个矛盾而影响到半殖民地中国社会的各种矛盾的变化发展，引导到革命高潮的很快到来。在全面分析社会矛盾的变化之后，描绘当时的时局发展：

> ……中国是全国都布满了干柴，很快就会燃成烈火。"星火燎原"的话，正是时局发展的适当的描写。只要看一看许多地方工人罢工、农民暴动、士兵哗变、学生罢课的发展，就知道这个"星星之火"，距"燎原"的时期，毫无疑义地是不远了。
>
> （《毛泽东选集》第一卷，105 页）

这"干柴很快会燃成烈火"的比喻，就是展开一幅革命史的图景。

又例如"东风压倒西风"的比喻，也确实是标志历史的伟大的转折点。1957 年 11 月 18 日，毛主席在莫斯科召开的社会主义国家共产党和工人党代表会议上的发言说：

> 我认为现在国际形势到了一个新的转折点。世界上现在有两股风：东风、西风。中国有句成语：'不是东风压倒西风，就是西风压倒东风。'我认为目前形势的特点是东风压倒西风，也就是说社会主义的力量对于帝国主义的力量占了压倒的优势。
>
> （《帝国主义和一切反动派都是纸老虎》24—25 页）

这"东风压倒西风"的比喻是提出了对当代世界风向极准确的判断，描绘出当前世界新斗争形势发展的一幅极其生动的画图，鼓舞群众斗志，提高必胜的信心。

比喻动态化，是根据辩证唯物主义、历史唯物主义的观点，是以对现实事物的敏锐深刻的观察、准确严密的判断为依据的。

（二）拟　人

拟人式　一名人化，是根据想象，把外物（有生物、无生物，或抽象概念）当作人来说来写，把外物说得写得俨然像人。本辞式大多数是在说话人情感强烈的情况下，在说话人深刻认识事物本质、掌握事物运动情况下产生的。本辞式运用得适当，可以表现生气、揭示真理、寄托感情。

（1）拟人式的分类。

（甲）按词性区分——有动词、形容词、名词、代词的拟人。

动词的拟人——把外物的动作运动方面人性化，用动作动词来表人性，用适于人的动作动词以说明、描写外物。

例（一）民歌《肩担万重山》：

> 手提黄河水，
> 四海听使唤。
>
> （《新民歌三百首》73 页）

将动作动词"听使唤"用于无生物"四海"这个词上，使其人性化。

例（二）民歌《高山见了忙鞠躬》：

> 跃进社员气势雄，千军万马打冲锋，
> 河水见了回头跑，高山见了忙鞠躬。
>
> （《新民歌三百首》66 页）

将动作动词"回头跑""鞠躬"，用于无生物"河水""山"两个词上，使其人性化。

例（三）青海民歌《百草万物也心欢》：

总路线，天下传，各族人民笑开颜，
别提人有多高兴，百草万物也心欢。
渠水笑得哗哗响，青苗笑得蹿几蹿，
小树笑得腰弯下，麦穗笑得沉甸甸。
沙果笑得红了脸，西瓜笑得如蜜甜，
花儿笑得分了瓣，豌豆笑得鼓鼓圆。
……
铁矿笑得金灿灿，水晶笑得明闪闪。
……
原油乐得岔了气，嘴巴一歪喷上天。

（《红旗歌谣》45—47 页）

这用拟人手法描绘百草万物对总路线的喜爱（动词"欢""笑""乐"拟人）。妙处在把一致的欢欣同各物的本身特征相结合，利用各种叠音词刻画各物的特殊形象，创造一片欢乐气氛。（百草、青苗、小树、麦穗、沙果、西瓜、花儿、豌豆，都属生物；渠水、铁矿、水晶、原油、都属无生物。）

例（四）胡耀邦《在第一次全国青年社会主义建设积极分子大会上的报告》：

困难只能欺侮那些不能吃苦的人，困难害怕吃苦耐劳的战士。困难只能欺侮那些胆小鬼，困难害怕顽强进攻的英雄。困难只能欺侮那些懒汉，困难害怕用功学习的人。困难只能欺侮那些脱离群众的人，困难害怕团结一致的伟大集体。

（《中国青年报》1955 年 9 月 21 日）

这也是动词的拟人（欺侮、害怕是动词），对抽象概念"困难"加以拟人化。用生动的说法，提出克服困难的四要件，有重要的教育意义。

形容词语的拟人——把外物的性态人性化。用形容词语、副词语来表人性，用适合于人的性态的形容词语、副词语来说明、描写外物。

例（五）严辰《大海——天安门广场》：

> 啊，美丽的天安门广场，
> 你是一个光明的汪洋大海，
> 温柔的风吹拂着春天的气息，
> 闪闪烁烁跃动着生命的光彩。

> （《红霞集》12 页）

用"温柔"修饰"风"的性态，生动地描绘风的特征。这是形容词的拟人。

例（六）茅盾《白杨礼赞》：

> 那是力争上游的一种树……

"力争上游"用在这里，是形容词语修饰"白杨树"的性态，把树加以人格化。

例（七）夏衍《种子的力》：

> 你看过被压在石块下面的小草吗？它为了要生长，不管上面的石块怎么重，石块跟石块中间怎么窄，它总要曲曲折折地，但是顽强不屈地挺出地面来。

> （《野草》复刊词——专载杂文的刊物）

"顽强不屈"在这里是副词语，修饰"小草"挺出的动态，把小草加以人格化。

名词代词的拟人——用适合于人的名词代词来称呼外物，把外物人性化。

例（八）《手榴弹》：

> 手榴弹好伙伴，敌人见你就完蛋。
>
> （《东方红诗选》89 页）

"伙伴"名词拟人。"你"代词拟人。

例（九）老舍《我热爱新北京》：

> 我知道北京美丽，我爱她像爱我的母亲……我爱北京，我更爱今天的北京——她是多么清洁，明亮，美丽！
>
> （《人民日报》1951 年 1 月 25 日）

"她"代词拟人。带褒的色彩，表亲切情感。

（乙）按描叙方法区分。

自述的拟人式：

例（一）战士诗《主炮》：

> 我的名字叫主炮，
> 平时不说又不笑，
> 单等命令一来到，
> 一颗两颗出了膛，
> 不偏不斜不迟不早，
> 敌人的兵舰开了花。

用自述的口气，说明主炮的瞄射敌舰的高度准确性。一面表示战士对武器的热爱，一面表现战士的自豪感。

对话的拟人式：

例（二）何其芳《我们最伟大的节日》：

> 你新的中国，人民的中国啊，
>
> 你终于在旧中国的母体内
>
> 生长，壮大，成熟，
>
> 你这个东方的巨人终于诞生了。

（《夜歌和白天的歌》223 页）

用对话方式，借第二人称"你"，把"国家"加以人格化，歌颂伟大新中国的诞生，表示无限亲切的情感。

（2）运用拟人式的注意点。

拟人式的运用，须有强烈的情感，须有对事物的仔细深刻的认识。在把外物加以人化的过程中，一面要抓住外物的属性特征，一面又要托出说话人的真实心情。要通过外物的特征来表现自己的真实心情，要综合地表现自然美和社会生活美。假使缺乏情感，缺乏对外物的认识，而硬去使用拟人式，矫揉造作，那不但不能引起美感，反而使人憎厌。

（3）拟人式在各类语体中的应用。

文艺作品的写景、抒情、叙事都有时用得着拟人，抒情诗用得较多。就是科学论文（通俗的或专门的），如能适当地运用这种手法也能起一定的作用，使听众读者容易认识、接受真理，印象深刻巩固。科学故事，用拟人式，也能生动地表现科学真理。

科学语体运用拟人，往往是为了生动地描述事物本身的特征和规律，以帮助听众读者对事物的理性认识。例如《琥珀》（根据《乌拉波拉故事集》改写的）是科学故事体，在叙述琥珀形成的过程中用拟人叙述法，描叙苍蝇、蜘蛛和松脂粘在一起等情况，就使读者可以具体地了解琥珀的构成。

马克思《资本论》是伟大的科学著作，也是伟大的艺术品。把资本人格化，把资本写成像活生生的人一样，能活动、能唱歌、能买物、能打算。

文艺语体运用拟人，一般为的寄托作者的深情和新的感兴，能使人们受到形象的感染。文艺作品中的拟人辞式，可以形象地表现人与外物的关系：有反映人们支配自然愿望的，如（甲）例（一）："四海听使唤"；有表现人们同化自然思想的——以人们的感情渲染外物，如（甲）例（三）："别提人有多高兴，百草万物也心欢"。

（4）拟人式和比喻的区别。

拟人和某类比喻（用人比喻物的）表面相近，而实际是有区别的。拟人是直接把"外物"当作人，比喻无论是明喻是暗喻，都是用另一种事物说明本事物。

例如："海燕像勇士"是明喻，"勇敢的海燕"是拟人。

（三）较　物

较物式　较物式是把人事人力和物情物力两相较量，估量高下短长。有些学者认为这样辞式就是"比喻"，不必另立一类。我们不同意这种说法。我们认为这式确有特点，其特点就是形象的比较，就是在比喻的基础上作比较。本式通过对人和物的比较，可以表达真挚深刻或热烈的情感，可以表现雄心壮志，反映干劲、豪气。这个辞式类目是多年前创立的（见我旧著《中国修辞学》），现时看到新民歌以及其他体裁文艺作品运用这类辞式很多，作用很大，因而感觉到这个辞式更有作为一类提出研究的必要。

（1）较物式的作用。

用物来衬托人，通过比较的方式，用物情物力显示出人情人力。此种较物，古代就有的。

例如李白诗名句：

桃花潭水深千尺，不及汪伦送我情。

（《赠汪伦》）

又：

请君试问东流水，别意与之谁短长。

（《金陵酒肆留别》）

都是较物式，以"水"衬托离情别绪。

现代汉语仍然大量运用这种较物式，但精神不一样，往往是借自然景物以衬托社会情感，衬托人民斗争意志和革命精神，衬托劳动成果和英雄品质等等。这和旧社会的较物式以外物衬托个人的离怀伤感迥然不同。

（2）较物式的分类。

（甲）人胜物——人比物强。

例（一）陕西民歌《走上鸡心岭》：

走上鸡心岭，
一脚踏三省。
修田鸡心岭，
稻香飘三省。
山高没有脚心高，
石硬没有决心硬。

（《红旗歌谣》98 页）

说脚心比山高、决心比石头硬，表现劳动人民改造自然的强大力量和必胜信心。

例（二）《轧钢工人歌》：

> 天大哪有脚心大，
> 山高哪有热情高！
> 时间就是钢，
> 喜报接喜报。

（《上海大跃进诗歌选》116 页）

说决心比天大、热情比山高，充分表现出钢铁工人的生产大跃进的劲头。

例（三）《我们的工厂》：

> 钢水闪闪像金河，歌声朗朗像鼓锣，
> 歌声点亮心中火，钢水要比海水多。

（《天津民歌选》第二集，14 页）

通过较物辞式，将钢水跟海水相比较，实质就是用海水作衬托，显示出炼钢生产的大跃进的情况。

例（四）上海电机厂工人诗《技术革新无尽头》：

> 江再深，也有底，破除迷信没有底；
> 海再宽，也有边，解放思想没有边；
> 山再高，也有顶，生产跃进没有顶；
> 河再长，也有头，技术革新无尽头。

（《人民日报》1960 年 5 月 26 日）

运用较物式反映技术革新无止境的观点，表现不断革命的精神。借江海山河自然现象作人事的衬托，显出意味的强烈深厚。

例（五）郭沫若《赞安业民烈士》：

> 你是坚强的海岸炮兵战士，
> 你曾说："海岸和我是生死不可分离。"
> 你眼皮下的敌人看来如同蚂蚁。
> 东海哪有你的心胸那样宏阔，
> 太平洋哪有你的态度那样宽余?
> 你思想上不仅没有"埋汰"泥污，
> 任何"埋汰"泥污都已被你彻底冲洗。
> 你是标准的方向瞄准手，
> 你曾说："要像海边的青松不怕风雨。"
> 其实海边的青松哪能和你相比！
> 你对革命的方向瞄得更十分准确，
> 你真无愧于我们革命的先烈，
> 你也"给下一代播下了幸福的种子"。

（《潮汐集》49—50 页）

用东海、太平洋、海边的青松的形象和海岸炮兵安烈士相比较，以自然物衬托安烈士，对安烈士的品质、本领予以极高的评价。

（乙）物胜人——人赶不上物（物胜人大多数是讽刺反面现象）。或用以暴露旧日社会的黑暗，描绘被剥削被压迫者的痛苦生活；或用以讽刺人间的反面现象。

例（一）李季《王贵与李香香》：

> 冬天里草木不长芽，
> 旧社会的庄户人不如牛马！

（6 页）

例（二）郭沫若《关于文风问题答〈新观察〉记者问》：

　　……文章不在长短，要看内容如何。内容有分量，尽管文章短小，也是有分量的；如果内容没有分量，尽管写得像万里长城那样长，还是没有分量。所以不能用量压人，要讲求质。黄金只有一点点，但还是有它的分量的；牛粪虽然一大堆，分量却不见得有多重。我们四川还有人用牛粪作燃料，至于那些又臭又长的文章，恐怕连牛粪也不如。

（《新观察》1958 年第 7 期）

说臭而长的文章还不如牛粪，表露对这样文章强烈的憎恶之情。

附：变格的较物式

较物式不全是明明显显的直接的评比，有些是含蓄的间接的比较，这另是一种有力的手法。

例如韦其麟《百鸟衣》：

　　露珠最晶莹了，和依妲一起就干了。
　　星星最玲珑了，和依妲一起就暗了。
　　木棉花最映眼了，和依妲一比就失色了。
　　孔雀的尾巴最好看了，和依妲一比就收敛了。

（34 页）

不是直截了当说依妲比露珠还晶莹，而说露珠和依妲一起就干；不直说依妲比星星还玲珑，而说星星和依妲一起就暗了。这可以算是间接婉转的较物。后面将依妲跟木棉花、孔雀尾巴相比较，手法也是同样的。这种变格的较物含有夸张意味。

（3）较物式和"比较""比喻"的异同。

较物和一般比较不同。一般比较是事物的实际的比较，是根据逻辑思维；较物是事物的形象的比较，是根据形象思维。一般比较，有的是差比，有的是平比（平比是相等的），较物只是差比（胜过或不如）。

较物和比喻也不同，比喻一定是平比（我们认为这是比喻特征之一，因为比喻的内容核心就是彼此事物的恰似点），而较物是差比。

总之，较物式特征是人事和外物的比较，是形象的差比。在差比方面和某些比较相同，但它是形象性的，和比较不一样。在形象方面和比喻有点相同，但它是差比式，这点和比喻式也不一样。

（四）连　物

连物式　连物式是甲乙两类事物连起来叙说的时候，把适用于甲事物的动词连带地应用于乙事物方面，这样就能反映深切殷厚的情意，就能显出特殊的形象力。甲类事物往往是具体的，乙类事物往往是抽象的，连带地应用的动词，一般是动作动词。

（1）连物式的例证。

例（一）《植树歌》：

> 在高原的土地上种下一株株的树秧。
> 也就是种下了一个美好的希望……
> 　　　　　　　　（《中国人民解放军战士诗选》58 页）

甲事物"树秧"（具体），乙事物"希望"（抽象），甲事物"树秧"所适用的动作动词"种下"，连带地应用于乙事物"希望"方面，这样就把植树的深刻意义表达出来。

例（二）《情意缝进我心里》：

> 夜里天冷北风急，班长下岗月儿西。
> 手拿针线灯下坐，为我熬夜缝军衣。

线儿缝在军衣上，情意缝进我心里。

（《跃进部队歌谣选》122 页）

甲事物"军衣"（具体），乙事物"情意"（抽象），甲事物"军衣"所适用的动作动词"缝"，连带地应用于乙事物"心情"方面，这样就把班长给兵士熬夜补军衣的一片深情细致地描写出来。

例（三）《风景画》：

有一个绣花的姑娘，她在描画动人的图样：

这里是重重青山，那里是滔滔白浪，

山峰上彩云朵朵，水面上飞鸟双双，

一条浩大的江流滚向天边，奔腾号叫，

像神话中的长龙在云海飞翔，

水天连成一线，点点帆影像星星闪出银光。

壮丽的景色激动着姑娘，

她是多么想把心中的激情一同绣上。

（《武汉长江大桥诗歌选》37—38 页）

甲事物"壮丽风景"（具体），乙事物"激情"（抽象），"绣"动作动词适用于"风景"，连带地应用于"激情"方面。这样说法就把对祖国自然美的热爱充分表现出来。

例（四）王朝闻《论艺术技巧》：

还看过一个成功的地方戏，它的主要长处是充满了生活气息；……可是，也有一些缺乏选择和加工的地方：女主角为她的爱人做了一双新鞋，是在不自由的情况之下做成的，这双新鞋渗透着她的爱情。男的在幽会时接受了这双新鞋，他不会不能体会这双新鞋在情感上的作用。可是，男演员按照一般的习惯性的方式来对待这件礼物，反复扑灰拍灰（其实对方早就很仔细地收拾好了的）。看戏看到这种地方，我觉得男演员把渗润在这双新鞋里的爱情扑掉了，拍掉了。

（8 页）

"扑掉""拍掉"适用于"灰"的动作动词，连带地应用于"爱情"，就显出特殊的形象力。"把渗润在这双新鞋里的爱情扑掉了，拍掉了"，这句话有深刻的幽默味，尖锐而又轻松地批评了这段剧情表演的缺点。

（2）连物的运用条件、作用及其和词义的关系。

（甲）运用条件——连物必须以说话人对现实事物的真挚深厚的情感、热切的愿望为基础，关键是巧妙地运用动作动词、运用动词来联结事物和情意。

（乙）作用——使听众读者能领略到一篇里的叠用的一个动词的前后相应的意义，能感觉到情味的深厚。

（丙）和词义的关系——前后虽然同用一个动词，但前后运用的词的意义不相同。前是直义、实义，后是喻义、虚义。这种喻义是属修辞性的喻义，是临时的。如例（二）"缝"，前面用在"军衣"上的是直义，是具体实际意义；后面用在"情意"上就属于比喻的、抽象的。而这种"喻义"只是作者在特定的上下文里临时创造的，是属于修辞性的，和词汇中的固定的"喻义"不同。

（五）夸　张

夸张式　夸张式（又名铺张、增语、倍写、甚言、激昂之言等），是根据一定的目的，在客观现实的基础上，利用词语句的条件，对事物作必要的扩大形象的描述（描述事物情况超过事实）。这种辞式的产生，一面由于说话人对某事物确有深切的感觉体会，一面由于说话人意在强调某事物的本质特征，使人获得深刻印象。两者往往是相连一起的。夸张的基本实质是真实。通过扩大的形象反映事物的实质。《文心雕龙·夸饰》篇说"壮辞可得喻其真"，也就是这个意思。"壮辞"就是扩大形象的说法，"喻其真"就是说明事物的真实性。

例如李白《北风行》：

燕山雪花大如席，片片吹落轩辕台。

我们看，"燕山雪花大如席"这话确是夸张，"大如席"是形象的扩大。鲁迅讲得精彻。他在《漫谈"漫画"》中说：

"燕山雪花大如席"，是夸张，但燕山究竟有雪花，就含着一点诚实在里面，使我们立刻知道燕山原来有这么冷。如果说"广州雪花大如席"，那可就变成笑话了。

（《鲁迅全集》第六卷，186 页）

我们现在可以这样说"燕山雪花大如席"，这夸张是有现实的基础的，气候冷，有雪花，这就是基础；假如把广州也说成这样，那就缺乏现实基础，那就欠诚实了。

下面分四项来讲述这个辞式。

（1）夸张式的作用。

（甲）突出地表现现实事物的特征，给群众鲜明的印象。

（乙）强烈表现说话人对事物的态度（肯定或否定），从而引起群众的强烈的同感。高尔基说：艺术的目的在夸大好的东西，使它显得更好；夸大有害于人类的东西，使人望而生厌。

（丙）说话人根据想象，对事物作扩大的描述，就可能引起群众的想象。

（2）夸张式的分类。

（甲）数量、性态、质量的夸张——通过对事物数量的扩大，或性态质量的特别渲染，以强调事物的某种特征。

例（一）《中国社会各阶级的分析》：

> 他们看见那些受人尊敬的小财东，往往垂着一尺长的涎水。
>
> （《毛泽东选集》第一卷，5 页）

通过"涎水一尺长"的描绘，强调小资产阶级的想发财的心情。

例（二）韦其麟《百鸟衣》：

> 依娌种的甜瓜，一百里外就闻到瓜香了。
>
> （31 页）

一百里外闻到依娌的瓜香，是极度形容依娌种的瓜的香甜，目的就是热烈夸赞仙女依娌的劳动成果。

例（三）老舍《我热爱新北京》：

> 这七百年的古城，在反动政府的统治下，灯水的供应似乎还停留在七百年前的光景。
>
> （《人民日报》1951 年 1 月 25 日）

通过数量扩大的说法，特别暴露反动政府统治时期的北京灯水供应的坏情况。

例（四）《百鸟衣》：

> 依娌绣的蝴蝶，差点儿就飞起来。
> 依娌绣的花朵，连蜜蜂也停在上面。
>
> （34 页）

这是说明绣的蝴蝶、花朵的逼真，是极度形容依娌绣工的精巧，可算是性态质量的夸张。

例（五）《刘三姐·对歌》：

> 莫夸财主家豪富，财主心肠比蛇毒，
> 塘边洗手鱼也死，路过青山树也枯。
>
> （《刘三姐》49 页）

后两句用夸张手法把财主的恶毒心肠写得极透，从严重的影响深刻形容本体的特征。这是对性态的巧妙的渲染法。"塘边……""路过……"有艺术的分寸。

（乙）把不可能的说成可能的。

例（六）《三千里江山》：

> 姚大婶笑起来道："这孩子，有你在旁边，木头人也逗活了，谁还会愁。"
>
> （7 页）

"把木头人逗活"，这是把不可能说成可能的。这用意是极度形容对方（吴天宝）的活泼、俏皮、有风趣。这夸张说法含幽默味。

（丙）破除迷信，压倒神仙，藐视神仙，嘲笑神仙，表现劳动人民群众的改造世界的伟大力量（这种夸张式是大跃进以来新发展的）。这种夸张，一般饶有幽默味。

例（七）《一挖挖到水晶殿》：

> 铁镢头，二斤半，一挖挖到水晶殿。
> 龙王见了直打颤，就作揖，就许愿：

"缴水，缴水，我照办。"

（《红旗歌谣》194 页）

例（八）上海市北郊区民歌：

开渠开到龙王庙，气得龙王胡子翘，
挖的挖来挑的挑，大水冲到龙王庙，
不是不认自家人，是我要在旱地种水稻。

（3）夸张式运用的条件。

（甲）有根据、合情理——不是乱说大话，不是浮夸，而是合乎真情真理。《文心雕龙·夸饰》说"饰而不诬"，就是"修饰符合实际而不虚妄"的意思。运用起来，能够有力地正确地反映现实，也能使人家听后读后格外来劲。

（乙）有限度（有分寸）——要照顾事物实际情况，恰合分际地夸张。《文心雕龙·夸饰》说"夸而有节"，就是"夸张有节度"的意思。假如过分就没有说服力，甚至引人反感。

例如：《送同学参加军干校》：

你是太阳，你是旗帜。你将来的成就——世界人民的和平，亚洲人民的安全，中国人民的幸福。

这样过分夸张，反而显得情意不真实，造成笑话。

（丙）明朗，使群众能体会到是形象的夸张，不致误认为事实的直述。

例如：

午忙三时刻，砖头瓦碴跳三跳。

说"忙"，大家不在意，说"砖头瓦碴跳三跳"，这就把忙劲活现出来了，表现得明明朗朗，而听众读者也不会误认为砖瓦真是跳跃起来。

（丁）自然，运用要自然。所说的"自然"，就是根据实际内容需要，根据自己的真实情感和对事物的正确深刻的认识来运用。

（4）夸张式在各类语体中的应用。

夸张式在文艺作品中是一种主要手法，是语言主要修辞手法，正如高尔基所说的真正的艺术是有夸张权利的。但在科学论文中，基本上是不能使用夸张的。最明显的如"数词"，科学中数词是核实的，一是一，二是二，不许含糊。而文艺作品中的数词往往是虚数，往往有扩大形容的作用。科学语体即使偶然用夸张，也还是要不失掉实际的准确性，与文艺用的夸张究竟不一样。

（六）代　替

代替式　代替式又名"借代"，又称"换名"，特点是艺术的代替。它不直接说出事物原名字，而把事物换个名字或另换一种说法，这样就有特殊的形象力，具有一种美感性。本类辞式，一般是以另一个名字代替本名字，是利用名字和名字之间的现实的实际的各种关系——"虚"（抽象）和"实"（具体），"因"（原因）和"果"（结果），"局"（特称、部分）和"全"（通称、全体），主（主体）和从（从属）等关系，在一定上下文中以"借名"（另外的名字）代替"本名"，造成美辞。本类里有些辞式，在社会上使用得广泛了长久了，意义凝定了，就成为转义词，就失掉特殊的表达作用。它们就应当算作语义学研究的对象。如："以产地代产品"的代替式，像以"龙井"地名代替龙井地区所出产的"茶叶"（龙井茶），以"绍兴"代替"绍兴酒"。这样例子，现在应该作为语义学范畴的例证，不能算修辞的现象。我们应该根据发展观点，把"词的代替性的转义"和

"代替辞式"辨认清楚。

（1）代替式的作用。

运用代替式换称借名，或换个说法可以给听众读者生动的印象，容易引起人们的想象，引动情感。

（2）代替式的分类。

可以按借名和本名的不同关系区分为下列各种：

（甲）对代：事物的相对应方面的互相代替。内部可分为虚实互代、因果互代、局全互代、特泛互代各类。交互代替，各有作用。

①实代虚——用具体事物代替本体的抽象意义，凭实像代虚像。像以"头脑"代替"思想"，以"手"代替"劳动本领"都是。

例（一）：

　　以马克思列宁主义武装头脑。

例（二）：

　　人民用双手建设社会主义。

实像"头脑""手"和虚像"思想""劳动本领"有实际的关系。

②虚代实——和前项恰恰颠倒一下，用抽象概念代替具体事物，用虚像代实体。好处是突出事物的性质特征。这种手法比较"实代虚"用得少些。

例（三）《论反对日本帝国主义的策略》：

　　关门主义……把"千千万万"和"浩浩荡荡"都赶到敌人那一边去，只博得敌人的喝采。

　　　　　　　　　　　　（《毛泽东选集》第一卷，150页）

这以"浩浩荡荡"（形容声势浩大）代替统一战线中的广大群众和革命友军，这样代替式有极大力量。

例（四）李冰《大娘》：

> 不吃稠的喝口汤。
>
> 　　　　　　　　　　　　　（《佃户林》）

这里"稠"是以粥饭的虚像（性质特征）代替粥饭的实体。

③果代因——以显著结果或影响代替动因。

例（五）《湖南农民运动考察报告》：

> 警备队、警察、差役，一概敛迹，不敢下乡敲诈。……他们看见农民的梭镖就发抖。
>
> 　　　　　　　　（《毛泽东选集》第一卷，32页）

用"发抖"代替"害怕"。

另外，如以"流汗"代"惭愧"，以"翻脸"代"冲突"，以"咬牙切齿"代"痛恨"，以"咬牙"代"坚忍"，都属这一类。

④因代果——以原料或工具代替成品。

例（六）《阿Q正传》：

> 他走近柜台，从腰间伸出手来，满把是银的和铜的，在柜上一扔说："现钱！打酒来！"
>
> 　　　　　　　　（《鲁迅全集》第一卷，94页）

以原料"银"代替成品"银币"，以原料"铜"代替成品"铜元"。又如以"工具"——"针线"代"成品"——"衣服"，以"工具"——"手笔"代"成品"——"文章"或"字"或"画"。

⑤局部代全部。

如以"柴、米"代替生活全部资料，以"东西"代替一切物件，以"三秋"代替三年等。

⑥全体代局部。

例（七）：《谁是最可爱的人》：

"人"指志愿军。

⑦泛称代特称。

如以"黄花"代"菊花"，以"红树"代"桃花"，以"夜火"代"渔船灯火"等。

⑧特称代泛称。

例（八）《组织起来》：

"三个臭皮匠，合成一个诸葛亮"，这就是说，群众有伟大的创造力。中国人民中间，实在有成千成万的"诸葛亮"，每个乡村，每个市镇，都有那里的"诸葛亮"。

（《毛泽东选集》第三卷，936 页）

这里的"诸葛亮"就是有智慧的人物的代表。是以专名代替公名。"诸葛亮"前面加上数词（成千成万），加上指示代词（那里），就公名化了。

（乙）随代，借从属物以代替本体。

①以特征代本体。

例（一）鲁迅《药》：

"老栓，你有些不舒服么，——你生病么？"一个花白胡子的人说。……花白胡子便取消了自己的话。……驼背五少爷话还未完，突然闯进了一个满脸横肉的人……"连剥下来的衣服，都给管牢的红眼睛阿义拿去了。"……"红眼睛原知道他家里只有一个老娘，可是没有料到他竟会那么穷，榨不出一点油水，已经气破肚皮了。"……壁角的驼背忽然高兴起来。

（《鲁迅全集》第一卷，29 页）

"花白胡子""红眼睛""驼背"都是以特征代本体（具有特征的人）。

②以特征的喻体代本体——用事物特征的比喻体代替事物本体，可算代替而兼比喻。

例（二）夏衍《包身工》：

芦柴棒着急地要将大锅子里的稀饭烧滚，但是倒冒出来的青烟，引起了她一阵猛烈的咳嗽。十五六岁，除了老板之外大概很少有人知道她的姓名，手脚瘦得像芦棒梗一样，于是大家就拿芦柴棒当作了她的名字。

（《光明》创刊号）

先提出女工借名"芦柴棒"，后说明这个借名的意义（比喻女工的"枯瘦"特征）。实际是通过女工的借名（代替式），对"包身工"的剥削制度进行深刻讽刺。

例（三）《暴风骤雨》：

韩老六的大老婆子应声走出来。这是一个中间粗、两头尖枣核样的胖女人……大枣核存心把剩下来的钱往少处说。

（15 页）

先用"大枣核"比喻韩老六大老婆的胖样子，后面直接用"大枣核"代替她。

从上面例子可以看出用特征的比喻作借体，上文或下文必定需要交代。如借名"芦柴棒"的取义，在下文交代；借名"大枣核"的取义，在上文交代。

③以标识代本体。

如以"红领巾"代替少先队员，以"白衣"代替医护人员等。

④以所在地代事物本体。

如以"座上""四座"代替"座上四座的人"，以"杯盘"代替"杯中的酒、盘中的菜"，以"华尔街"代替"美国垄断资本家"等。

例如《"新边疆"和"全球战略"的真谛》：

> 华尔街要"征服"世界的"好梦"和肯尼迪要"开拓""新边疆"的妄想，值得全世界人民引起新的警惕。
>
> （《红旗》1962 年 11 期）

这"华尔街"就是代替"美国垄断资本家"。

（3）代替式运用条件。

以特征、标识代替本体必须是明显的。以特征的比喻代替本体，上文或下文必须有交代。以资料、工具代替成品，必须是主要的。

有些代替辞式运用起来，常常随语境而附加情感色彩。如专名代公名，有的表敬重，表褒义，如说"成千成万的诸葛亮"，是对群众的智慧表肯定态度；有的表鄙薄憎恨，表贬义，如称"铁托们"。

"特征代本体"，有的带憎恨色彩。如《暴风骤雨》中的"长脖子"，是用身体特征"长脖"代替本体地主的腿子韩世才，表鄙视、憎恨态度。也有的附加亲爱、赞扬意味。如周立波《金戒指》中的"调皮鬼"，以"调皮鬼"代称侦察员张海。以"性格特征"代"本体"，表示对他的机智勇敢的性格的赞许，并带亲昵的意味。

（4）代替式与语法单位。

一般代替式是利用单词（名词），少数的是利用词组（具有名词性的）构成。

（5）代替式与比喻式的区别。

两式极相似而实质大有差别：

（甲）代替式，借体和本体，凭一定的不可分离的关系以结合，两者关系是现实的实际的。而比喻式，喻体和本体是凭恰似点以结合，两者关系是虚性的。这是根本异点。例如以"红领巾"代替"少先队员"，这是以少先队的特定标识代替少先队员。红领巾和少先队员有特定的关系。

例如以"花朵"比喻"儿童"，说"儿童是祖国的花朵"。花朵和儿童，原无固定关系，只是临时凭"恰似点"（新鲜、美丽等）联系在一起。

（乙）代替式，借体单独出现，本体不出现；比喻式，除借喻外，一般本体、喻体同出现。

（6）代替式的发展。

由于社会的发展，由于人们思想认识的发展，由于语言本身的发展而代替辞式有新的发展。现今代替式表现新的特点。

（甲）对正面典型人物或先进单位的专名加以公名化（以专名代公名）的越来越多。

例（一）：

"一朵花开不是春，万朵红花才是春。"目前，果然春光大好：一朵红花变成几十朵、几百朵红花，一个陈兴富变成了几十个、几百个"陈兴富"。

（《新观察》10 期 6 页）

例（二）黄云滨《油城跃进势接天》：

玉门油矿不仅注意自身的发展和壮大，而且在"全国一盘棋"

思想的指导下，高速度地为全国石油工业培训后备力量。他们深深
懂得：要在全国建设社会主义，只有一个玉门是不够的，应该有几
个几十个玉门。

（《人民日报》）

　　"玉门"是著名的石油矿的先进单位的专名，这里加上数字（几个、
几十个），就把它加以公名化。从这个辞式可以看出玉门石油矿工作人
员能体会"全国一盘棋"的方针，发挥同业大协作的精神。

　　这种以专名代公名的辞式，从古就已经有的，但是现今特别发达，
运用得特别多，更重要的是现在单位的专名的公名化日益加多。过去代
替辞式根本没有这种称代法。现在新兴的这种代替手法，很明显是社会
发展的反映。反面典型也有用"人物专名的公名化"方式以表示的，如
"杜勒斯们""铁托们"（专名后面附加辅助成分表复数），突出反面人
物的集团性。这类用得较少。

　　（乙）用第一身单数人称代词"我"代替劳动群众。

　　例（三）《我来了》：

　　……喝令三山五岳开道，我来了！

（《红旗歌谣》172 页）

　　这个"我"不是指个人，是指代劳动群众，诗句表现劳动人民在生
产斗争中改造自然界的巨大威力。

　　民歌中这样的例子很多，反映出劳动人民的个人跟集体统一的
观点。

描绘类辞式小结

　　本类各辞式，大部分的共同特点就是利用语言各因素（词汇、语

音、语法）以造成生动的描绘性。有的利用词的转义，以另外事物与本事物的比拟构成图景（比喻）；有的就名词、动词、形容词等实词词性，把外物加以人格化，构成有生气的画图（拟人）；有的在上下文中，利用动词的喻义虚义，把适用于具体事物的表示实际动作的动词连带地应用于抽象东西事情，虚实相配，从而巧妙表现说话人对事物的殷切愿望、深刻情感（连物）；有的利用词的转义，以有关的名物代替本体名物，通过代替法造成生动形象（代替）。总之，是利用语言条件构成鲜明的画图，在画图中渲染种种感情色彩，创造特别气氛，就能对群众发挥感染鼓动作用。

描绘类辞式分类简表

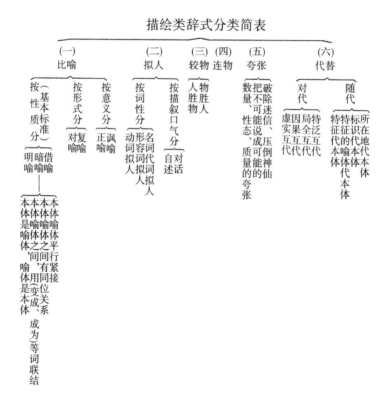

第六章 现代汉语修辞方式分说（二）

第二类方式 布置类

本类辞式是根据语言的排列法而构成。语言因种种排列方法而形成各样优美的风格，因而能对群众起一定的作用。本类各辞式的"美"和"力"各有现实的根据，各有实际事物本质的根据。我们钻研本类辞式，要真正认识到各类辞式的特点和内容联系的不可分性，千万不要孤立地讲究形式感（研究和运用本类辞式最容易犯形式主义毛病，必须严防）。

本类有对照、衬托、对偶、反复、回环、排叠、层递、联珠、倒装、错综各项，大体符合于美学上"多样的统一""变化的和谐""复杂的单纯"的原则（后面本类辞式小结作具体说明）。本类辞式大多和各种句法结构相关联，某些辞式还与语音有关系。

（一）对 照

对照式 即相反事物的对比，是将相反的事物用比较的方式描述说明。这种辞式一面正确反映现实，一面能给听众读者深刻印象。可以引导听众读者体会所表现的事物的本质，理解所叙述的事物的转化过程。现实中许许多多的事物、现象往往是对照的。美的、丑的，善的、恶的，正确的、错误的，光明的、黑暗的，革命的、反动的，新生的、腐朽的，坚强的、脆弱的，坚定的、动摇的……说话人观察、认识了对立面，在交际和斗争运用语言的活动中，就自然要采用对照辞式。这种辞式的产生确实是有客观现实的基础。

（1）对照式的分类。

对照式的分类，可以按"体"的同异区分为两大类：

（甲）两体对照——甲乙两体，针锋相对。意义大多在拥护、坚持真理，歌颂光明美好，指摘谬误，暴露黑暗丑恶上。高尔基说："为了获得更大的说服力，必须把所拥护的思想和反对的思想并立起来。"这话把两体对照式的说服力简明地说出来了，把两体对照辞式的战斗作用也正确地指出来了。两体对照这类辞式运用得好，可以在现实各种斗争中起重大作用。

例（一）《反对投降活动》：

> 中华民族在日本侵略者面前，历来存在的劈头第一个大问题，就是战不战的问题。自"九一八"到芦沟桥事变之间，这个问题争论得很严重。"战则存，不战则亡"——这是一切爱国党派和一切爱国同胞的结论；"战则亡，不战则存"——这是一切投降主义者的结论。芦沟桥抗战的炮声，把这个争论暂时地解决了。它宣告：第一个结论是对的，第二个结论是错了。……现时人们就把这个问题改变了一点词句，变为所谓"和战问题"，又提出来了。在中国内部，因而就掀起了主战派和主和派之争。他们的论点依然是一样，"战则存，和则亡"——主战派的结论；"和则存，战则亡"——主和派的结论。

> （《毛泽东选集》第二卷，559页）

用对照辞式揭示了当时主战派和主和派的结论，标出了主战论是爱国者的论调，主和论是投降主义者的论调。对投降主义进行了针锋相对的斗争，并给以沉重的打击。

例（二）《在晋绥干部会议上的讲话》：

　　你们可以清楚地看见，我们所实行的具有伟大历史意义的整
党、整军和土地改革工作，我们的敌人国民党是一样也不能实行
的。在我们方面，是如此认真地纠正自己的缺点，把我们的全党
全军团结得差不多像一个人一样，使全党全军和人民群众密切地
结合起来，有效地执行着我党中央所规定的一切政策和策略，胜
利地进行着人民的解放战争。在我们的敌人方面，则一切相反。
他们是那样腐化，那样充满日益增多的无法解决的内部争吵，那
样被人民唾弃而陷于完全的孤立，打了那样多的败仗，因此他们
就必不可免地走向灭亡。这就是中国革命和反革命的互相对比的
全部形势。

　　　　　　　　　　　（《毛泽东选集》第四卷，1311 页）

　　这指出：我们革命阵营认真纠正缺点，全党全军紧密团结，全党
全军和人民群众密切联系，有效地执行党的政策，因而解放战争战无
不胜；而敌人阵营则恰恰相反，腐化、内部争吵日益增多，见弃于人
民，陷于完全孤立，因而屡战屡败，必然走向灭亡。对我与敌的当时
全部形势作了极概括极深刻的对照。准确推测反动派的败亡命运，预
示革命的胜利光明前程。沉重地打击反动派，大大地鼓舞着广大的人
民群众。

例（三）臧克家《有的人——纪念鲁迅有感》：

　　有的人活着
　　他已经死了；
　　有的人死了
　　他还活着。

有的人

骑在人民头上："啊，我多伟大！"

有的人

俯下身子给人民当牛马。

有的人

把名字刻在石头上想"不朽"；

有的人

情愿作野草，等着地下的火烧。

有的人

他活着别人就不能活；

有的人

他活着为了多数人更好地活。

（《臧克家诗选》254 页）

本篇主题是纪念鲁迅，赞颂鲁迅的不朽。全篇描述两种类型人物，讽刺"活死人"，歌颂"永远活在人们心里的人"。用对照辞式，表现得深刻而有力。

例（四）《又红又专后来居上》：

个人主义好比大海中的孤舟，遇到风浪，一碰就翻。集体主义好比北冰洋里的原子破冰船，任凭什么坚冰都可以摧毁。是坐在小船里摇摇晃晃好呢？还是坐在原子破冰船上乘风破浪一往直前好呢，事情的确是再清楚不过呢。

（《人民日报》1958 年 5 月 4 日）

以船做比喻，把个人主义的孤危、集体主义的巨大力量用鲜明的形象对照地表现出来，诚能发人深省。这种辞式可算是形象的对照。

例（五）《墙头草和劲草》：

> "墙头草，两边倒"，一个人要是无产阶级立场不坚定，也就好比墙头草一般，扶得东来西又倒，碰得西来东又歪。……善于用阶级分析的方法看问题，善于辨风向、明是非的人，他就必然脚跟站得稳，不像墙头草那样风吹两边倒。古语说："疾风知劲草"，人们不曾看过劲草吗？狂风吹来，唯有劲草，屹然挺立。这种劲草，同墙头草比较起来，真是一幅鲜明的对照。
>
> （《中国妇女》1959 年 24 期）

将墙头草和劲草做形象的对照，以说明立场的坚定和动摇。

例（六）《扁担挑福挑不动》：

> 扁担本是古人留，
> 留给后人挑忧愁，
> 挑到唐宋元明清，
> 愁如江水向东流。
>
> 社会主义大跃进，
> 扁担挑福挑不动，
> 来个技术大革命，
> 千车万车接成龙。
>
> （《红旗歌谣》237 页）

以劳动工具"扁担"作主题，对照地说明历代挑愁，今日挑福，夸赞社会主义大跃进给人民带来的幸福。

（乙）一体两面对照——意义在表现对立的统一真理，说明辩证的方法。

王朝闻《对比与照应》说："对比当然不止用在这个物体与另一物体之间或事件过程之上下环节，同时也使用在一个个体之各部分上。"（《新艺术创作论》122 页）所说的"对比"就是"对照"。一个个体上也有对照。现举一体两面的对照辞例于后：

例（七）陈模《毛主席的话》：

> 一九四四年春天，王震将军率部南下，到日寇后方开辟抗日根据地。许多干部随军工作。出发之前，毛主席给他们讲话，谆谆嘱咐这些同志，到了新区要好好为人民服务，还要学会两种本领，头一种是"松树的本领"，第二种是"柳树的本领"。松树冬夏常青，不怕刮风下雪，严寒之中也能巍然屹立，松树有"原则性"；柳树插到哪里都能活，一到春天，枝长叶茂，随风飘荡，十分可爱，柳树有"灵活性"。一个共产党员应该有松树的原则性和柳树的灵活性，缺一不行。

> （《中国青年》1952 年 20 期）

毛主席用松树、柳树作形象鲜明的对照，教导党员干部要兼具革命的原则性和灵活性。

例（八）魏巍《谁是最可爱的人》：

> 我们的战士对敌人这样"狠"，而对朝鲜人民却是那样的仁义，充满国际主义的深厚热情。

> （3 页）

这是用对照说法赞颂志愿军战士对阶级敌人、阶级朋友的两方面态度：热爱朋友，痛恨敌人。

例（九）魏巍《依依惜别的深情》：

　　啊，亲爱的、可敬的朝鲜人民！在纷飞的战火中，你是那样刚强！敌人把你的城镇变成了废墟，你没有哭；敌人把你的家园烧成了灰，你没有哭；敌人杀死了你的亲人，你没有哭；敌人把你绑在大树上，烧你，烤你，你没有哭；你真是一把拉不断的硬弓，一座烧不毁的金刚！可是今天，当你的战友——中国战士们要离开你的时候，你却倾洒了这样多的眼泪！仿佛要把你们每个人一生一世的眼泪，都倾洒在今天！你是多么刚强而又多情多义的人民！

　　　　　　　　　　（《人民日报》1958 年 11 月 14 日）

　　描述朝鲜人民受敌人的残害总不落泪，而和战友志愿军作别则热泪频挥，充分反映朝鲜人民的"刚""柔"结合的英雄性格。明白表示对朝鲜友人的崇高敬意。

　　（2）对照式的运用条件。

　　要能显示两种事物的本质特征，并且能突出两者的矛盾或反对关系。假如描述两种事物只是浮光掠影，或是对两种事物的关系描述得不够紧切，那就不能很好地完成对照的任务。

　　（3）对照式和反义词语。

　　对照辞式往往借规范性的反义词语，利用对立的词义关系，构成辞式，这道理是很明显的。但是我们要注意的是：有的词语本来没有反义关系，但是在对照辞式里，它们被组织在一定上下文中，就可能建立起反义的关系来。这点必须灵活体会。这种反义关系，按我们看，可以称作修辞的自由反义关系，不是词汇学里的反义关系。

　　例如《我们不再受骗了》：

　　帝国主义和我们，除了它的奴才之外，那一样利害不和我们正相反？我们的痈疽，是它们的宝贝，那么，它们的敌人，当然是我们的朋友了。

　　　　　　　　　　（《鲁迅全集》第四卷，328 页）

"痈疽"和"宝贝"本来不是反义词，但用在这里，就建立起反义的关系。这就可以称作修辞的反义关系。从这样的构成自由反义关系，可以见出作者的敌我分清、爱憎分明的极鲜明的立场。

（4）对照式的发展。

汉语对照式，过去许多是平面铺叙，偏于形式的装饰，现在对照式，要求鲜明、尖锐，要求高度思想性，要求具有对事物的评价意义。尖锐是基于对事物矛盾的深刻认识，鲜明是基于对事物本质和运动过程的透彻观察。

例如：

帝国主义及其在各国的走狗有如夕阳西下，社会主义和为社会主义所支持的民族革命运动，却正如旭日东升。这是我们时代的特点。

（《毛泽东同志论帝国主义和一切反动派都是纸老虎》，《人民日报》1958 年 10 月 27 日）

"夕阳西下""旭日东升"，这对照辞式极尖锐极鲜明，正是由于对反动力量、革命力量的矛盾有深刻的认识，对反动力量和革命力量的运动过程、消长过程有透彻的观察。

（二）衬　托

衬托式　俗话说："红花虽好，还要绿叶扶持。"现实事物皆需要衬托，事物没有孤立的，"本体"是仗着"他体"的陪衬而得到充分的说明。衬托辞式也是现实的反映。

（1）衬托式的作用。

利用事物间的类似或反对条件，构成衬托辞式，有突出主要思想、主要事物的作用。

（2）衬托式的分类。

可以按宾体和主体的关系分为二目：

（甲）正衬（正面衬托）利用事物的类似条件，采取和主体同类或相近似的事物以作陪衬。

例（一）鲁迅《故乡》：

时候既然是深冬，渐近故乡时，天气又阴晦了，冷风吹进船舱中，呜呜的响，从篷隙向外一望，苍黄的天底下，远近横着几个萧索的荒村，没有一些活气。我的心禁不住悲凉起来了。

（《鲁迅全集》第一卷，61页）

写故乡（残破的农村）的荒凉情况，衬托出自己深刻的乡愁。

例（二）朱子奇《我漫步在天安门广场上》：

和暖的秋风抚摸着行人的面庞。

欢乐的人群来了——带着敬意，迈入广场。

波涛的人群来了——充满热忱，涌进广场。

轻快地走着，自由地呼吸着。

我漫步在天安门广场上……

迎面吹来一阵阵温柔可爱的十月的风。

迎面走来一群满面笑嘻嘻的国际友人。

（《人民文学》）

用拟人手法描绘天安门的清丽的秋景，从正面衬托国庆节的群众欢腾的场面。

（乙）反衬（反面衬托）利用事物的相反的条件，采取和本体事物相反对或相差异的事物以作陪衬。

例（三）鲁迅《祝福》：

　　我在朦胧中，又隐约听到远处的爆竹声联绵不断，似乎合成一天音响的浓云，夹着团团飞舞的雪花，拥抱了全市镇。我在这繁响的拥抱中，也懒散而且舒适，从白天以至初夜的疑虑，全给祝福的空气一扫而空了，只觉得天地圣众歆享了牲醴和香烟，都醉醺醺地在空中蹒跚，豫备给鲁镇的人们以无限的幸福。

（《鲁迅全集》第二卷，22 页）

描叙鲁镇除夕"祝福"的气氛、声响，从反面衬托祥林嫂的悲惨命运。里面含讽刺封建习俗的意味。

例（四）朱振声《乌蒙山上春长在》：

　　人们常说云南四季如春，这话并不完全。乌蒙山里，六月天下阵雨也要披上棉衣。但是，从另一方面来说，我在乌蒙山却也看到了永不凋谢的春天，它在我们的指战员的心里！艰苦的生活磨炼了他们的斗争的锐气，他们永远都精力充沛地顽强不息地在工作着。过去如此，现在如此，将来也会如此。这才是真正的四季长春。

（《人民日报》）

以"乌蒙山气候有时不是春"作"宾体"，从反面衬托"乌蒙山指战员们心里的春长在"（主体）。

例（五）林元《废墟上的琴声》：

　　当我走出剧场时，大雪已经把废墟上的残砖败瓦掩盖起来了，平壤市变成了一座美丽的银色的城。在我们的脚后，送来了琴声伴奏着的朝鲜民谣《春之歌》……虽然雪花不断地在我的眼前飘着，琴声和歌声却把我的心情带到了春天。是的，春天就要来了，不，在朝鲜，永远是春天。

（《访战后朝鲜》8—9 页）

以眼前雪景反衬出心情的温暖，心中的春意。

例（六）郭小川《明洁如晴空》（写延边自治州一个农业社的卫生工作）：

> 下雨天，云彩厚得很，空气闷热得很。……在离开郑家的时候，我说：今天天气不好，是个下雨天，可是，你们社真洁净得像晴天的天空一样。

（《早晨的太阳》38 页）

以"阴雨天"反衬"农业社像晴空一样的明净"，表示对该社卫生工作的十分满意。

（3）衬托式的运用条件。

（甲）要宾体和主体有自然联系，要根据实际情况选取宾体，不可以生拉硬扯。

（乙）文艺作品中宾体和主体要组织在统一的形象体系中。

（丙）宾主要分明，不要喧宾夺主，不要过分强调宾体，致主体被冲淡。

（4）衬托式和对照式的区别。

衬托式，一主一宾，以他体陪衬本体，他体和本体有相反的、有相类的，他体对本体是起铺衬的作用。对照式是表明对立现象，采取比较的方式。不可把两式混为一谈。

（三）对　偶

对偶式　对偶式是用结构相类似或全同的语句表达两个相对称的意思，叫作对偶。

（1）对偶式的作用。

（甲）表现方面，借整齐对称的语句结构形式、调谐匀称的音节，把相对称的两部分内容突露出来，使它们相补相衬，以加强语言的感染力。

（乙）锻炼思想方面，对偶对思想的锻炼、整理有很大的作用。由于要在平行对称的语句中压缩地表现一项经验或一种道理或一段情境，就必须使思想高度集中，使思想缜密化。

（2）对偶式的分类。

可按两个标准区分，按性质区分，有"正对""反对"两种；按上下联的关系区分，有"平对""串对"两种。

（甲）正对——相类似的事物的对称。

例（一）《反对党八股》：

俗话说："到什么山上唱什么歌。"又说："看菜吃饭，量体裁衣。"我们无论做什么事都要看情形办理，文章和演说也是这样。

（《毛泽东选集》第三卷，835页）

"看菜吃饭，量体裁衣"，相类似的事物的对称。用对称的俗语，阐明了做事结合实际的真理。

例（二）民歌：

家乡一片绿，祖国万年青。

用对偶的句式歌颂祖国的绿化。情景交融，音律调谐。

例（三）《改造我们的学习》：

有一副对子，是替这种人画像的。那对子说：
墙上芦苇，头重脚轻根底浅；
山间竹笋，嘴尖皮厚腹中空。
对于没有科学态度的人，对于只知背诵马克思、恩格斯、列宁、斯大林著作中的若干词句的人，对于徒有虚名并无实学的人，你们看，像不像？

（《毛泽东选集》第三卷，800 页）

"墙上芦苇""山间竹笋"上下联相类似的事情的对称，彼此相补相衬。

例（四）《中国共产党八届八中全会关于开展增产节约运动的决议（六）》：

一九五八年的经验特别明显地证明，人民群众的智慧和力量是无穷的。这种智慧和力量，由于党和毛泽东同志的启发和领导，由于党的总路线的鼓舞和组织，有如千军万马，所向无前，真是高山也要低头，河水也要让路。

（《红旗》1959 年 17 期）

"高山低头""河水让路"也是相类似的现象的对称。通过对称的形式，突出表现新社会劳动人民驯服自然的威力。

（乙）反对——相反对的事物的对称。

例（五）《在延安文艺座谈会上的讲话》：

鲁迅的两句诗，"横眉冷对千夫指，俯首甘为孺子牛"，应该成为我们的座右铭。"千夫"在这里就是说敌人，对于无论什么凶恶的敌人我们决不屈服。"孺子"在这里就是说无产阶级和人民大众。一切共产党员，一切革命家，一切革命的文艺工作者，都应该学鲁迅的榜样，做无产阶级和人民大众的"牛"，鞠躬尽瘁，死而后已。

（《毛泽东选集》第三卷，878 页）

对敌人决不屈服，对人民大众甘愿做"牛"，一爱一恨，恰相反对，是辩证的结合。

例（六）《中国革命战争的战略问题》：

　　有一种人，明于知己，暗于知彼，又有一种人，明于知彼，暗于知己，他们都是不能解决战争规律的学习和使用的问题的。

（《毛泽东选集》第一卷，175 页）

话里用对偶反对的辞式，揭露出两种人在军事方面的缺点。

（丙）平对——平列对称，前面所举的"正对""反对"例子，都属此类，不另举。

（丁）串对——上下语句相串成对。上联大约表原因或条件，下联大约表结果或影响。

例（七）《中国革命战争的战略问题》：

　　说"一着不慎，满盘皆输"，乃是说的带全局性的，即对全局有决定意义的一着，而不是那种带局部性的即对全局无决定意义的一着。下棋如此，战争也是如此。

（《毛泽东选集》第一卷，168—169 页）

由于一着（带全局性的）不慎，所以满盘皆输。"一着"是因，"满盘"是果。

例（八）《这样的战士》：

　　第二功在环县：你一点钟挖好两个机枪工事，你满头大汗，两手血泡，给你换班，你拒绝，你说："平时多流汗，战时少流血。"

（《人民文学》第二卷 6 期）

由于"平时多流汗"，所以"战时少流血"。

例（九）农谚：

一籽入地，万粒归仓。

播种，一籽入地；收成，万粒归仓。

例（十）俗语：

前人栽树，后人歇凉。

前人培植、创造，后人继承、享受。

陈骙《文则》论"对偶"辞式的类别说："文有意相属而对偶者，如'发彼小豝，殪此大兕'，'诲尔谆谆，听我藐藐'，'故谋用是作，而兵由此起'。有意相类而对偶者，如'威侮五行，怠弃三正'，'佑贤辅德，显忠遂良'。"

他所说的"意相属（相连属）的对偶"，就是我们这里所讲的"串对"。他所说的"意相类的对偶"，就与这里所讲的平对中的"正对"相当。

（3）对偶式的运用条件。

必须根据内容需要，自然地运用。假如片面强求语句对称而不顾内容，不顾语境，那样就不会收到效果。勉强运用，往往会有堆砌拼凑的弊病。

（4）对偶式和语言各因素的关系。

对偶式，基本上联合利用语音、词汇、语法各因素以构成形象的特点。举个例子来分析一下，以作证明。

如："干劲冲霄汉，歌声震山河。"

（甲）利用语音因素（音调平仄），干（仄）劲（仄）冲（平）霄（平）汉（仄），歌（平）声（平）震（仄）山（平）河（平）。除第四字外，上下句各个字，平仄对应，音节调谐。

（乙）利用词汇因素——利用构词式词义条件。"干劲"和"歌声"都是偏正构词式，"霄汉"和"山河"都是联合构词式。上下联同类构词式两相配合。

（丙）利用语法因素——利用词法句法条件，"干劲""歌声"都是名词，两相对称，"霄汉""山河"也是这样。"冲""震"都是动词，两相配合。以上就词法分析。

再就句法看，上下联都属"动作句"。

总起来说，对偶在形式上要充分利用语言各种可能性。对偶方面的语言条件，主要是语句结构的相对称。依我们看，对偶式的特征就是对称均齐。如语音的对应（平仄相调）、词汇的对称（词式词义相配）、语法结构的对称（词句结构的相配），虽不能拘泥，但基本上总要求符合"对称"规律。

（5）对偶式和对照式的区别。

对偶、对照两式常有交错的关系，但是本质有差别。就结构说，对偶语句结构必须均齐对称，对照不限定这样。就内容说，对偶上下联有的是相类似的事物的比配（正对），有的是相反对事物的相映（反对），有的是有因果或条件关系的事物的相应（串对）。而对照不是这样，对照纯是相对立的事物的比较。总说起来，对偶的特点是"对称"，而对照的特点就是"对立"。

（6）对偶式的发展。

对偶辞式是汉语修辞传统的重点辞式之一。对偶式的发达，与民族的注重对称美以及汉语的单音节双音节词有关系。历代人民口头创作和书面作品多运用这类辞式。现代汉语，更广泛地运用。形式方面，有短语句和长语句的对偶，音节一般明朗，但不拘束于平仄相应的老规矩。内容，大多反映生产劳动、群众斗争的情况。

（四）反　复

反复式　为了表示迫切的要求愿望，表现强烈深厚缠绵的情感，强调某点的意义，标志内容的段落、音律的节奏、自然地重叠运用某词语句，形成反复美，这叫作反复辞式。有时反复式兼有几种用意。

（1）反复式的分类。

按反复部分的距离区分：紧接反复、间隔反复。

（甲）紧接反复——同一词语，紧紧接连。

例（一）：

> 朱总司令命令："勇敢勇敢再勇敢。"

例（二）民歌：

> 跃进跃进再跃进。

以上两例表示迫切的要求愿望。

例（三）《评国民党十一中全会和三届二次国民参政会》：

> 一切爱国的国民党人应该团结起来，不许国民党当局走第一个方向，不让它继续走第二个方向，要求它走第三个方向。
> 一切爱国的抗日党派、抗日人民应该团结起来，不许国民党当局走第一个方向，不让它继续走第二个方向，要求它走第三个方向。
>
> （《毛泽东选集》第三卷，929 页）

重叠"团结起来，不许国民党当局走第一个方向（投降和内战），不让它继续走第二个方向（以空言骗人，拖延时间），要求它走第三个方向（实行民主和合作的道路）"。这对当时爱国的国民党人和爱国的抗日党派发出庄严的战斗号召，强调警惕极严重的投降和内战的危险，有极大的动员力量。

例（四）郭沫若《三面红旗万万岁》：

鼓足干劲，力争上游！鼓足干劲，力争上游！一面红旗万万
岁！总路线万岁，万万岁！

多快好省，创造天堂！多快好省，创造天堂！二面红旗万万
岁！大跃进万岁，万万岁！

一大二公，力量无涯！一大二公，力量无涯！三面红旗万万
岁！人民公社万岁，万万岁！

（《人民日报》）

这种反复式表现极强烈深厚的情感。

（乙）间隔的反复——同一词语或句子，分开运用，中间隔着其他
词语句。

例（五）管桦《雨来没有死》：

雨来把书放腿上，伸出舌头舔舔指头，掀开书。见女老师闪在
一边，斜着身子，用手指着黑板上的白字，念着：

"我们是中国人

我们爱自己的祖国。"

大家就随着女老师的手指，齐声轻轻地念起来：

"我们——是——中国——人，

我们——爱——自己的——祖国。"

……雨来半天才喘过这口气。脑袋里像有一窝蜂，嗡嗡地叫，两
眼直冒金花，鼻子里流着血，血珠掉下来，溅在课本那几行字上：

"我们是中国人

我们爱自己的祖国。"

鬼子打得累了，雨来还是咬着牙说："没看见！"

（《人民日报》1949 年 4 月 4 日）

三次提到"我们爱自己的祖国"，这是有意义的。是强调雨来的英雄品质和学校爱国主义教育的直接关系。

例（六）李季《青年颂》（写给银川平原上的万千个青年们）：

用不着等待那遥远约明天，
现在已经出现了这样的青年。
在贺兰山下的银川平原上，
他们正在把大地的面貌改变。（这是开头一节）

用不着等待那遥远的明天，
生活里已经涌现出了这样的青年，
他们高举着社会主义的旗帜，
他们的歌声震动了祖国的大地河山。（这是结束一节）

　　　　　　　　（《致以石油工人的敬礼》84—85 页）

这里的反复辞式是标志内容段落，也标志音律节奏。

例（七）闻捷《复仇的火焰》第二部第四章五节《进军的号角响了》：

攀登！努力地向上攀登！
前面啊！
就是终年积雪的高峰！
布鲁巴拉着骏马走在最前头，
后面紧跟着开路的先锋。……
攀登！努力地向上攀登！
前面啊！就是通往胜利的大门！
轻装的尖兵摆开一字长蛇阵
开辟着道路奋勇地前进。……

> 攀登！努力地向上攀登！
>
> 英雄们已经登上万丈的高峰，
>
> 顺着冰河跨过山顶的缺口，
>
> 选择奇袭叛匪的地形。
>
> 攀登！努力地向上攀登！
>
> 英雄已经打开胜利的大门，
>
> 任锐笑指脚下的第五个山头，
>
> 明天就从那儿发起进攻。
>
> （《诗刊》1960 年 11、12 月号 53—55 页）

"攀登，努力地向上攀登！"这句子有间隔地运用四次，标志大军前进的历程，充分表现出革命乐观主义的精神气魄。

（2）反复式运用的条件。

必须根据实际需要来运用，必须在思想深刻、情感丰富深厚、节奏谐和等原则下自然运用。本式和重复（不必要的）本质不同，重复是语言的毛病，内容空虚，使人感到单调腻味。

（3）反复式在各类语体中的应用。

反复式应用很为广泛，科学论文、文艺作品皆有时需要它。科学论文用反复式，大概主要是强调"论点"（有的是标志段落）。文艺作品用它，有的是表现强烈深刻缠绵的情感，有的是强调主题思想，有的是标志内容段落或音律节拍。

（4）反复式和语法单位。

反复式，有的是词反复，有的是词组、句子反复。

（五）回　环

回环式　回环式是用回环的语句形式，表现两种事物或情境的相互关系。这种辞式，形式方面表现"来复美"，内容方面表现两种事物情境的互相依存或互相排斥。

（1）回环式的分类。

按内容所反映的彼此事物的关系区分为二类：

（甲）相依相成——两种事物或情境彼此互相依赖，互相成全。

例（一）《实践论》：

理性认识依赖于感性认识，感性认识有待于发展到理性认识，这就是辩证唯物论的认识论。

（《毛泽东选集》第一卷，280 页）

阐明感性认识和理性认识的交互关系，概括地高度准确地揭示了唯物辩证的认识论。

例（二）《在延安文艺座谈会上的讲话》：

……我们的提高，是在普及基础上的提高；我们的普及，是在提高指导下的普及。

（《毛泽东选集》第三卷，864 页）

极精确地说明人民的普及和人民的提高辩证结合的真理。

例（三）《关于人民公社若干问题的决议》：

人民公社是人民的生产和生活的组织者，而发展生产的根本目的是最大限度地满足全体社会成员经常增长的物质和文化生活的需要。党在领导公社工作的时候，必须注意全面地抓思想、抓生产、抓生活。必须关心人，纠正那种见物不见人的倾向。群众的干劲越大，党越要关心群众生活，党越是关心群众生活，群众的干劲也会越大。

（《中国共产党第八届中央委员会第六次全体会议文件》21 页）

揭示生产和生活辩证统一的真理，宣扬党的伟大的政策精神。

例（四）《马克思列宁主义在中国的胜利》：

> 在我国农村中，人民公社这种社会组织，能够推动农村经济的迅速发展，而社会经济的发展，又将反过来促使人民公社制度在内容和形式上得到发展。
>
> （《红旗》1959 年 19 期）

阐明人民公社组织和社会经济发展的互相推动促进的重要理论。

例（五）《这样的战士》：

> 大庆同志！你活着，从解放军里感受了无产阶级的英雄气概；你死后，无畏的英雄气概又将感染万千的战士。
>
> （《人民文学》第二卷 6 期）

说何大庆活着时，从解放军感受了英雄气概；死后，英雄气概又将感染万千战士。回环咏叹，表现无限深情。这是纪念文、抒情文运用回环辞式的范例。

例（六）王明希《渔民恨》：

> 重重青山抱绿水，弯弯绿水绕青山，青山绿水风光好，江心来往打鱼船。
>
> （《人民日报》1950 年 11 月 19 日）

用回环辞式描绘山水好风光，衬托出渔民的美好幸福的生活，正表示对美帝破坏和平人民生活的暴行的强烈愤恨。

（乙）相排相拒——两种事物或情境互相排斥，不能相容。这种和前种恰相反对。

例（七）俗语：

　　难者不会，会者不难。

例（八）格言：

　　骄傲不进步，进步不骄傲。

例（九）《腊斯克抵赖不了美国的破坏行径》：

　　几天来的事实表明，腊斯克到日内瓦来，是"来者不善，善者不来"。和平解决老挝问题的扩大的日内瓦会议只有通过反对美国阻挠和破坏策略的不断斗争，并击败这种策略，才能顺利举行和取得积极的成就。

　　　　　　　　　　　（《人民日报》1961 年 5 月 15 日）

这引用回环式成语，指出了腊斯克来到日内瓦存心捣乱，设置重重障碍，暴露他的阻挠、破坏会议的罪行，具尖锐的斗争意义。

（2）回环式的运用、应用、作用。

运用回环辞式（主要就甲类回环式说明）要根据事物实际情况、客观规律，要以观察、认识、感受为基础，万不可在辞面上纠缠，流为文辞游戏。

本式应用很广，各类语体都有时应用。政论文、公文有时用它来说明事物的依存制约的关系，科学论文用来概括说明对事物的认识，文艺作品用以描绘事物情景的形象的联系。

抒情的回环式，使人感到深情无限。如前面举出的"这样的战士"的回环例子。叙景的回环式，使人容易体会景物间的联系、景和情的融合。如前面举出的"渔民恨"的回环式例子。论理的回环式，使人容易理解事物的辩证规律。

（3）回环式的发展。

本式从古就有，现时特别发达。但过去的回环式，许多偏于形式的回绕，如"回文"；现时的则表现高度的思想性，揭示事物的辩证的真理。

（六）排　叠

排叠式　排叠式又称排比。用结构相似、意义相近或语气一致的一组语句表达思想情感，反映事物情况，这叫作排叠式。排叠式的构成必须是语句单位在三个以上，一组间有共同的"提纲词语"（排叠式含有反复成分），一组间各语句的意义相连贯。

（1）排叠式的作用。

排叠式能表现出深厚的意思，能展开一段话（或一段文章）的局势，能使听众读者感到语言的强大力量。

（2）排叠式的分类。

按句子成分区分，有主语排叠、谓语排叠、修饰语排叠、补充语排叠、分句排叠。

（甲）主语排叠例：

例（一）《改造我们的学习》：

不注重研究现状，不注重研究历史，不注重马克思列宁主义的应用，这些都是极坏的作风。

（《毛泽东选集》第三卷，797—798 页）

"不注重"是主语三个单位的共同的提纲语。

例（二）《世界人民斗争的新形势》：

　　在新的一年中，全世界人民的大团结，反对帝国主义的力量的大团结，一切爱好和平的力量的大团结，国际共产主义运动的大团结，社会主义阵营的大团结，一定会有进一步的加强。

（《红旗》1981 年 1 期）

"大团结"是主语五个单位的共同的提纲语。

（乙）谓语（表语）排叠例：

例（三）《旭日东升夕阳西下》：

　　1960 年将是社会主义世界更加蒸蒸日上的一年，将是民族独立解放运动更加高涨的一年，将是和平力量更加壮大的一年，将是帝国主义国内革命斗争更加剧烈的一年。同时也是强盗们更要你争我夺的一年，是西风更加萧瑟的一年。

（《人民日报》1960 年 1 月 1 日）

　　用排叠的辞式，预言 1960 年两大阵营形势的发展，充分表现革命的乐观主义的精神。"将是……的一年"是提纲语。

（丙）修饰语排叠例：

例（四）《这样的战士》：

　　你，用你的机枪，用你的两次功劳，用你青春的热血，用你对人民和革命的无限忠心，在镰刀斧头的旗子下，申述你入党的愿望。

（《人民文学》第二卷 6 期）

　　"用你……"一串状语构成排叠辞式，表现作者的深刻情感，表现对战士何大庆的强烈的褒扬。

（丁）补语排叠例：

例（五）《唱得心儿亮又亮》：

> 手执钢钎凿山泉，凿着山泉把歌唱：
>
> ……
>
> 唱得岩石软绵绵，唱得泉水旺又旺，
> 唱得夜莺不敢啼，唱得渠内淙淙响，
> 唱得棉花堆成山，唱得谷子撑破仓，
> 唱得星星失了色，唱得心儿亮又亮。
>
> （《河北新民歌》第一集，49 页）

通过补语排叠，歌颂凿泉的胜利，表现改造自然的精神力量。

（戊）分句排叠例：

例（六）《中国人民政治协商会议第一届全体会议开幕词》：

> 只要我们仍然保持艰苦奋斗的作风，只要我们团结一致，只要我们坚持人民民主专政和团结国际友人，我们就能在经济战线上迅速地获得胜利。
>
> （《中国人民政治协商会议第一届全体会议重要文献》）

利用"条件"复句的偏句构成排叠式，阐述胜利的条件，指出努力的方向。

例（七）杜鹏程《英雄的事业》：

> 虽然这世界罕有的铁路工程甚为艰巨，虽然所有领导干部和技术人员都没有对付过这样复杂的自然情况，虽然绝大部分工人都是刚放下枪杆或者农具，不懂得如何下手工作，可是历史既然把建设的担子放在他们肩上，他们就以无比的英雄气概，挑起这繁重的担

子，坚毅地向前迈进。

（《人民日报》1959 年 1 月 5 日）

利用"让步"复句的偏句构成排叠式，通过具体情况的分析，强调歌颂劳动英雄担负历史重担的豪迈气概。

例（八）刘白羽《蓝色的披巾》：

当我们的英勇的鱼雷快艇和炮艇部队相继返航的时候，当这些水兵又穿起自己的海军服，当那蓝色平顶的海军帽后面的黑飘带又在飘动，当月光照亮他们两只肩膀后面的蓝色披巾，你会觉得我们祖国的四个大海安稳地睡熟了，海的胸膛像微微喘息一样闪着粼粼的月光……

（《万炮震金门》92 页）

利用"时间"复句的偏句构成排叠式，生动细致地描绘景况，显示出海军战士保卫海疆的伟大力量。

例（九）廖有楷《在我们心上》：

我们守卫着祖国大门，
不让敌人偷越国境。
在风雨晦暗的夜里，
我们有排除万难的精神。
因为
在我们心上，
有着千百颗母亲的心；
在我们心上，
闪着千万个妹妹明亮的眼睛；
在我们心上，

有着党和人民。
· · · · · · · ·

(《中国人民解放军战士诗选》73 页)

利用"原因"复句的偏句（表因）构成排叠式，深刻而又鲜明地描述出战士守卫祖国边疆的忠心的真源——爱党爱人民。表现无限深情，表现庄严的高度负责的精神。

（3）排叠式的运用条件。

排叠要根据丰厚的内容来运用，不可为了追求片面的形式美而滥用。一面以一串相同的字为纲领，一面要避免词语的重复；要避免词语重复，必须有丰富的词汇供调配。

（4）排叠式的应用。

可以应用于各种语体，收到各种的效果。政论文、科学论文、论理文用排叠，可以将道理阐发得透彻充分。文艺作品（抒情散文、诗歌）用排叠，可以将情感表现得恳切有力。诗歌，排叠最为重要，运用成排的语句，一唱三叹，不仅能充分表现丰厚的情感特色，并且能构成音律上的铿锵。

（5）排叠与对偶式的区别。

排叠，三个以上一组；对偶，两个一组。

排叠，连串式组织；对偶，对称式。

排叠，以一串同字作纲领；对偶，避免同字。

（6）排叠式的发展。

现代汉语，复句分句排叠（因果、让步、条件、时间等复句的偏句的排叠）特别发达。这样的情况反映出思维的精密性，反映事物的复杂的因果关系。

（七）层　递

层递式　层递式又名渐层。语意由小渐大、由浅渐深、由轻渐重

（或顺序相反），自然表现渐层美，这叫作层递式。意思逐渐地升高，一直升到顶点，使听众读者的印象逐渐深刻化。

本辞式的条件有三：第一有三层以上事件（起码三层），第二彼此事件成比例，第三比例有一定等次。

（1）层递式的分类。

（甲）范围的渐次扩大（小到大和轻到重往往相连）。

例（一）《新民主主义论》：

　　一切内外黑暗势力的猖獗，造成了民族的灾难；但是这种猖獗，不但表示了这些黑暗势力的还有力量，而且表示了它们的最后挣扎，表示了人民大众逐渐接近了胜利。这在中国是如此，在整个东方也是如此，在世界也是如此。

（《毛泽东选集》第二卷，697 页）

例（二）《为了六十一个阶级弟兄》：

　　不仅仅是我们的这些筑路民工，不，十二万平陆人，不，六亿五千万中国人，人人心里都燃着一团烈火，这团烈火越烧越旺：对党和毛主席的深沉热爱，化做无穷无尽的力量，人们正在用它加速建设我们伟大的社会主义祖国！

（《新华半月刊》总第 177 期）

例（三）《改造我们的学习》：

　　这种作风，拿了律己，则害了自己；拿了教人，则害了别人；拿了指导革命，则害了革命。

（《毛泽东选集》第三卷，800 页）

这三层意思，一层比一层重要，把主观主义作风的影响说得极透。

（乙）层次的推进。

例（四）《青春之歌》：

门板刚刚抬出病囚房，一阵急雨似的声音，猛然激荡在黑暗的监狱的屋顶，激荡在整个监狱的夜空：

"打倒反动的国民党！"

"中国共产党万岁！"

"共产主义是不可战胜的！"

"同志们，为我们报仇呀！"

声音开始是林红一个人的，以后变成几个人的，再以后变成几十个、几百个人的了。这口号声越来越洪大、越壮烈、越激昂，好像整个宇宙全充满了这高亢的英勇的呼声。

（343—344 页）

"一个人""几个人""几十个""几百个""整个宇宙"，渐次扩大，描写革命的口号声越来越宏壮，使读者受到极大感动。

例（五）四川民歌《过黄泥坡》：

前天路过黄泥坡，黄泥坡上草成窝，

草窝窝里跑野兔，黄泥坡上多寂寞。

昨天路过黄泥坡，黄泥坡上人马多，

千军万马齐开荒，梯田块块遍山坡。

今天路过黄泥坡，坡上姑娘唱山歌，

合作社里力量大，荒坡要变米粮坡。

描述三次过黄泥坡所见的变化情况，反映出开荒工程的迅速发展，歌颂农业合作化的伟大力量。

例（六）《人民公社是金桥》：

　　单干好比独木桥，
　　走一步来摇三摇；
　　互助好比石板桥，
　　风吹雨打不坚牢；
　　合作社铁桥虽然好，
　　人多车稠挤不了；
　　人民公社是金桥，
　　通向天堂路一条。

（《红旗歌谣》85 页）

　　这是在层递式中作形象的比喻，把农业生产的单干、互助组、合作社、人民公社的方式极准确地比作不同的桥——独木桥、石板桥、铁桥、金桥，用一层层的喻体描绘出生产方式的历史发展。最后一层用形象的判断式提出"人民公社是金桥"（"是"字极有力量），是通向共产主义的金桥。反映出对人民公社的深刻认识，表示对公社的热诚拥护。

　　（2）层递式和排叠式的区别。

　　层递式和排叠式极相近，有的排叠式里包含层递，但两式的本质是有差别的。层递式本质特征是具等次性，而排叠式的特征是平列性。

　　（3）层递式的发展。

　　过去的层递式，往往是无目的的描叙，做形式的推演；现今层递（或说影响、或明层次）都表明一定的社会实际意义。

（八）联　珠

　　联珠式　联珠式又名顶真式、蝉联式。为了推论事理的因果连锁关系，或描叙事物情境的递承关系，运用联珠辞式。这类辞式特征是：前面语句的末尾部分作后面的起头，递接而下，表现蝉联的美趣。事物必须三个以上，才能构成联珠式。

（1）联珠式的例证。

例（一）《团结一切抗日力量，反对反共顽固派》：

> 我们的统一论，就是全国人民的统一论，就是一切有良心的人的统一论。这种统一论是以抗战、团结、进步三件事做基础的。只有进步才能团结，只有团结才能抗日，只有进步团结抗日才能统一。这就是我们的统一论，这就是真统一论，这就是合理的统一论，这就是实际的统一论。
>
> （《毛泽东选集》第二卷，713 页）

例（二）《向国民党的十点要求》：

> 统一必以团结为基础，团结必以进步为基础；惟进步乃能团结，惟团结乃能统一，实为不易之定论。
>
> （《毛泽东选集》第二卷，716 页）

运用联珠式使这话有巨大的战斗力量。揭示真正的统一、团结、进步的连锁关系，与当时国民党所标的"假统一"针锋相对。

例（三）《中国革命战争的战略问题》：

> 指挥员的正确的部署来源于正确的决心，正确的决心来源于正确的判断，正确的判断来源于周到的和必要的侦察，和对于各种侦察材料的联贯起来的思索。指挥员使用一切可能的和必要的侦察手段，将侦察得来的敌方情况的各种材料加以去粗取精、去伪存真、由此及彼、由表及里的思索，然后将自己方面的情况加上去，研究双方的对比和相互的关系，因而构成判断，定下决心，作出计

划，——这是军事家在作出每一个战略、战役或战斗的计划之前的一个整个的认识情况的过程。

（《毛泽东选集》第一卷，173 页）

这用联珠辞式反映军事认识的客观规律（部署、决心、判断、侦察和思索的连锁关系），使人们容易明白军事计划的实事求是的精神。

例（四）程浦《管麦如绣花》：

当然，用绣花的精神去细致地管理麦田，要耗费许多心机，承受许多麻烦。但这只是事情的一面，另一面却是人越来越能在更大的程度上驾驭麦子的生长规律。这是因为细能生熟熟能生巧，愈巧愈自由。一个勤勉的绣花能手，由于不断地细心地操作，能够灵活自如地绣出越来越精美的花。在麦田管理上，如果下了细如绣花的功夫，也一定能更全面更深入地发现和掌握生产的客观规律，运用客观规律去跟自然做斗争，人们的自由就愈来愈多。

这以"绣花"比喻"管麦"，说明细能生熟，熟能生巧，愈巧愈自由（得心应手，灵活自如）的道理。是用联珠辞式反映生产斗争规律、工作规律，反映真正自由和必然规律的关系。

例（五）柏金《岁末京西行·公社新景》：

太阳升到了高空，我们翻过一个山岗，到了狼窝沟，这里是另一番景象。和煦的阳光照着满山一块块新开垦的梯田，梯田里整齐地栽种着桃树、苹果和油松……

（《人民日报》1960 年 12 月 31 日）

描绘斋堂公社新风景，用联珠辞式，反映阳光和梯田果树的景物的联系，勾画出农业园田生产一个角落的略况。

（2）联珠式的运用条件。

要根据事物的实际，反映事物的条件连锁关系，不可以为了形式趣味，滥用上递下接的语句。

（3）在各类语体中的应用。

文艺作品、政论、科学论文都有时运用联珠式。政论、科学论文运用联珠，说理可以准确、谨严、周密。文艺运用这种辞式，写景特别清晰，抒情显得绵密，音律显得流畅。

（4）联珠式和层递式的比较。

两式极相近似，容易相混，须注意辨别。联珠式，反映事物连锁关系，突出事物的产生过程（写景用联珠，往往是表明连带关系）；层递式，标志事物的范围或层次，叙明事物的推演发展情况。

（5）联珠式的发展。

本辞式，古汉语就已运用，名"顶真续麻"或"接麻"或"续麻"，大多数只当作文字游戏。现代有新的发展，往往是反映事物连锁关系，表现事物发展规律。

（九）倒　装

倒装式　为了加强某种语气，或突出表现某种内容，或调协音律，特地把寻常的句法的词语次序改变颠倒一下，这叫作倒装辞式。

倒装句必须有和它相对的顺陈句（把倒装的话顺过来就成为顺陈句）。倒装句和顺陈句是句法的同义形式（意义相仿而只是语气或内容重点或音律有些差别）。倒装句是语法的结构，也是修辞的手法。

（1）倒装式的分类。

按照倒置的句子成分，可区分为下面四类：

（甲）主语谓语（或主语表语）的倒装。为了突出某点内容或强调某种语气，特地颠倒主、谓语的顺序（谓在前、主在后）。这种倒装大多应用在祈使句、感叹句、疑问句几类句子方面。

例（一）：

奔腾吧！长江！

例（二）星火《怒吼吧！亚非人民、拉丁美洲人民》：

怒吼吧！南朝鲜人民，日本人民，土耳其人民，亚洲人民，非洲人民，拉丁美洲人民！

（《新观察》1960 年 10 期）

这是复式主语的倒装。祈使句主语倒装，主语往往是属呼格，表示出说话人（或作者）的强烈深切的感情或迫切的愿望。（以上二例都属祈使句主语倒装）

例（三）何其芳《我们最伟大的节日》：

终于过去了，中国最后一个黑暗王朝的统治。

（《夜歌和白天的歌》224 页）

这是感叹句主语倒装。

例（四）孙犁《荷花淀》：

水生笑了一下，女人看出他笑得不像平常，"怎么了，你？"

（《荷花淀》218 页）

谓语"怎么了"倒置在主语"你"之前。这是疑问句主语倒装。

例（五）民歌《唱得长江水倒流》：

如今歌手人人是，

唱得长江水倒流。

(《红旗歌谣》58 页)

表语"歌手"倒置在主语"人人"之前。这是感叹句主语倒装。

（乙）动词宾语倒装、主谓语和宾语倒装。

例（六）民歌：

　　天不怕，地不怕，
　　掘得大地咧嘴巴，
　　淘出黄金送给党，
　　炼出黄金建国家。

顺陈应作"不怕天，不怕地"，这儿倒过来作"天不怕，地不怕"，就把宾语"天""地"突出起来。

例（七）魏巍《谁是最可爱的人》：

　　我们什么也不要。

（16 页）

宾语"什么"倒置在动词之前。

例（八）刘白羽《红旗》：

　　死——谁还怕吗？

这是宾语倒置在主语谓语之前。

（丙）修饰语和中心词倒装。

例（九）《不平常的春天》：

　　是的，这是一个不平常的春天，它之所以不平常，就是因为广大的工人阶级、劳动人民、革命知识分子和一切真正愿意走社会主义道路的社会人士的政治觉悟，广大的共产党员、共青团员的政治觉悟，都将在争论中迅速地成长着，成熟着，用一种不平常的速度。

（《人民日报》1957 年 6 月 22 日）

修饰语（状语）"用一种不平常的速度"倒置在中心词"成长着""成熟着"之后，突出"速度"。

例（十）吴晗《哭一多》：

　　你们已经替中国人民铺好了道路，用你的血。

（《人民英烈》252 页）

修饰语（状语）"用你的血"，倒置在中心词"铺好"的后面，突出赞叹闻一多为了争取民主和平而流尽最后一滴血的伟大精神。

（丁）复句的分句倒装。

例（十一）闻捷《大风雪》：

　　那狂暴的大风雪啊！抽打着圈棚里的羊群；
　　牧人的心都要流血了，当他听到羊群颤抖地低鸣。

（《生活的赞歌》33 页）

这是时间复句的偏句的倒装。

例（十二）闻捷《猎人》：

　　今天要巡猎到另一个牧场去，因为这里已经没有狼患。

（《生活的赞歌》28 页）

这是因果复句的表原因分句的倒装。

例（十三）闻捷《彩色的贝壳》：

> 海是一匹烈性的马，
> 它嘶叫着，甩动银鬃，
> 船夫是个真正的骑士，
> 虽然他手中并无缰绳。

（《生活的赞歌》62 页）

这是让步复句的偏句的倒装。

（2）倒装式在诗歌语体中的应用。

诗歌体特别常用倒装辞式。因为诗歌要求韵律调谐、对仗整齐，或需要强调语气，或需要突出内容某点，而对语言的总的要求是"精练"，所以它就不能不常常采用倒装手法（本节所举的例子有些是诗歌）。诗歌倒装特别具有复杂性、自由性。

（十）错　综

错综式　语句要求整齐，但过分整齐而没有变化，又未免使人感觉单调呆板，因此修辞产生错综式。这种辞式是将可能说成整齐（如反复、对偶、排叠等式）的变作错综式。一面要求整齐划一，一面又要求参差错综，这正是辩证的统一。

（1）错综式的分类。

可按语法单位区分为二类：

（甲）词面的错综。为了避免上下文词面的重复，选用同义词或近义的词组来相配合。这就是把可能构成反复式的表达法改成错综式（古汉语把这种辞式叫作"互文"）。

例（一）魏巍《谁是最可爱的人》：

我们以我们的祖国有这样的英雄而骄傲，我们以生在这个英雄的国度而自豪。

（6 页）

这里的"骄傲"和"自豪"是同义词，前后相配，构成错综式。这是把可能构成反复的变成错综。前后假如用同一个词，就嫌重复。

例（二）《李有才板话》：

张得贵，真好汉，跟着恒元舌头转：恒元说个"长"，得贵说"不短"，恒元说个"方"，得贵说"不圆"；……

（30 页）

这里"长"和"不短"、"方"和"不圆"，词和词组就算是同义。这两句话对刻画张得贵附和地主阎恒元的丑态起了很大的作用，并饱含深刻的讽刺意味。比较前后用同一个词（长、方）更有力量。

例（三）《保卫延安》：

战士们欢跳欢蹦，你说你捉的俘虏多，他说他缴的枪也不少；……

（62 页）

"多"和"不少"相交错。

（乙）句子的错综——句子的结构、语气的错综。

句子结构的错综例：

例（四）歌剧《白毛女》：

千年铁树开了花，万年磐石把身翻。

　　这两句本可以写成整齐的对偶式，但是这里把它们改成错综。后句"万年磐石把身翻"，情韵悠长，力量雄厚。如果硬求结构整齐，写成"万年磐石翻了身"，韵味劲头反都差了。

　　例（五）黄既《关向应同志在病中》：

　　　　留恋，自然会留恋的，母亲留恋她的儿子，农民留恋他的土地，革命者留恋他的革命事业。

　　　　　　　　　　　　　　　　　（《新华周报》1946 年 7 月）

　　这段本可写成整齐的排叠，最后一句本可以同前两句结构一致，字数一样，但是把它改成较长的句子（多两个字），意味就更深长。

　　例（六）何其芳《生活是多么广阔》：

　　　　生活是多么广阔，
　　　　生活是海洋。
　　　　凡是有生活的地方就有快乐和宝藏。
　　　　去参加歌咏队，去演戏，
　　　　去建设铁路，去作飞行师，
　　　　去坐在实验室里，去写诗，
　　　　去高山上滑雪，去驾一只船颠簸在波涛上，
　　　　去北极探险，去热带搜集植物，
　　　　去带一个帐篷在星光下露宿。

　　　　　　　　　　　　　　　　　（《夜歌和白天的歌》161 页）

　　从"去参加歌咏队"到最后，是排叠句的错综。句子有的较长，有的较短；有的谓语较复杂，有的较简单。句法变化错落。就在这样错综的排叠式里表现出内容的丰富充实，也显示出很强的想象力。

　　句子语气的错综例：

例（七）《反对党八股》：

　　射箭要看靶子，弹琴要看听众，写文章做演说倒可以不看读者不看听众吗？

（《毛泽东选集》第三卷，837 页）

这是直陈句和反问句的错综。

例（八）《一个女人翻身的故事》：

　　折聚英又高兴，又担心，怕赶不上功课，她就硬用功。别人休息了，她不休息；别人游戏了，她不游戏；别人睡觉了，折聚英却还在自修呢！

这是否定和肯定语气的错综。

错综式具有重要性。有许多类型，除上面所讲以外，还有各种，如语序的错综，音律的参差（拗与谐），骈散句的相杂，俗语典雅词语的相参等。我们对这个辞式可以作多方面的研讨。

（2）错综式的运用条件。

运用错综式需服从内容的需要，不能片面追求形式的变化，专在词句方面要花样。要掌握灵活性，但是无论如何变化，总又不能离开原则性——就是条理性。错综辞式是表现语言的错综美，它符合表达规律，有积极作用（反映现实、加强群众感受）。不是随便说说，杂乱无章。

（3）错综式与语言因素（与词义与语音与语法）。

错综式往往利用语言各项条件，有的利用词义条件（运用同义词因素），有的利用语音条件（声调节奏等），有的利用语法的结构、语气等条件，总之是面对一定语境，活用语言积极因素以表现错综美，从而可能收到艺术效果。

（4）错综式和倒装式的比较。

错综（语句结构的错综）有点和倒装相近似，但是本质实际有差别。倒装是把一般顺陈变为倒装；错综是把原来可能整齐一致的词句变为参差历落的，而且在原话里，一定有两个以上单位相对应。

布置类辞式小结

（一）本类辞式如对照式符合于对照的形式美，反复式符合反复美，衬托式符合于调和或对照的形式美（"正衬""正对"符合调和美，"反衬""反对"符合对照美），层递式符合渐层美，排叠式符合反复美、调和美，错综式符合错综美。总起来说，都是体现"多中之一""复杂中的单纯化""变化中的统一"的美学原则。但是它们都是反映客观实际事物的情况的。我们研究本类辞式，必须一面从美学角度分析它们的表现力，另一面更从内容和形式的统一上认识各辞式的社会价值。假如实际内容不需要布置式而硬要滥用，那就是做八股，那是断乎不能有什么效果，只会惹人生厌，引人反感。各种辞式正因为符合美学法则，所以结合实际根据内容来适当运用，就可能对听众读者发挥感染力。

（二）本类辞式和语言因素——如对照式利用反义词语作材料；对偶式联合利用语音（平仄）、词义（同义词、反义词等）、构词式（联合结构、偏正结构，动宾结构等）、语法（词类——实词虚词、词组结构、句型）等条件；反复式利用词语单位的条件；排叠式利用句子的各成分各种语气的条件；倒装式是语序的颠倒，有的是与语音（声调、韵脚等）有关系；错综式有的是属"互文"（上下文中用同义词语相对应），有的是属句子的结构、语气的交错，总之本类辞式的构成是利用词汇、词法、句法、语音各条件，而主要的是利用句法条件。

布置类辞式分类简表

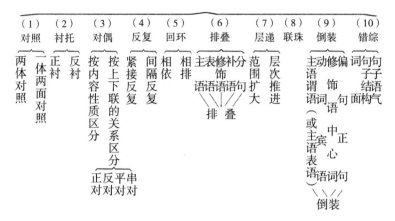

第七章　现代汉语修辞方式分说（三）

第三类方式　表达类

本类辞式是根据语气或语调或语势或变通的说法而构成，特色是从对面、反面、暗面、旁面等方面表现精神，发挥力量。恰合时宜，别开生面，自然使辞趣丰富，语味深厚，能引起听众读者的深切注意，能启发听众读者的想象并激发情感。

本类可分为同语、反语、撇语、问语、引语、幽默、讽刺、双关各目。本类辞式大多数和语法句子的语气相关联。

（一）同　语

同语式　主语、表语同一词语，构成压缩性的判断句，叫作同语式。主语、表语辞面虽然相同，而意义实在不一样。表语的含义实际比主语更复杂些，能引起听众读者的深刻思考，耐人寻味。

（1）同语式的分类。

（甲）单提式同语。

例（一）梁汝怀《美帝国主义是最好的反面教员》：

什么是帝国主义和怎样正确地对待它？狼总是狼，帝国主义总是帝国主义。只要它存在一天，它就要千方百计地侵略社会主义国家，掠夺殖民地半殖民地，扩大它的地盘，就要穷凶极恶地破坏世界持久和平和人民的幸福生活。

（《人民日报》1960 年 5 月 21 日）

"帝国主义总是帝国主义"，主语、表语都是"帝国主义"。表语"帝国主义"含有帝国主义的本质特征的意义，指侵略、掠夺、好战等特性。下文解说得很明白。

例（二）郭沫若《掌握着旋乾转坤的权柄——纪念莫斯科宣言一周年》：

纸老虎不是别的，就只是纸老虎，在台湾海峡不是进一步现了原形？

（《潮汐集》88 页）

例（三）刘白羽《早晨的太阳·序》：

只有这样：就像你的画是你的画一样，你的文学作品是你的文学作品，这里面有你对世界观察的结果，有你对生活的态度，有你的风格，有你的思想的闪光——那怕是微弱的闪光也比没有闪光要好——这才不是一般的照像，这才是文学。

（11 页）

"你的文学作品是你的文学作品"，表语"你的文学作品"，意义是你的文学作品具有的各方面的特征。

例（四）李庆番《拖拉机开进高家村》：

　　　　场长笑眯眯地说：“机器就是机器。老品哥，这可信服了吧?”

（《文艺报》第二卷 8 期）

表语“机器”，有机器的特殊性能、功用等意义。

例（五）李德复《典型报告》：

　　　　咱们的张书记真是咱们的张书记，他没哪回没点中我的。经他这一点，我就像鱼儿得了水那么欢。

（《人民文学》1958 年 5 月号）

“咱们的张书记真是咱们的张书记”，表示对张书记指点的感激和敬佩。这话的意义是张书记确有张书记的大本领。

（乙）对举式同语（比较对待式同语）。

例（六）陈模《毛主席的话——不偷，不装，不吹》：

　　　　有一次毛主席在延安中央党校大礼堂作政治报告，完了以后，附带又提了一下作风问题。他说：我们应有的作风是谦虚不骄傲，谨慎不急躁。不偷，不装，不吹。什么叫不偷呢？不偷就是“人家是人家的，自己是自己的”。什么叫不装呢？不装就是“知之为知之，不知为不知”。什么叫不吹呢？不吹就是“实报实销，老老实实”。

（《中国青年》1952 年 20 期）

“人家是人家的，自己是自己的”，表语“人家的”意义是人家所有的，“自己的”意义是属自己的。

（二）反　语

反语式　使用和本意相背反的辞面以传达本意，叫作反语式。这类辞式大多表现一种滑稽美。在一定情况下，它比正说直说更有力量。

（1）反语式的作用。

有的指摘对方的错误缺点，有的暴露对方的罪恶，有的表达自己的深情隐衷。

（2）反语式的分类。

按运用反语的态度可区分为两类：讽刺的反语（占大多数）和愉快的反语（居少数）。

（甲）讽刺反语例：

例（一）鲁迅《记念刘和珍君》：

时间永是流驶，街市依旧太平，有限的几个生命，在中国是不算什么的，至多，不过供无恶意的闲人以饭后的谈资，或者给有恶意的闲人作"流言"的种子。至于此外的深的意义，我觉得很寥寥，因为这实在不过是徒手的请愿。

（《鲁迅全集》第三卷，200页）

这用"反语"表现极沉痛的情感，讽刺当时反动统治虐杀青年的罪行，赞颂刘和珍等为爱国而牺牲的伟大精神。"有限的几个生命不算什么"，这话里所含的哀痛的情思，是极深刻的。

例（二）鲁迅《论"费厄泼赖"应该缓行》：

……但这"费厄"却又变成弱点，反而给人利用了来替章士钊的"遗泽"保镖。

（《鲁迅全集》第一卷，359页）

"遗泽"，遗留的恩惠，用在这里，是属反语，是造罪孽的意思。

例（三）《别了，司徒雷登》：

好办法，美国出钱出枪，蒋介石出人，替美国打仗杀中国人，"毁灭共产党"，变中国为美国的殖民地，完成美国的"国际责任"，实现"对华友好的传统政策"。

（《毛泽东选集》第四卷，1498 页）

"好办法"是反话，本意是恶毒计策。

例（四）《论联合政府》：

我们的反人民的英雄们根据这种分裂方针所准备采取的步骤，有把他们自己推到绝路上去的危险。

（《毛泽东选集》第三卷，1069 页）

"英雄"这个词用在这里，明显是反话。

例（五）郭沫若《第二次世界和平大会讲演辞》：

美国杜鲁门先生和艾奇逊先生最近不是还在说他们是我们东方的好朋友吗？——哎，岂止好朋友，简直是我们东方的大恩人啦。

五十年来，我们受着日本帝国主义的长期侵略，由于国贼蒋介石媚外卖国的政策，招致一九三七年以来的大举进侵，我们费了八年的艰苦抗战，算把日本帝国主义打败了；当我们抗战的前期，首先而且唯一的帮助我们的是苏联。美国呢，不断和日本帝国主义打交道，把废铁、棉花、机器大量卖给日本人，让他们一转手用来屠杀我们，使我们牺牲了无法统计的生命财产，这就是美国好朋友所给予我们的大恩惠啦。

辞面是"大恩人"，本意是大仇人，有揭露的巨大力量。

（乙）愉快反语例：

例（六）《三千里江山》：

姚大婶听人夸奖闺女，心都开了花，故意装出厌烦样子，皱着眉说："罢呀，有什么福好享，有个豆腐。不知哪辈子该下她的，折磨死人了。一个大闺女家，不说在家里学个针头线脑的，天天跟她爹一样去上班，这也罢了，谁知又交上个朋友，闹起自由来了。于今时兴这个嘛，咱老脑筋，看不惯也得看。这不是，眼看要出门子了，连针线都拿不起来，还得我给她操劳着赶嫁妆，不对心事还挑眼，累死也不讨好！"

（5 页）

姚大婶这段话表面好像嫌厌她的女儿，实际正是含着疼爱的情意。

又如把"可爱"的说做"可憎"的，把"亲爱的"说做"冤家""对头"，这些都算是愉快的得意的反语。

（3）反语式运用条件。

第一，在一定语境下（包括上下文），所说明的事物情况必须是群众所熟悉的，这样运用反语，才可能得到群众的理解。

第二，社会的习惯说法如"好不热闹""差一点没有跌倒"这些不能算做反语，反语是针对事物的具体情况临时运用的。如针对"诈伪者"，说他是"老实人"；针对"蠢材"，说他是"聪明人"等。

第三，辞面和本意须有对立的关系（要针锋相对），因此，要考虑选用反义词问题。反义词是反语辞式的材料。

（三）撇 语

撇语式 撇语式是先把容易跟主体相混的事情或跟主体相似的现象用否定语撇开，然后揭出主体的本质，这样就使主体特别明朗豁亮，并能使听众读者对所表现的事物有深刻的认识，有准确的理解。

（1）撇语式的分类。

可按内容的性质区分为两类：

（甲）核实的撇语。

例（一）《湖南农民运动考察报告》：

> 革命不是请客吃饭，不是做文章，不是绘画绣花，不能那样雅
> 致，那样从容不迫，文质彬彬，那样温良恭俭让。革命是暴动，是
> 一个阶级推翻一个阶级的暴烈的行动。农村革命是农民阶级推翻封
> 建地主阶级的权力的革命。农民若不用极大的力量，决不能推翻几
> 千年根深蒂固的地主权力。

> （《毛泽东选集》第一卷，18 页）

说革命不是像请客吃饭、做文章、绘画、绣花那样文绉绉，客客气
气，而是阶级的暴烈行动，这样，就揭示出革命的本质，发挥伟大的说
服力。

例（二）魏巍《汉江南岸的日日夜夜》：

> 为什么呢，为什么这个大名鼎鼎的帝国主义二十多万军队二十
> 多天连十多公里都走不了呢？是他们的炮不行吗？不是。……
> 是他们的飞机不多吗？不行吗？或者是它们和地面的配合不好
> 吗？也不是。……那么，是因为它们攻得不积极吗？更不是。……
> 那么，到底是因为什么呢？原因很简单，这就是在敌人的面
> 前，在汉江南岸的狭小的湾头阵地上，隐伏着世界上第一流勇敢的
> 军队，隐伏着具有优越战术素养的英雄的人！

> （《朝鲜通讯报告选》113—114 页）

论断帝国主义军队困滞的原因，指出不是飞机问题，更不是攻得不
积极，真正的原因是汉江南岸阵地上隐伏着勇敢的军队和英雄人物。这
就从对面衬映出志愿军的威力。由于用否定语扫开了不准确的见解，就
使主体帝国主义军队困滞的真因特别豁露出来。

例（三）陈伯达《批判地继承和新的探索》：

新的伟大时代，需要一批又一批的灿烂的群星，需要许许多多
新的多才多艺的人物，需要新的大学问。这种新的学问，不是孔子
老子的学问，不是程子朱子的学问，不是顾炎武戴震的学问，不是
康有为梁启超的学问，而必须是超轶中国一切前人所达到的成就的
学问，必须是在无产阶级世界观的指导下的理论和实际相结合的
学问。

（《红旗》1959 年 13 期）

撇开中国过去历代学术家的旧学问，揭出新的伟大时代需要的新学
问——无产阶级世界现指导下的理论与实际相结合的学问，主旨高度明
朗，对科学研究工作有重要的指导意义。

（乙）委婉的撇语。

例（四）民歌《东山上升起红太阳》：

东山上升起红太阳，
那不是太阳是毛主席的光芒，
毛主席就是红太阳。
……
东西山下是大海洋，
那不是海洋是毛主席的人民，
人民就像大海洋。"

（《红旗歌谣》28 页）

前节用撇语式表现出对伟大领袖毛主席的最高度的敬爱，后节用同
样辞式表示对广大的人民的深爱。

例（五）《站在高山上》：

站在高山向西看，一条白带绕丛山，
不是带，原是新开公路上岭来。

站在高山往西瞧，朵朵白云山上飘，
不是云，原是钻井工房搭山顶。

站在高山往下望，井场流水翻黑浪，
不是水，原是原油出闸展翅飞。

（《红旗歌谣》320 页）

用撇语式说不是带、云、水，而是公路、工房、原油，这深刻而委婉地表现祖国建设、生产的跃进盛况，并流贯着赞颂的热情。

（2）撇语式和比喻式的差别。

撇语有的作形象的否定，如例（一），有人把这种撇语式当作比喻式，叫它做"反比"，我们不同意。我们认为比喻式本体与喻体的关系是肯定式，不是否定式。这是比喻的本质特征。而撇语式的特点是"否定"，本质是不相同的。

（3）撇语式在语体中的应用。

说理文（政论文、科学论文）跟文艺作品运用撇语式有点差别。说理文用撇语（甲类）一般表示认真态度，表示实事求是的精神。文艺用它（乙类）是为的表现曲致，通过它可以使抒情写景显得委婉深刻。

（四）问　语

问语式　问语式又名"设问"，是适应语境（包括上下文）需要，把确定的意思用正问句式或反问句式表达出来。有的发出正问，自作答案；或只提问题，不作解答。有的发出反问，暗含本意。这种问语具有艺术性，能正确反映思维过程，能掀起说话或文章的波澜，能使群众集中注意力，能引起深刻活泼的思考，有的并能激起群众的感情。

有人说：问语应属句法范畴。我们说，就问句语气本身说，是应属于语法，但就问句的具体运用、表达作用，以及交际效果方面说，就属于修辞范畴。从这个问题正可以看出语法和修辞的相关点与相异点。

（1）问语的分类。

可按问句的语气区分为两类：

（甲）正问——自问自答。明确答案，往往紧跟在问句的后面（有的是有问无答）。

例（一）《矛盾论》：

> 为什么鸡蛋能够转化为鸡子，而石头不能够转化为鸡子呢？为什么战争与和平有同一性，而战争与石头却没有同一性呢？为什么人能生人不能生出其他的东西呢？没有别的，就是因为矛盾的同一性要在一定的必要的条件之下。缺乏一定的必要的条件，就没有任何的同一性。

> （《毛泽东选集》第一卷，319 页）

通过特指的问答式，极有力极深刻地说明矛盾同一性的真理（"为什么"是表示特指问）。

例（二）《整顿党的作风》：

> 我们所要的理论家是什么样的人呢？是要这样的理论家，他们能够依据马克思列宁主义的立场、观点和方法，正确地解释历史中和革命中所发生的实际问题，能够在中国的经济、政治、军事、文化种种问题上给予科学的解释，给予理论的说明。我们要的是这样的理论家。

> （《毛泽东选集》第三卷，816 页）

通过特指问答式说明我们所需要的理论家问题。这种说法，具最高度的准确性。

例（三）《游击区也能够进行生产》：

许多人说：人稠的地方没有土地。果真没有土地吗？请看晋察冀："……"

农业生产是可以的，手工业及其他生产大概不能吧？果真不能吗？请看晋察冀："……"

游击区战斗那样频繁，军队从事生产，恐怕要影响作战吧？果真如此吗？请看晋察冀："……"

（《毛泽东选集》第三卷，1022 页）

这是询问句和祈使句结合。

例（四）郑元庆《第二家乡》：

谁说海风鱼腥气？我嗅到比花还香。
谁说海水苦涩味？我尝到比蜜还甜。
谁说海岛荒凉？在我眼里它是乐园。
谁说海洋凶险？我把它当作第二家乡。

（《中国人民解放军战士诗选》11 页）

用问答句式、辩解的语态表现对海风、海水、海岛的热爱，托出了自己保卫祖国边疆的一片忠心。

例（五）柳清波《劈山英雄》：

河里的鱼天上的星，
采石英雄的事迹数不清，
万丈高山你们劈了一半，

谁看见谁不感动？

北风在吼叫，

雪花打窗棂，

寒冷的雪夜，

是谁睡在牛棚？

是你们——采石的英雄。

鸟儿不敢出窝，

草儿在雪地下过冬，

大地上一片寂静，

是谁在深山里凿着山峰？

是你们——采石的英雄。

　　　　（《中国人民解放军战士诗选》118—119页）

　　通过问答句式描写采石英雄们在冰天雪地中的生活和劳动，表示对英雄们的深深的敬意。

　　例（六）方孜行《是谁……》：

是谁在别国领土上，

建起蛛网般的军事基地？

是谁用无数枚导弹，

压得亿万人民喘不过气？

是谁把黑色炮口，

指着中苏两国的屋脊？

是谁向苏联领空，

开进了海盗式的飞机？

是谁煞费苦心地，

破坏了四国首脑会议？

是谁使世界人民，

面临着新战争的危机……？

是口蜜腹剑的艾森豪威尔！

是侵略成性的美帝国主义！

魔鬼的两手血迹斑斑，

屠夫的身上充满腥气。

（《人民日报》1960 年 5 月 27 日）

通过问答辞式，有力地揭露美帝国主义头子的罪行和阴谋，表极度的愤怒，作强烈的谴责。

有的只提出问题而不作解答，这样就可以引起深思，引起警悟。

例（七）《湖南农民运动考察报告》：

一切革命的党派、革命的同志，都将在他们面前受他们的检验而决定弃取。站在他们的前头领导他们呢？还是站在他们的后头指手画脚地批评他们呢？还是站在他们的对面反对他们呢？每个中国人对于这三项都有选择的自由，不过时局将强迫你迅速地选择罢了。

（《毛泽东选集》第一卷，13—14 页）

例（八）魏巍《书写鲜红的历史》：

同志们！让我们想一想，我们的历史是涂了些什么样的颜色呢？是鲜红的呢？还是颜色浅淡的粉红的呢？或者是还夹杂灰色的斑点呢？我不知道每个人将怎样来回答这个问题。

（《人民日报》）

例（七）、例（八）是在选择问句中具有指示的重大意义的。

（乙）反问（又名激问）。用反问的句式（肯定或否定）表确定的意思，坚决的态度。说者（或作者）自己不作答案，让听众读者从问语中推见应当得到的答案。实际，答案是寓于反问句的反面。表面是否定的，实质是肯定；表面是肯定的，实质是否定。

在一定情况下，这种辞式比起正面更有鼓动力量。反问语气中带感叹情味，容易让群众集中注意力，容易引起群众的想象和激情。

例（九）刘白羽《红玛瑙》：

> 是的，我们在这儿（指延安——引者）过过最美好的生活。在这些纪念馆里，我看到了陕北工农红军战斗的长矛和南泥湾开荒用的锄头，有纺车，有镰刀，有扁担，有白色原木钉制的办公桌椅，有马兰纸印的报刊文件，我像看到了最亲的亲人，这一切都在散发着当年生活的芬芳。这是开天辟地、创造新世界的生活。世界上难道还有什么比这更激动人心的生活吗？
>
> （《红玛瑙集》169—170 页）

说"难道还有什么比这更激动人心的生活吗"，实际上正是"再没有……"。这段话极热烈地赞颂开天辟地的延安革命生活。

例（十）《质问国民党》：

> ……难道尽撤河防主力，倒叫做增强抗战吗？难道进攻边区，倒叫做增强团结吗？
>
> （《毛泽东选集》第三卷，905—906 页）

通过反问式，将国民党反动派的言与行作了对照，有极大的讽刺力量。所说"叫做"，实际是断乎不是。表面肯定而实质是强烈的否定。

例（十一）《评蒋介石在双十节的演说》：

　　蒋介石及其一群历来是日本帝国主义诱降的对象，难道不是事实吗？……

（《毛泽东选集》第三卷，1006 页）

本意真正是事实。表面否定而实质肯定。

例（十二）《保证中立乎？国际共管乎?》：

　　……人们要问，这样的一个机构究竟是国际监督机构呢？还是国际统治机构呢？完全可以设想这样一种情景：当腊斯克的这样一个国际机构成立以后，只要是美国，或者美国在老挝邻近的仆从国，或者美国在老挝国内的任何一个代理人，提出所谓“控诉”来，那么它就可以使用自己的舟车、飞机在老挝的天上地下横行无忌。请问，腊斯克把老挝的主权置于何地？尽管腊斯克也谈到“中立必须和主权相一致”，但是，腊斯克的这种主张岂不是根本否定了老挝是一个主权的国家？

（《人民日报》1961 年 5 月 20 日）

本段最后通过反问式，揭破腊斯克危害老挝主权的阴谋。

（2）问语“反问辞式”和各种问句结构。

反问辞式，除去采用是非式问句（如惯用“难道”等语气副词，句尾加“吗”以呼应），还可以酌用其他种问句方式，如选择式、正反式、特指式问句。活用各种问句方式，不但能从反面借疑态表现高度的坚决判断，并且能表现复杂的语气和生动的语态。

“选择式的反问句”，是几个成分（起码两个）的联合。它和选择式的正问不同。正问是提出几种意思，听任对方选择，而说话人原无确定的意见；反问不是这样，是说话人有确定的意见，特地结合实际，采用任选的说法以加强语势。有时用于斗争，有揭发罪行、揭破阴谋、揭穿虚伪性的作用。

例如《冷静些吧，腊斯克！》：

腊斯克！全世界人民的眼睛都在看着你们美国代表团：你们到日内瓦去，究竟是为了参加会议呢，还是破坏这次会议的举行呢？

（《人民日报》1961 年 5 月 15 日）

这句实际是确定后者，是揭露美帝国主义破坏会议举行的罪行。

又例如《保证中立乎？国际共管乎？》：

现在，人们可以看得很清楚了，腊斯克皮包里藏着的所谓保证老挝"独立和中立"的蓝图，实际上是一份破坏老挝独立和中立的阴谋计划。美国企图按照腊斯克给老挝中立所下的定义，通过腊斯克所设计的"国际监督机构"和监督援助的"国际组织"，粗暴地破坏老挝的独立，侵犯老挝的主权，干涉老挝的内政，把老挝实际上置于国际共管之下。

（《人民日报》1961 年 5 月 20 日）

这篇标题是用选择反问句方式，实际也是确定后者，是揭破美帝国主义对老挝的阴谋，使所谓"国际监督机构"凌驾在老挝王国政府之上，任意干涉老挝的政治、军事、经济以至其他方面的事务。

选择反问句式有各种各样，有的把本意肯定的和否定的平列起来（上面所举的就是这样的例子），起对照作用；有的是只把本意否定的列举出来而不露肯定的事情，这样有含蓄的作用。含蓄是为的加强语意。

"正反式的反问句"，和正反式问句是一件事情的正反两面的询问。正反式的反问和正问不同，正问是表实际疑问，而反问恰恰是表示实际确定。有的是意在肯定，有的在否定，都有强调作用。

例《小二黑结婚》：

无故捆人犯法不犯？
· · · ·

是意在肯定方面，强调犯法。
又例《把一切献给党》：

我再也忍耐不住了，就上前问他："你到底讲理不讲理？"
· · · · ·

是意在否定方面，强调对方的不讲理。
两例都属质问、斥责的语气。
"特指问式"也有时可以充当"反问句"。特指句用疑问代词表示特指的对象。特指式的反问句和特指的正问的差异是：反问用特指疑问表示确定，疑问代词是虚性的；而正问是表示真正对事情的某方面的疑问，疑问代词是实性的。
特指反问例如《湖南农民运动考察报告》：

……嘴里天天说"唤起民众"，民众起来了又害怕得要死，这和叶公好龙有什么两样！
· ·
（《毛泽东选集》第一卷，44页）

意思是强调断定这和叶公好龙没有两样，是完全一样。疑问代词"什么"是虚性的。
又例《暴风骤雨》：

"好年成，劳金能拿回三十石粮吗？"萧队长问。
"那哪能呢？顶多能拿七八石。"郭全海回答。
（249页）

意思是强调断定不能拿回三十石。疑问代词"哪"是虚性的。

各种问句表现反问语气虽然各具特点，但是有个共同点就是都借疑态以表示坚信的意义，用询问的句式以表示高度确定的意思。

语气最明显的是"是非式"的反问，有些例子语句本身就足以表明反问的精神。说话做文常常运用这种句式。其余各式的运用往往要依靠具体语境、上下文，说话人考虑实际需要，有时自然地配合运用几种句式。

（3）问语式在各类语体中的应用。

各类语体，文艺作品、政论文、科学论文、公文、口头语、书面语，都有时需要问语式。诗歌和文艺散文的问语式，有抒情作用，通过问语（正问式）可以委婉地深刻地表达情感。政论文、科学论文的问语式，有的是解说，有的是辩论。解说辩论用问语式，主要是为的树立对立面，揭露矛盾的实质。

（五）引　语

引语式　引语式是引用社会现成话以说明新问题新道理，表现自己的思想感情，反映自己的见地（现成话不限于成语，范围很大，包括成语、谚语、格言、古代典籍中的语句等）。运用本类辞式，必须根据"古为今用"原则，体现"推陈出新"的精神。

（1）引语式的分类。

可按引用的方式和态度两种标准来划分。按方式可分直接引语（明引）、间接引语（暗引）两种。按态度可分"正用""翻用""半用"三种。后一个标准比较更有意义。直接引语（明引）是提出原话的出处，例如：某人说，某书说。间接引语（暗引）不提话语的出处，那引用的话和自己所说的融合一起。下面就态度上分类举例说明。

（甲）正用（肯定的）——借现成话的正面，发挥自己的本义新义，表示自己的独创见解。利用老话说明现实的问题。

例（一）《矛盾论》：

一句话，不了解矛盾各方的特点。这就叫做片面地看问题。……孙子论军事说："知彼知己，百战不殆。"他说的是作战的双方。唐朝人魏徵说过："兼听则明，偏信则暗。"也懂得片面性不对。可是我们的同志看问题，往往带片面性，这样的人就往往碰钉子。

（《毛泽东选集》第一卷，301页）

借孙子和魏徵的话说明"看问题要全面"的重要道理，给老话以新的意义，对同志们进行唯物辩证法的教育。

例（二）《论持久战》：

游击战争没有正规战争那样迅速的成效和显赫的名声，但是"路遥知马力，事久见人心"，在长期和残酷的战争中，游击战争将表现其很大的威力，实在是非同小可的事业。

（《毛泽东选集》第二卷，489页）

引用谚语"路遥知马力，事久见人心"，赞叹游击战争在抗日持久战中的巨大威力。这段话表现英明的战略思想并饱含诗情。

例（三）《论联合政府》：

"流水不腐，户枢不蠹"，是说它们在不停的运动中抵抗了微生物或其他生物的侵蚀。对于我们，经常地检讨工作，在检讨中推广民主作风，不惧怕批评和自我批评，实行"知无不言，言无不尽"，"言者无罪，闻者足戒"，"有则改之，无则加勉"这些中国人民的有益的格言，正是抵抗各种政治灰尘和政治微生物侵蚀我们同志的思想和我们党的肌体的唯一有效的方法。

（《毛泽东选集》第三卷，1097页）

引用一连串的古代中国人民的格言说明无产阶级的批评和自我批评的原则。

例（四）《海内存知己，天涯若比邻》：

> 中国和古巴两国远隔重洋，各在一方。但是正如中国古话所说的"海内存知己，天涯若比邻"。反对美帝国主义和保卫世界和平的事业，把我们两国人民紧密地联系在一起。
>
> （《人民日报》1960 年 9 月 29 日）

引用唐代诗人王勃《送杜少府之任蜀川》篇诗句，赞颂中古两国建立在反对美帝国主义和保卫世界和平的共同事业基础上的崇高友谊，表现新意义新情感。

例（五）郭沫若《关于文风问题答〈新观察〉记者问》：

> 我是并不反对长文章的，尤其是要写重大的问题或重大的理论，那是非长不可的。但即使必须写长文章，也要遵守经济的原则，应当长就长，应当短就短。《庄子》上有这样几句话："凫胫虽短，续之则忧；鹤胫虽长，断之则悲。"这同样适用于写文章。
>
> （《新观察》1958 年第 7 期）

引用《庄子·骈拇》篇的话，说明文章的长短应服从实际需要，遵循表达规律。

（乙）翻用（否定的）——提出成语加以辩驳，这种辞式一面借着辩驳以阐明真理，一面又有批判成语的作用。

例（六）《湖南农民运动考察报告》：

> ……上面所述那些所谓"过分"的举动，都是农民在乡村中由大的革命热潮鼓动出来的力量所造成的。这些举动，在农民运动第

二时期（革命时期）是非常之需要的。在第二时期内，必须建立农
民的绝对权力。必须不准人恶意地批评农会。必须把一切绅权都打
倒，把绅士打在地下，甚至用脚踏上。所有一切所谓"过分"的举
动，在第二时期都有革命的意义。直言之，每个农村都必须造成一
个短时期的恐怖现象，非如此决不能镇压农村反革命派的活动，决
不能打倒绅权。矫枉必须过正，不过正不能矫枉。

（《毛泽东选集》第一卷，18—19 页）

　　引原来是贬义的成语"矫枉过正"加以辩驳。说"矫枉必须过正"，
改变贬义为褒义。实际就是批判改良派思想保守倾向，而发挥了革命的
意义。通过成语的革新来提高群众对革命的认识。

　　例（七）《谁说鸡毛不能上天》的按语：

　　　　几千年以来，谁人看见过鸡毛能够上天呢？这似乎是一个真
理。如果党不给以批评，它就会使许多贫农和下中农感到迷惑。其
次，在干部方面，又其次，在物质力量例如贷款方面，如果都得不
到党和国家的支持，合作社就会发生很大的困难。……穷人要翻身
了。旧制度要灭亡，新制度要出世了。鸡毛确实要上天了。在苏
联，已经上天。在中国，正在上天。在全世界，都是要上天的。

（《中国农村合作化高潮》中册，778 页）

　　引用俗语"鸡毛不能上天"加以批驳，根据历史唯物主义观点，论
断"鸡毛确实要上天"，对破除迷信、解放思想有极大的意义。

　　（丙）半用（半肯定半否定）——征引成语，肯定一半，否定一半；
或肯定一面，否定一面。

　　例如成语"隐恶扬善"，我们对这话应该采用一半而抛弃一半。扬
善该肯定，而隐恶该否定。对于"恶"是要暴露，不该隐讳。

　　例（八）樵渔《谋事在人，成事在人》：

　　诸葛亮有句名言："谋事在人，成事在天。"在六亿人民尽舜尧的现在，他们既有神机妙算的高度智慧，又有意气风发、斗志昂扬的冲天干劲。那么，谋事固然在人，而成事也就不由天作主了。……"谋事在人"，这是我们的努力；"成事在人"，这是我们的信念。向着预定的目标——战胜灾害，确保丰收，百折不挠，战斗到底吧！

（《新观察》1959 年 17 期）

　　这也算半用引语辞式的例子。引诸葛亮话，肯定一半（"谋事在人"），否定一半（"成事在天"）。把成事在天改作成事在人，利用成语以发挥新道理，有现实战斗的意义。

　　例（九）艾思奇《有的放矢及其他》：

　　我喜欢读荀子《劝学》篇的这一段话："君子之学也，入乎耳，著乎心，布乎四体，形乎动静。端而言，蠕而动，一可以为法则。小人之学也，入乎耳，出乎口，口耳之间则四寸耳，曷足以美七尺之躯哉？"由一只耳朵里进，一只耳朵里出的学习，这等于不学习。由耳朵里进，只从嘴里出来的学习，这是教条主义的学习。这样的学习，的确是荀子所说，是很不漂亮的。要做得漂亮，就必须收进耳里，深深地记在心里，结合在影响全身的感情里，表现在一行一动里。自然，荀子的话有一点必须批判改正：他指出的是"君子"之学，就是说学做压迫人民的统治阶级。然而压迫人民的统治阶级都是需要欺骗的，都不能言行一致的。我们的学习则是要努力站到相反的立场上：即学习做"老百姓的勤务员"，学习"全心全意"地"为人民服务"。只有为着这样的革命目的的学习，才能够真正做到言行一致，才能够漂亮，"足以美七尺之躯"，也就是能在广大人民面前显得光彩。

（163—164 页）

引用荀子《劝学》篇中论学习的一段话，肯定注重实践，要求言行一致的一面；否定他所说的学习目的是为做统治阶级的一面。

（2）引语修辞方式和成语词汇的区别。

成语的来源、意义、结构等是属于词汇范畴；而引语辞式是适应具体情况，根据一定主旨、目的，选择现成话而自由灵活运用，是老话新用，是说话人的创造活动。成语是引语辞式的一种材料。引语辞式所引的话，有的是一个词组，有的是一个句子，有的是几个句子；成语，一般是一个词组。

（3）引语式的发展。

汉语引语式，从古就大量运用，但过去的引语式和现时的有很大的差异。过去的引语，用典往往是偏于因袭方面，偏于消极保守方面；现在引语有积极灵活性，结合实际，根据发展观点，对老话、现成话加以改造革新。

现代汉语引语有新的发展。一面继承现成话的优美的传统格式，一面改变它的内容，这样就能够正确反映新事物、新思想，并且对群众起很大的感染作用。大略说来，现时现成话的革新创造，有后面一些方式：改变色彩、扩大数量、倒反原语、镶嵌解释语等方面。

（甲）改变色彩。变贬义为褒义，或改褒义为贬义，赋予旧词语以新的意义色彩。

变贬为褒例：

如"异想天开"一语，本具贬义，批评好作奇想的人，现在将贬义变为褒义，赞扬敢想敢创造的。

又如"标新立异"，本表贬义，现时改作褒义。如说：标社会主义之新，立社会主义之异。

改褒为贬例：

如"明哲保身"、"行若无事"等语都原属褒义，现在用以表贬义，带讽刺的意味。

（乙）扩大数量例：

原来是"一举两得""一箭双雕"。现在人们用时，有的就扩大成"一举三得""一箭三雕""一箭多雕"等。

（丙）倒反原语例：

倒过来的：如"能者多劳"，现在改作"劳者多能"。反过来的：如"知难而退"，现在改作"知难而进"。"天有不测风云"，现在改作"天有可测风云"。

（丁）镶嵌解释语例：

对成语"乘风破浪"镶嵌解释语：说成"乘社会主义之风，破资本主义之浪"。

运用以上方式改变现成话，这样就使引语辞式的内容更加丰富充实，就使老话用在一定语境中表现出深刻的现实意义。

（六）幽　默

幽默式　广泛地讲，幽默和讽刺二者一类，都是表现对待可笑的事物的态度。细讲起来，也有其差别。二者的差别点在于：幽默是轻松愉快地风趣地对待某些可笑的事物，讽刺是以严肃态度在发笑中否定某事物现象。但二者的界限并不永远是绝对的。

幽默是利用语言条件，对事物表现诙谐滑稽的情趣。特点是表示轻松愉快的态度。它的基础是"真实"。我们要辩证地看，幽默的后面还是具有严肃性的。对自己人的幽默和对敌人的幽默有本质的差异。恩格斯对幽默很重视。他在论对敌人的幽默时说："幽默是坚强而乐观的阶级的特色，这个阶级怀着战斗意志，对自己的胜利具有信心，比敌人占着优势。""幽默是表明工人对自己事业具有信心并且表明自己占着优势的标志。"（《马克思恩格斯全集》第十五卷，423 页）又说："幽默是一定历史条件下的有效的战斗方式。"（《马克思恩格斯全集》第二十七卷，355 页）这些话的意思总括起来就是：对敌人的幽默是表示蔑视敌人，表明自信乐观，是一种战斗方式。

（1）幽默式的种类。

可按嘲笑的对象区分为以下三类：

（甲）一般的幽默。

例（一）《反对党八股》：

> 拿洗脸作比方，我们每天都要洗脸，许多人并且不止洗一次，洗完之后还要拿镜子照一照，要调查研究一番，（大笑）生怕有什么不妥当的地方。你们看，这是何等地有责任心呀！我们写文章，做演说，只要像洗脸这样负责，就差不多了。……一个人偶然一天两天不洗脸，固然也不好，洗后脸上还留着一个两个黑点，固然也不雅观，但倒并没有什么大危险。写文章做演说就不同了，这是专为影响人的，我们的同志反而随随便便，这就叫做轻重倒置。
>
> （《毛泽东选集》第三卷，840—841页）

用洗脸事情衬托写文章、做演说，劝同志们加强说话写作的责任感，使人在幽默中领略到严肃的意义。

例（二）鲁迅《故乡》描绘杨二嫂豆腐西施缠足妇人的姿势，流露幽默味：

> ……却见一个凸颧骨，薄嘴唇，五十岁上下的女人站在我面前，两手搭在髀间，没有系裙，张着两脚，正像一个画图仪器里细脚伶仃的圆规。
>
> （《鲁迅全集》第一卷，65页）

用"圆规"构成明喻，在表现高度类似点中刻画了杨二嫂的形象，很富于幽默味。

例（三）《小二黑结婚》写三仙姑的打扮，充满幽默感：

三仙姑却和大家不同，虽然已经四十五岁，却偏爱当个"老来俏"，小鞋上仍要绣花，裤腿上仍要镶边，顶门上的头发脱光了，用黑手帕盖起来，只可惜官粉涂不平脸上的皱纹，看起来好像驴粪蛋上下上了霜。

（3 页）

用"下上了霜的驴粪蛋"的形象比方三仙姑充满皱纹的脸上涂官粉，尖锐表现出她的年龄与扮装不适应的"老来俏"可笑的情况。

（乙）对敌人的幽默。

例（四）《保卫延安》：

……有的人还骑在刚缴来的大炮上，担架队员用担架抬着缴获来的枪械、子弹。部队奉命马上转移，战士们带着俘虏，背上新枪，扛上子弹，边走边唱：蒋介石，运输大队长，派人送来美国枪……

（62 页）

"蒋介石运输大队长送枪"这句幽默话，鲜明地表现出战斗胜利的欢欣和对敌人的轻蔑态度。

例（五）刘白羽《火光照红海洋》：

……但是十分有意义的，是这海边前沿阵地炼钢炼铁的火焰中，也还有艾森豪威尔和杜勒斯们送来的一部分原料，这就是落在我们地面上的碎弹片。在福建前线阵地，现在，炮战一日，第二天天亮一看，干干净净，连一点碎弹片渣子都没有了。我们的炮兵不但管打炮，而且还展开了拾弹片的竞赛。……唯武器论者总以为炮弹能吓人，但是，炮弹在这儿遇到比他还强烈的人，炮弹变为被嘲笑的对象。当我和围头村一群男女青年民兵聚集在一起时，他们给我唱出了这样的歌子：

"蒋军官兵净傻瓜，用炮光打大地瓜。像这样炮弹多打几炮，明年下种省深挖。"

炮兵战士则在自己炮工事的墙壁上写下这样的诗句："金门蒋军瞎胡闹，没有目标乱打炮。钢铁送来真不少，同志们见了哈哈笑。"请看，这种自豪心不就像这黑夜间照红大海的火焰一样高、一样旺吗？

（《万炮震金门》25—26 页）

叙福建前沿炼钢的战士们用艾森豪威尔送来的原料——落在地面的碎弹片来炼钢的情节表现了强烈的幽默感。这幽默是从自豪心发出的，是从蔑视敌人的态度发出的。

（丙）对自然的幽默，反映劳动人民的生产劳动劲头，流露风趣，表现乐观主义态度。

例（六）《太阳没我起得早》：

太阳没我起得早，
星星要和我赛跑，
月亮掉队西山挂，
公鸡窝里睡懒觉。
苦练操作三五遍，
太阳羞得红了脸，
星星认输忙躲藏，
月亮气得掉下山。

（《部队跃进歌谣选》21—22 页）

说太阳羞愧、星星认输、月亮掉队，表现幽默趣味，衬托出战士的为保卫祖国而早起苦练的精神。

例（七）《战士与太阳》：

> 太阳太阳不害臊，
>
> 每天早上睡懒觉，
>
> 叫星星给俺做伴伴，
>
> 你为啥不听起床号？
>
> ……

（《部队跃进歌谣选》）

指责太阳贪睡并质问为啥不听号令，在表现幽默趣味中反映战士的早起操练的情况，显出战士的发愤图强的精神。

（2）幽默式的发展。

幽默式是汉语修辞重点辞式之一，汉语的口语、书面语，有时表现谐趣。不过汉语过去的幽默和现在的大不相同。过去大多是在个人问题上发出滑稽趣味，现在的幽默往往表现社会矛盾的尖锐性，表现对敌人的强烈的战斗性。现代幽默式还有一种新特点，就是对自然的嘲笑。这种幽默反映劳动人民群众改造自然的乐观主义精神，表现生产斗争过程中藐视困难的态度。像《红旗歌谣》中的《向太阳挑战》《找替工》等诗篇都是极好的例子。

（七）　讽　刺

讽刺式　利用语言条件，对敌人的言行或人民内部的反面现象在发笑中表示不妥协的、完全否定的态度，就是讽刺。讽刺必须以现实作基础，从严肃的态度发出来。

（1）讽刺的立场、态度、作用。

运用讽刺式要慎重，要站在人民立场，对不同的对象（敌人、朋友、自己队伍）采取不同的讽刺态度。毛主席《在延安文艺座谈会上的讲话》教导我们说："对于人民的缺点是需要批评的……但必须是真正站在人民的立场上，用保护人民、教育人民的满腔热情来说话。如果把同志当作敌人来对待，就是使自己站在敌人的立场上去了。我们是否废除讽刺？不是的，讽刺是永远需要的。但是有几种讽刺：有对付敌人的，有对付同盟者的，有对付自己队伍的，态度各有不同。我们并不一般地反对讽刺，但是必须废除讽刺的乱用。"（《毛泽东选集》第三卷，374 页）我们要仔细体会毛主席这段话，分清对敌人的讽刺和对朋友同志的讽刺的根本差异：对敌人用讽刺，是当作一种战斗武器来使用，这种讽刺要具有打击性、进攻性，要有揭发暴露的力量，要能击中要害。对朋友同志用讽刺，则是当作一种批评教育工具，这种讽刺是出于善意的，是与人为善的，要对症下药，有说服力。毛主席政论文中对于敌人和对于朋友同志的讽刺，都体现高度的原则性，是运用讽刺的榜样。

（2）讽刺式的分类。

可按讽刺的手法区分种类，讽刺的手法多种多样，约略分为后列几项：

（甲）用反语以讥讽。

例（一）鲁迅《记念刘和珍君》：

中国军人的屠戮妇婴的伟绩，八国联军的惩创学生的武功，不幸全被这几缕血痕抹杀了。

（《鲁迅全集》第三卷，199 页）

"伟绩""武功"用在这里，显然是反语，表尖锐的讽刺。

（乙）用比喻、较物以托讽。

用比喻（讽喻）例：

例（二）《新民主主义的宪政》：

他们是嘴里一套，手里又是一套，这个叫做宪政的两面派。这种两面派，就是所谓"一贯主张"的真面目。现在的顽固分子，就是这种两面派。他们的宪政，是骗人的东西。你们可以看得见，在不久的将来，也许会来一个宪法，再来一个大总统。但是民主自由呢？那就不知何年何月才给你。……他们口里的宪政，不过是"挂羊头卖狗肉"。他们是在挂宪政的羊头，卖一党专政的狗肉。我并不是随便骂他们，我的话是有根据的，这根据就在于他们一面谈宪政，一面却不给人民以丝毫的自由。

（《毛泽东选集》第二卷，729—730 页）

用"挂羊头卖狗肉"的比喻的成语，描绘顽固派宪政的两面派的丑态，暴露所谓"一贯主张"的真面目。

例（三）《反对党八股》：

党八股的第四条罪状是：语言无味，像个瘪三。上海人叫小瘪三的那批角色，也很像我们的党八股，干瘪得很，样子十分难看。如果一篇文章，一个演说，颠来倒去，总是那几个名词，一套"学生腔"，没有一点生动活泼的语言，这岂不是语言无味，面目可憎，像个瘪三吗？

（《毛泽东选集》第三卷，838 页）

用"瘪三"作喻体，描绘党八股丑象的一面（干瘪无味），说党八股像瘪三，瘪三像党八股，回环比喻，表示憎恶。

例（四）《周外长驳斥艾奇逊的谈话》：

艾奇逊对于新缔结的中苏两国的伟大同盟关系，企图继续进行挑拨，但是稍有常识的人都知道，他的卑鄙的造谣诬蔑，不过等于一只蜉蝣想去撼动世界和平的万里长城而已。

（《人民日报》1950 年 3 月 18 日）

用"蜉蝣撼动和平的万里长城"讽刺艾奇逊对中苏伟大同盟关系企图进行挑拨，充分表现出对美帝国主义鄙视蔑视态度。

例（五）夏衍《包身工》：

> 厂家除了在工房周围造一条围墙，门房里置一个请愿警和门外钉一块"工房重地，闲人莫入"的木牌，使这些"乡下小姑娘"和别的世界隔绝之外，完全地将管理交给了带工的老板。这样，早晨五点钟由打杂的或者老板自己送进工厂，晚上六点钟接领回来，他们就永没有和"外头人"接触的机会。所以以包身工是一种"罐装了的劳动力"，可以"安全地"保藏，自由地采用，绝没有因为和空气接触而起变化的危险。

> （《光明》1936 年创刊号）

这用"罐制品"比喻工厂老板所用的"包身工人劳动力保藏法"，以形象的讽刺，对包身工的剥削制度给以彻底揭露。

用较物例：

例（六）鲁迅《狗·猫·鼠》：

> ……虫蛆也许是不干净的，但它们并没有自鸣清高；鸷禽猛兽以软弱的动物为饵，不妨说是凶残的罢，但它们从来就没有竖过"公理""正义"的旗子，使牺牲者直到被吃的时候为止，还是一味佩服赞叹它们。

> （《鲁迅全集》第二卷，218 页）

以"虫蛆的肮脏""鸷禽猛兽的凶残"作比方，并且进一步把所谓"正人君子"和蛆虫、鸷禽猛兽作比较，使人们了解到"正人君子"肮脏而自鸣清高，凶残而打起公理旗子，是连禽兽虫豸也不如。这用较物辞式讽刺当时北京的所谓"正人君子"（伪善者），尖锐而有力。

（丙）用对照辞式揭露人物的"言"与"行"的矛盾、言论的自相矛盾、行动与行动的矛盾。

例（七）农民诗《印子钱》：

> 为人莫借印子钱，
> 一年借，十年还，
> 剥个尾巴算不算，
> 不算！不算！
> 过上几年脸一变，
> 又算你三万两万。

（《东方红诗选》17 页）

写出地主阶级放高利贷的黑心辣手情况，揭出地主"言""行"的虚伪和奸诈。

例（八）《地主李仲华》：

> 高庄地主李仲华，
> 性情实在过狡猾：
> 表面哭穷装洋蒜，
> 心里乞人可怜他。
> ……跳到河里喊救命，
> 没有人理他往上爬。

（《东方红诗选》55—56 页）

用"跳河"和"喊救命"没人理、他自己"往上爬"的两方面的矛盾行为的对照，强烈讽刺地主的伪装。

例（九）《如此"和平意图"》：

美国总统在他的咨文中一开始就表示"致力于和平事业"的决心，这确实是一个"动听的诺言"。多少年来，美国当局的"实力"政策翻搅起来的战争乌云和紧张空气遭到了全世界的一致谴责；现在他宣布下定决心"致力于和平事业"了，人们怎能不表示欢迎呢？但是，艾森豪威尔就在说完这句话几秒钟之后，马上声明要美国"献出任何一点力量"，来提供"真正威慑力量"，而且就得意忘形地炫耀起美国的"威慑力量"来：……在这里姑且不论所有这些关于"威慑力量"的谈论有多大价值，能吓唬得了谁，但它们至少起了一个作用，那就是：拆穿了所谓美国将"致力于和平事业"的把戏！一面侈谈和平，一面却又挥舞导弹和核武器，还有什么比这更不和谐的呢？

（《人民日报》1960 年 1 月 10 日）

指出艾森豪威尔的咨文言论的自相矛盾，一面侈谈和平，一面又夸耀美国实力。用对照辞式尖锐揭露美帝国主义外交方面的卑鄙的讹诈意图。

（丁）利用对方语言以讽刺（以子之矛，攻子之盾）。

例（十）鲁迅《论"费厄泼赖"应该缓行》：

仁人们或者要问：我们竟不要"费厄泼赖"么？……土绅士或洋绅士们不是常常说，中国自有特别国情，外国的平等自由等等，不能适用么？我以为这"费厄泼赖"也是其一。否则他对你不"费厄"，你却对他去"费厄"，结果总是自己吃亏，不但要"费厄"而不可得，并且连要不"费厄"而亦不可得。

又：

要是对"落水狗"和"落水人"独独一视同仁，实在未免太偏，太早，正如绅士们之所谓自由平等并非不好，在中国却微嫌太早一样。所以倘有人要普遍施行"费厄泼赖"精神，我以为至少须俟所谓"落水狗"者带有人气之后。

（《鲁迅全集》第一卷，357 页）

以上两例都是套用对方的话以进行讽刺。

例（十一）《刘三姐·拒婚》：

三姐：不知莫老爷又想找哪一个？

媒婆：这个……（唱）一要人品最风流，

三姐：（接唱）二要能说又会讲，

媒婆：（唱）三要远近都闻名，

三姐：（唱）四要才貌两相当。

媒婆：（白）这个人哪……

三姐：这个人也不难找呀！

媒婆：远在天边，近在……

三姐：近在眼前！（指媒婆，唱）

　　看你人品最风流，扭扭捏捏到处游；

　　看你能说又会讲，好比疯狗吠日头；

　　看你名声博得远，臭名顶顶盖九州；

　　看你才貌最相当，黄牙白眼一嘴油；

　　你同老爷两相配，好比山猪配花猴。

（28—29 页）

套用媒婆的原话，作辛辣的讽刺，把媒婆的丑态活画出来。同时表现刘三姐的机智和对封建势力毫不畏惧的战斗精神。

（八）双　关

双关式　利用词语"音""义"的条件，构成双重的意义的辞式，叫双关式。所用的双关词语，表面是一种意义，里面又是一种意义，表面的意义不是主要的，里面的意义才是主要的。表里两种意义有的有点相关，有的毫不相干。这种辞式能表现说话人的机智，能造成语言的魅力，能使听众读者感到词语意味的深刻厚实。这种辞式是汉语修辞传统的重点辞式，它的特点之一是"触景生情"。

（1）双关式的分类。

可按构成的条件（语音、语义）区分为两类：

（甲）谐音的双关。由词语同音或音近的条件而构成双关的意义。

例（一）袁水拍《万税》：

> 这也税，那也税，
> 东也税，西也税，
> 样样东西都有税，
> 民国万税，万万税！

　　　　　　　　　　　　　　　　　（《马凡陀山歌》166 页）

利用"税""岁"音近的条件构成讽刺的双关，讽刺国民党捐税繁重。

例（二）《保卫延安》：

这样上呀下呀地翻大沟，很多战士脚上起了泡。部队行列越拉越长了！……团政治委员李诚听出了战士们唱歌唱得不起劲。这表明战士们是太累了，情绪有些沉闷。他让宣教股长指挥部队唱了一个歌子，就兴致勃勃地走在战士们面前，大声喊："同志们：有一个好消息。"战士们都抬起了头。"我们增加了很多大炮！我们要打大胜仗了！"战士们抹抹脸上的雨水，盯着政治委员。有的战士还互相丢着兴奋的眼色。"但是我们很多同志脚上起了泡走不动了。骑兵靠马步兵靠脚，你们走不动，胜仗就打不成！脚上起泡的人举手。"一下子，全团就有多一半人举起手。李诚问："同志们，泡很大吗？"战士们齐声回答："很大！""有小的没有？""有！"李诚说："这就对了。像同志说的一样，大炮叫榴弹炮（泡），小炮叫六〇炮（泡）。你们有的人脚上起一个泡，有的起了几个泡，这样说来我们全团至少有两千多门炮（泡）。我们有两千多门炮还不打大胜仗？"战士们哄笑了，笑声赶跑了一切疲劳。他们精神焕发，脸膛生动了，有些战士还高兴地互相挤靠哩。

（179—180 页）

"泡"（pào）"炮"（pào），谐音（同音异字）双关。结合实际情况，利用这个双关说法，表现战士的幽默感，使军容为之一振。

例（三）《关于西北战场的作战方针》：

我之方针是继续过去办法，同敌在现地区再周旋一时期（一个月左右），目的在使敌达到十分疲劳和十分缺粮之程度，然后寻机歼击之。我军主力不急于北上打榆林，也不急于南下打敌后路。应向指战员和人民群众说明，我军此种办法是最后战胜敌人必经之路。如不使敌十分疲劳和完全饿饭，是不能最后获胜的。这种办法叫"蘑菇"战术，将敌磨得精疲力竭，然后消灭之。

（《毛泽东选集》第四卷，1221 页）

"蘑菇"谐音双关，蘑菇，表面意义；磨折，里面意义。用谐音条件，在幽默说法中指示极英明极严肃的战术意义。

例（四）《刘三姐·对歌》：

风吹桃树桃花谢，雨打李花李花落，

棒打烂锣锣更破，花谢锣破怎唱歌！

（48 页）

以"桃""李""锣"谐姓陶姓李姓罗三个秀才，利用谐音双关手法，对迂腐的秀才对歌的失败，作辛辣的讽刺（"桃""锣"同音异字双关，"李"同音同字异义双关）。

（乙）意义双关。由词语意义条件而构成双关内容。

例（五）魏巍《挤垮它》：

那手上起了血泡的战士，拉了一下他的同伴说：回去挖吧，伙计！这个买卖合算，手上多几门泡没关系，咱们就这么跟他磨。

（《解放军文艺》1952 年 11 月号）

这里"磨"字意义双关。表面——手上磨泡；里面——坚持战斗，折磨敌人。

例（六）周烨《我的伯父鲁迅先生》：

有一次在伯父家里，大伙儿围着一张桌子吃晚饭。我望望爸爸的鼻子，又望望伯父的鼻子，说："大爹，你和爸爸哪儿都像，就是有这么一点不像。""哪一点不像呢？"伯父转过头来，微笑着问我，他嘴里嚼着，嘴唇上的胡子跟着一动一动的。

"爸爸的鼻子又高又直，你的呢，又扁又平。"我望了他们半天才说。

"你不知道，"伯父摸了摸自己的鼻子，笑着说，"我小的时候，鼻子跟你爸爸的一样，也是又高又直的。""那怎么——"，"可是到了后来，碰了几次壁，把鼻子碰扁了。"

"碰壁？"我说，"你怎么会碰壁呢？是不是你走路不小心？"

"你想，四周围黑洞洞的，还不容易碰壁么？""哦！"我恍然大悟，"墙壁当然比鼻子硬得多了，怪不得你把鼻子碰扁了。"

在座的人都哈哈大笑起来。

（《新文化》创刊号）

这里"碰壁"意义双关，表面，碰触墙壁；里面，跟旧社会冲突。"四周围黑洞洞的"，讽刺旧社会的黑暗，对旧社会表强烈的否定。

（2）谐音双关式和比喻式的差异。

两式形式有点相近，而实质是有差异的。双关式，"表""里"两重。谐音双关专凭同音或近音的条件，构成一个词的表、里两重意义，里面的意义是重要的。比喻式是凭甲乙两个事物的恰似点以构成修辞手法，如以桃李比喻学生，这桃李和学生有意义上一定的联系，桃李在一定语境下，它有了转义。而谐音双关只凭语音构成修辞手法，表和里两方面并没有意义上的联系。例如《刘三姐》中以桃、李、锣，谐姓陶姓李姓罗三个秀才，表面、里面是凭双方的同音条件而结合的（李同音并同形），并没有意义的联系。

（3）双关式的发展。

过去的双关式大多表现个人的情思，如六朝民歌大量运用双关式，表现男女的爱情相思，现在有很多用于表现政治生活等方面，应用的范围扩大，作用扩大，发挥了双关辞式的战斗作用。前面例子都可以说明这一点。

表达类辞式小结

本类辞式，有的是从对面发挥力量的，如问语式的正问，往往是提出对立面来，便于破，便于立。有的是从反面表现精神发挥力量的，如问语式的反问、讽刺式的反语、对照、引语式的翻用等。有的是从里面发挥力量的，如同语式，前后文用同一词语，而后文的一个词语里面含义比较丰富复杂。如双关式，具表里双重意义，而里面的意义是主要的。总之，本类辞式，许多是利用语气、语调、语义等条件构成艺术化的手法，以适应时地的需要，发挥积极作用。

表达类辞式分类简表

（1）同语	（2）反语	（3）撇语	（4）问语	（5）引语	（6）幽默	（7）讽刺	（8）双关
单提 对举	讽刺性 愉快性	核实 委婉	正问 反问	正用 翻用 半用	一般的幽默 对敌人的幽默 对自然的幽默	用比喻较物式 用对照式 用对方的语言 用反语	谐音的双关 意义的双关

第八章　现代汉语各类辞式的交错运用

　　第五、六、七章所讲的描绘、布置、表达三大类辞式，在实际修辞活动中，不全是单纯运用（单用一种），有的时候服从内容需要，彼类此类交错运用，相辅相配，互起作用，因而能增强语言的表现力，能收到几重的表达效果。

　　有的是布置类跟描绘类的交错运用，如布置类的排叠式和描绘类的夸张式、比喻式的并用。

　　有的是布置类跟表达类的交错运用，如布置类的排叠式和表达类的问语式的并用，布置类的排叠式和表达类的撇语式的并用。

　　有的是表达类跟描绘类的交错运用，如表达类的引语式和描绘类的比喻式的联用。

　　有的时候，同一个大类中彼式此式也有联合地使用的，如比喻式与较物式、比喻式与拟人式的相联合。

　　从这样的一些情况足以看出，汉语修辞方式实际应用有多样性和灵活性。后面举一些例子看看：

　　（1）布置类的排叠式和描绘类的夸张式、比喻式的并用。

　　例（一）《两只巨手提江河》：

　　　　一铲能铲千层岭，

　　　　一担能挑两座山，

一炮能翻万丈崖，

一钻能通九道湾。

两只巨手提江河，

霎时挂在高山尖。

(《红旗歌谣》93 页)

这是排叠式和夸张式的交错。前四句用字数相等、结构相同的句子构成排叠式，在排叠式的布置中作扩大形象的描绘。这样就充分显示了劳动人民改造自然的伟大气魄，洋溢着颂扬的热情。

例（二）《刘三姐·霸山》：

姑娘们：（唱）姐妹生得灵巧手，

采茶好比绣金球；

上采好似蝶恋花，

下采好似金鱼游；

左采好似龙戏水，

右采好似凤点头；

采得春风笑开口，

采得青山笑点头。

(11 页)

这是排叠和比喻的结合。在排叠的语言方式中组织了复合的比喻，把姑娘们采茶动态，描写得宛如舞蹈一般，使人感到一种旋律美。

例（三）《小农经济像根草》：

小农经济像根草，

微风一吹它就倒。

小农经济像小船，

波浪一推它就翻。

小农经济像孤墙，

风吹雨打倒路旁。

……

小农经济像小桥，

水大桥漂站不牢。

（《红旗歌谣》71 页）

这也是排叠和比喻的结合。通过成排的比喻，用小草、小船、孤墙、小桥作喻体，就把小农经济的脆弱性形象地表现出来。

（2）布置类的排叠式和表达类的问语式的并用。

例（四）《新民主主义的宪政》：

……我们的这个会为了什么呢，是为了发扬民意，战胜日本，建立新中国。

……有人说，只要建设，不要破坏。那末，请问：汪精卫要不要破坏？日本帝国主义要不要破坏？封建制度要不要破坏？不去破坏这些坏东西，你就休想建设。只有把这些东西破坏了，中国才有救，中国才能着手建设，否则不过是讲梦话而已。

（《毛泽东选集》第二卷，725 页）

这是排叠式和问语式的结合，用排叠的询问句式、质问的语气，突出"必须破坏了坏东西，才能着手建设"的正确道理，澄清当时某些人"不要破坏"的糊涂思想。

例（五）《社会主义通天堂》：

什么声音隆隆响？

什么声音乒乒砰？

什么声音乐开怀？

什么声音闹欢腾？

车间机器隆隆响，

挑战应战鞭炮乒乒砰，

增产捷报乐开怀，

跃进的声音闹欢腾。

（《工矿大跃进歌谣选》5 页）

前段四句是排叠式和问语式的结合，后段是答语。通过前段四句的排叠问语，和后段四句的答语，就把工厂的大跃进的声势和欢腾的情绪气氛曲折而充分地表现出来，假如只用一个问句，那气势、节奏就差了。

（3）表达类的引语式和描绘类的比喻式的联用。

例（六）《中国革命战争的战略问题》：

主张"御敌于国门之外"的人们，反对战略退却，理由是退却丧失土地，危害人民（所谓"打烂坛坛罐罐"），对外也产生不良影响。

回答这些意见是容易的，我们的历史已经回答了。关于丧失土地的问题，常有这样的情形，就是只有丧失才能不丧失，这是"将欲取之必先与之"的原则。如果我们丧失的是土地，而取得的是战胜敌人，加恢复土地，再加扩大土地，这是赚钱生意。市场交易，买者如果不丧失金钱，就不能取得货物；卖者如果不丧失货物，也不能取得金钱。革命运动所造成的丧失是破坏，而其取得是进步的建设。睡眠和休息丧失了时间，却取得了明天工作的精力。如果有什么蠢人，不知此理，拒绝睡觉，他明天就没有精神了，这是蚀本

生意。我们在敌人第五次"围剿"时期的蚀本正因为这一点。不愿
意丧失一部分土地，结果丧失了全部土地。

（《毛泽东选集》第一卷，205—206 页）

这是引语式和比喻式的联合运用。先引用古语"将欲取之必先与
之"（老子语），后面用"市场交易""睡眠休息"两个比喻，通俗地平
易地对古语加以说明。这使群众容易体会到"有所舍才能有所取""有
失才有得"的真理，使群众能理解到在当时战略退却的深刻意义。

还有布置类的排叠式和表达类的撇语式相结合，这是常见的情况。

例（七）《公社春早来》（歌曲）：

　　春不在杨柳梢上摇，春不在红杏枝头闹，还很早，春在何处？
春在人们心头跳，男男女女老老少少，为了今年的收成好，样样活
啊，都在时间前头跑。

　　春不在燕子翅上飞，春不在阳雀嘴里叫，还未到，春在何处？
春在人们心里笑，男男女女老老少少，为了祖国的新面貌，支支歌
儿啊，都是唱的跃进调。

（《人民日报》）

这通过排叠和撇语的双重辞式，歌颂人民心里的春光，歌颂人民公
社的大跃进的劲头，情味多么深厚热烈，语言形象又多么鲜明。

（4）同一大类中彼式此式的联合使用。

这种的联合使用，如比喻式和较物式、比喻式和拟人式的联用。

比喻和较物的联用：

例（八）何为《樱花之忆》：

　　那简直是一种梦幻般迷人的境地：一大片一大片艳丽夺目的樱
花，像桃色的云，像迷茫的雾，像透明的泡沫。比飞絮更轻柔，比

雪花还要耀眼。它好像是在人们不经意中突然灿烂起来，容光焕发，妩媚动人，给每个游人以无尽的喜悦。

（《织锦集》27—28 页）

这是描绘类中的比喻和较物两式的联用。"像桃色的云"等三语是比喻，"比飞絮更轻柔"等二语是较物，两种手法巧妙联合，把樱花的鲜艳、轻柔、光洁的特征摹绘出来，令读者为之神往。

比喻和拟人的联用：

例（九）鞠鹏高《山茶赞》：

初春，春城昆明石花园中，开得最热烈、最大胆的花儿，要数那猩红如火团、粉白如雪球的山茶花。在翠湖、黑龙潭的花圃，在大观楼前的庭院，在西山华亭寺的大殿前后，那时时彩瓣重叠、大如芙蓉的山茶，以它特有的美色、仪态和泼辣的性格，压倒了满天桃李。

（《人民日报》1962 年 4 月 23 日）

这是明喻式和拟人式的联合。"火团""雪球"是喻体，"热烈""大胆""泼辣"是拟人，联合运用，把山茶的色彩特点和性格特征（内外特征）鲜明描绘出来，传出山茶之韵，传出山茶之神，更重要的是表现出山茶的生命力。

从以上分项所举的例子看来，辞式的交错运用，有的是并用，有的是联用。并用是两种辞式自然并合一起（一段文章兼属两种辞式），有双重的艺术性。如例（一）（二）（三）（四）（五）（七）。

联用是前后文章联合使用两种辞式，前面是一种辞式，后面又是另一种，互相映衬，如例（六）（八）（九）。

两种用法，各有作用，各有妙处。

总之，各类辞式的运用，根据内客需要，结合现实语境，可能有多种多样的交错方式，上面仅只略举一些例子。我们实际运用辞式，须服从内容需要，因时因地制宜，宜于单用则单用，宜于并用联用则并用联用。欣赏研究辞式实例，自然也必须联系话语的内容，联系语境，具体地分析单用一种辞式的效果或并用联用几种手法的好处。像这样的研究、比较、评量，对于修辞实践，可能有所帮助。

第九章　现代汉语寻常词语的艺术化

　　谢皮洛娃所著《文艺学概论》第五章《文学作品的语言》中说："作品语言的美不是作家为着再现生活特地挑选一些华丽的辞藻而能达到的。作家达到语言的真正的美，在多数情况下，是使用最普通的一些词句，然而这些词句在有形象表现力的语言上下文中，获得审美倾向。"（中译本 132 页，人民文学出版社出版）

　　这段话颇有道理，虽是就文艺的语言而说的，但也可以适用于各类语体的修辞研究。

　　说"多数情况"、"使用最普通的一些词句"，这是值得注意的。正因为是"多数情况"，所以很为重要。说"在有形象表现力的上下文中，获得审美倾向"，显然可见，研究普通词句的美化问题，必须联系上下文语境，不能孤立地探讨。

　　我们在这里所称的"寻常词语"，就是指在修辞方式之外（不属于比喻、拟人、夸张、反语、双关等），不能划归修辞方式的范畴的最普通的一些词语。它是朴朴素素，平平易易，一片本色，不加修饰的语言。它被运用起来，还是保持它的本义、常义，不发生什么转义现象。

　　例如鲁迅《故乡》：

　　　　我的母亲很高兴，但也藏着许多凄凉的神情，教我坐下，歇息，喝茶，且不谈搬家的事。

(《鲁迅全集》第一卷，62页)

这里用的动词"藏"，还是保持常用的意义，朴素平易，运用的手法不能属于特定的修辞方式，但是"藏"这个词确乎是有艺术味，能引人想象，引人思索。"藏"大约是有意识地隐藏而不露，是生怕露出凄凉的神情，牵引起刚回家来的儿子悲哀的联想。

寻常词语艺术化，是修辞活动的一个重要方面，它在用语言进行交际、战斗上具有一定的功用。我们探讨修辞科学，不可不对它予以重视。

（一） 寻常词语艺术化现象

（1）寻常名词的艺术化。

寻常名词适应一定的语境，巧妙安排在特定的上下文中来表示事物，就可能产生艺术的作用。

例（一）《工人的脾气》：

要整就整，不等待什么好天气；

要改就改，哪有半点迟疑？

这叫什么？工人的脾气！

……

我们在开火车头，我们就是火车头；

不是骄傲，我们从来就是说到做到。

这叫什么？工人的脾气！

(《红旗歌谣》289页)

"脾气"本来是个寻常的名词，用在这儿，就起了艺术的作用。使人感到平易而又新鲜有味。这不是"性格""意志"等词所能替换的。

（2）寻常代词的艺术化。

如寻常人称代词运用得是地方，也可能有特殊的表现力。

如"你"的运用。

例（二）《这样的战士》：

> 雷一样的掌声响起来了。欢呼声把你拥到台上。几千双眼睛都盯着你：看你穿着战士的制服，看你挂上银质的奖章，你手里是毛主席给的奖状，你胸前是大朵的英雄花；你一脸光辉，笑着，站在初冬的阳光下。
>
> 是的，你没有死！你还活着，你活在万千战士和人民的心里。
>
> （《人民文学》第二卷6期）

通篇用"你"称呼英雄何大庆，表现亲切缠绵的感情，适应纪念、抒情文章的内容和体裁的需要。假使改用"他"字就差多了。

例（三）《三千里江山》：

> ……她（姚志兰——引者）从心里恼恨自己，为什么总摆不清一些私人感情，人家武队长就不是这样。
>
> （28页）

这里"人家"和"武队长"构成复指成分，特别表示出对"武队长"的深深钦佩的意味；同时从"人家武队长就不是这样"这句话衬托出姚志兰的矛盾的心理——国际主义感情和私情的纠葛。这样利用代词"人家"来表达，显出表情的委婉和细致。

（3）寻常的动词的艺术化。

寻常的动作动词被组织在一定上下文中，应用于一定语境之下，临时刻画、描绘一定的动作的历程，这样就可能收到特殊的艺术效果。

例（四）《在延安文艺座谈会上的讲话》：

> 例如，某种作品，只为少数人所偏爱，而为多数人所不需要，甚至对多数人有害，硬要拿来上市，拿来向群众宣传，以求其个人的或狭隘集团的功利，还要责备群众的功利主义，这就不但侮辱群众，也太无自知之明了。
>
> （《毛泽东选集》第三卷，866 页）

"上市"这个寻常动词，活用在这段话里，还是保持了常义，而又有特别尖锐的意义，含着很深刻的幽默味。

例（五）《反对自由主义》：

> 事不关己，高高挂起；明知不对，少说为佳；明哲保身，但求无过。这是第三种。
>
> （《毛泽东选集》第二卷，347 页）

这里用一个寻常动词"挂"，把自由主义者对与己无关的事情不放在心上的情况，形象地表现出来，含幽默味。

例（六）《论联合政府》：

> 中国广大的革命知识分子应该觉悟到将自己和农民结合起来的必要。农民正需要他们，等待他们的援助。他们应该热情地跑到农村中去，脱下学生装，穿起粗布衣，不惜从任何小事情做起……
>
> （《毛泽东选集》第三卷，1080 页）

"跑"本是个寻常动词，用在这里有特别的力量，把"迫切"的精神鲜明地表示出来。

例（七）《中华人民共和国国防部再告台湾同胞书》：

美国的政治掮客杜勒斯，爱管闲事，想从国共两党的历史纠纷这件事情中间插进一只手来，命令中国人做这样，做那样，损害中国人的利益，适合美国人的利益。就是说，第一步，孤立台湾；第二步，托管台湾。如不遂意，最毒辣的手段，都可以拿出来。你们知道张作霖将军是怎样死去的吗，东北有一个皇姑屯，他就是在那里被人治死的。世界上的帝国主义分子都没有良心。美帝国主义者尤为凶恶，至少不下于治死张作霖的日本人。

（《人民日报》1958 年 10 月 25 日）

这里用一个"治"字写透了日本帝国主义的凶狠阴毒的手段，同时衬出美帝国主义的凶恶面目。这个"治"字，是不能换作"杀"或"办"等字的。

（4）寻常形容词的艺术化。

寻常形容词（或形容词组），活用在一定主旨下，附加在特定的名物上，就带着评价意义，造成特别生动性，因而在临时的形容事物性态中发挥感染力。

例（八）《蒋介石政府已处在全民的包围中》：

蒋介石政府所长期施行的极端反动的财政经济政策，现在被空前的卖国条约即中美商约所加强了。

（《毛泽东选集》第四卷，1224—1225 页）

这里用形容词组"空前"，加在蒋介石政府的"卖国条约"的上头，就把蒋介石政府的卖国本领，分量十足地表现出来，表示极强烈的憎恨和高度的战斗性。

例（九）鲁迅《故乡》：

那手也不是我所记得的红活圆实的手，却又粗又笨，而且开裂，像是松树皮了。

（《鲁迅全集》第一卷，67 页）

用寻常形容词"红""活""圆""实"（"活"在这里当作形容词）来形容农民闰土的手，显示出劳动人民本来的健康美。在这几个字眼里，表现很浓重的褒的色彩。

例（十）严辰《南海青年——给一位地球物理勘探队员》：

电极是你的武器，
仔细地勘测着地层，
脚底丈过多少山河，
你对祖国的爱这样深沉！

（《红岸》27 页）

这里用形容词"深沉"修饰勘探队员对祖国的爱。"深沉"原是个寻常词语，但用得是个地方，根据主题，联系上文，结合勘探队员实际，就发挥了艺术力量，使人感觉精确而又有味。

例（十一）杨朔《樱花雨》：

……我蘸着酱油吃了两片生鱼，味儿很香，实在好吃。君子（日本侍女——引者）忽然轻轻叹口气说："你们都是很正经的好人啊！"

（《东风第一枝》146 页）

寻常形容词"正经"在这里用得很巧妙，在保持常义里加上了很强的爱慕的感情。

例（十二）张志民《西行剪影·牧马姑娘》：

......

牧马姑娘草原飞，轻似花飘美如雁。

长辫花间笑，红裙湖底闪，

有她更显牧草绿，有她天更蓝。

（《人民日报》1962 年 2 月 22 日）

"绿""蓝"两个词，是寻常形容词，但用在这，在上文的映衬里，在热烈歌颂牧马姑娘这个主题下，这两个词就造成了鲜明形象。有了这两个词，就使通篇生色。"有她更显牧草绿，有她天更蓝"，巧妙地赞扬牧马姑娘的品质和本领。这种手法可以称作"间接描绘法"。

（5）寻常副词的艺术化。

副词或副词词组，活用在一定主题下，附加在事物特定的动态上，就带着情感色彩，造成特别生动性，因而在临时形容动作活动的方式、态度等方面，能收到特殊的艺术效果。

例（十三）杜鹏程《英雄的事业》：

铁路员工们把自己的全部思想感情和精力，都交给了壮丽的事业。每一个人都在苛刻地计算：在每一分钟里，他给世界上增添了什么新的东西。

（《人民日报》1958 年 1 月 5 日）

"苛刻"这个词用在这里确是有分量的。它修饰"计算"，就把铁路劳动英雄们的社会主义建设的极强烈的责任心和对自己工作极严格的要求充分表现出来，使读者接触到英雄们红透的心。

例（十四）《论联合政府》：

真凭实据地破坏了中国人民的抗战和危害了中国人民的国家的，难道不正是国民党政府吗？这个政府一心一意地打了整十年的内战，将刀锋向着同胞，置一切国防事业于不顾，又用不抵抗政策送掉了东北四省。

（《毛泽东选集》第三卷，1049 页）

这里用寻常的副词词组"一心一意"形容国民党反动政府的打内战的心理，表现出了蒋介石集团反共本质。

例（十五）《中国革命战争的战略问题》：

另一方面，对自己的弱点（没有经验，力量弱小），也不了解。敌强我弱，原是客观地存在的现象，可是人们不愿意想一想，一味只讲进攻，不讲防御和退却，在精神上解除了防御的武装，因而把行动引到错误的方向。许多游击队因此失败了。

（《毛泽东选集》第一卷，191—192 页）

"一味"这个状语也是个旧词，用在这儿意义很为新鲜，十分有力，把片面进攻的偏向深刻形容出来。假如换作"单纯"，意味就远不及了。

例（十六）《改造我们的学习》：

当然，上面我所说的是我们党里的极坏的典型，不是说普遍如此。但是确实存在着这种典型，而且为数相当地多，为害相当地大，不可等闲视之的。

（《毛泽东选集》第三卷，799 页）

这地方用"等闲"这个副词来修饰"视"，说"不可等闲视之"，表示十分郑重的意味，引起大家的高度警觉。这个词是不能用"随便"等词来替换的。"等闲"原是旧词，用在这里有全新的意义。

（二）关于寻常词语艺术化的实质的体会

根据对上面分项所举的各词语实例的观察比较，来谈谈几点关于寻常词语艺术化实质的体会。

（1）各词类在艺术化中的比重。

在寻常词语的艺术化中，从词性的角度看，寻常的动词、形容词、副词三类词的艺术化占多数。

（2）寻常动词的艺术化的两种情况。

（甲）动词与对象的关系：某动词和动作的对象，本来，按常义是不相直接联系的，而说话人（或作者）用一种特别手法把它们临时联系起来，这样就使动词带上艺术色彩。这手法就是暗中把动作的对象加以喻义化（用比喻、比拟等方法），而使动词本身仍然不失掉常义。用这样手法，就能把动词和对象临时巧妙地联系起来，并在动词上增添新的色彩。

例如："文学作品"和"上市"本不直接联系，而在例（四）中把"作品"加以喻义化（比拟成货物一类），这就把它和动词"上市"巧妙地联系起来，使"上市"这个词虽然保持常义而却带上艺术色彩了（有讽意）。

又例如动词"挂"（悬挂）和"不关己的事情"本不直接联系，而在例（五）中把这种事情加以喻义化，比作可悬挂之物，把两者临时巧妙联系起来，就使动词"挂"虽然保持常义而又带上艺术色彩（带幽默味）。

（乙）动词对反映的实际情况、表达的思想内容的关系：如例（六）中的动词"跑"，精确地表达了思想内容；例（七）中的动词"治"，准确反映实际情况，自然就产生艺术性。

（3）寻常形容词的艺术化的情况。

说话写文章，深刻反映客观实际，巧妙联系交际特点，所使用的形容词因时制宜，随分适度，自然就能达到艺术化。

如例（十）中的"深沉"（形容词），由于这首诗写给一位地球物理勘探队员，由于巧妙联系对方的实际特点——探测地层，所以"深沉"用在这里就特别新鲜，特别具有艺术性。

（4）寻常副词作动词的状语的艺术化。

关于寻常副词作动词的状语（这里只就动词方面的状语说，不提形容词的状语），达到艺术化，也有两种情况：

（甲）副词和中心词（动词）和动作宾语的关系。

按习惯，某副词是不适于作某种动作或某种活动的修饰语，但是有时候把这类副词变通地应用来修饰这种动作、活动，反而别有深刻的艺术味。当然这是要根据语境来活用的。

如例（十三）中的"苛刻"，作动词"计算"的状语，这里所"计算"的是"每分钟里给世界增添的新东西"动作宾语，按一般的情况，是不能用含贬的色彩的"苛刻"来修饰的，但这里巧妙地变通地运用了"苛刻"作"计算"的状语，就把贬的色彩一转而成褒的色彩，突出表现劳动英雄们的建设社会主义的高度责任感和高度积极性。

又例如（十四）中的"一心一意"作打内战的状语。"一心一意"这个词组本来是含褒的色彩，而"打内战"是反动的危害人民的行动，这里变通地运用"一心一意"这个词组，用它来形容国民党反动派的打内战的罪恶心理，使其不失常义而变褒为贬，彻底揭露出国民党反动派打内战的反共本质，显出特别的艺术性。

（乙）另一种情况，副词对所反映的现实情况和表达的思想内容的关系。

由于副词准确反映了情况，精确地表达了思想内容，而又极有分寸地恰合分量地修饰了动作态度的特征，就自然地产生了艺术色彩。

例（十五）的"一味"、（十六）的"等闲"都是很好的证明。

（5）寻常词语在艺术化中的评价意义。

寻常词语活用在句子里，绝大多数具有评价意味，对正面或反面的事物现象、行为、属性予以评价。如例（一）所用的名词"脾气"，是表示对工人顽强性格的肯定。例（四）所用的动词"上市"是对某些人硬要发表作品，以图博取名利的自私行为加以批判。例（七）所用的动词"治"有力地揭露了日本帝国主义的毒辣手段和美帝国主义的阴险面目。例（十）形容词"深沉"的使用就赞美了地球物理勘探队员爱祖国的高贵情感。例（十三）副词"苛刻"就极有力地称颂了铁路劳动英雄们计算自己每分钟给祖国贡献多少新东西的认真态度，如此等等。大凡寻常词语的活用，都具有着评价意义，或褒或贬，或鞭挞或赞扬，凭着自己朴素的本色，在特定的上下文中起着一种特殊的美化作用。

（6）寻常词语的艺术化有时和修辞方式相辅助相衬托。

寻常词语的艺术化在运用时往往是与有关修辞方式相辅助相衬托的，像例（九）里，描写闰土的手时，前面是用寻常形容词"红活圆实"形容劳动人民闰土本来的手的健康美，但后边又用明喻辞式，说这双手"像是松树皮了"描写出闰土现时的手，反映出农民闰土在旧社会的重压下，被痛苦生活折磨的情况。两种修辞手法，自然联合，相得益彰。这种形象变化的手法，达到了表现一定的社会意义、为主题思想服务的目的。

再如《牧马姑娘》前面描绘姑娘的动态，运用明喻"轻似花飘美如雁"，后面活用形容词"绿""蓝"，通过色彩词间接表现了姑娘的品质、才能。这也是修辞方式和寻常词语艺术化联合运用的明显例子。

关于寻常词语艺术化和修辞方式的相辅助相衬托的用法当然不止于此，这里仅谈这么一点。

（7）寻常词语艺术化与修辞方式的不同。

寻常词语艺术化与修辞方式显然是两种不同的修辞的手法，如"比喻""借代"辞式是根据词的转义造成词的修辞色彩，寻常词语艺术化却是保持词语本身常义而附加修辞色彩。再如"双关"辞式，具有

"表""里"的双重意义，里面是主要的，外面是次要的；而寻常词语艺术化根本就没有双重意义。

（8）一部分寻常动词的艺术化的条件。

一部分寻常的动词的艺术化的条件，是把有关部分暗中加以喻义化，因此比较直接运用修辞方式反而能给听众、读者以广阔的自由的想象的余地，让人们能创造性地展开形象思维。

我们研究寻常词语的艺术化问题，要注意词语艺术化过程中如何巧妙地结合实际，要注意艺术化的词语本身和与它的有关的语言成分如何联系，要注意寻常词语艺术化手法和修辞方式两者的联系、区别。还有语体特点的掌握，也很重要。对文艺作品词语的体会，应该注意寻常词语跟人物形象或故事情节或风景环境的关系。对科学论文的词语的体会，就应该注意寻常词语跟总判断、论据、逻辑推理等等的关系。

寻常词语艺术化，是由平易显神妙，凭朴素本色显美丽，这是汉语修辞传统一种重要手段。

（三）寻常词语艺术化的传统

古来的诗、文评等书籍讨论炼字问题，有许多是属于寻常词语艺术化的。古代诗词佳章名句的炼字，有好些是关于寻常词语的艺术化，或是炼寻常动词，或是炼寻常形容词……许多范例，对我们现代修辞学的研讨仍有很大的用处，可以从里面受到深刻的启示。后面分项举例，略加体会。

（1）先就诗来讲：

例（一）杜甫《登岳阳楼》名句：

吴楚东南坼，乾坤日夜浮。

寻常动词"坼"（土裂）"浮"，在这两句里可算是诗境的支撑点。仗着这两个寻常动词，就把雄阔的洞庭湖画幅展开在眼前。句里流贯着赞颂的情意。

例（二）孟浩然的诗：

微云淡河汉，疏雨滴梧桐。

寻常形容词"淡"、寻常动词"滴"（实际"淡"在这里起动词作用）配合起来，构成疏淡的图景的集中点。（《诗人玉屑》卷六《一字之工》中说："上句之工在一'淡'字，下句之工在一'滴'字，若非此两字，亦焉得为佳句也哉。"）

例（三）韩偓《效崔国辅体》：

雨后碧苔院，霜来红叶楼。
……
苔淋雨而愈碧，叶饱霜而显红。

"碧""红"寻常形容词（在这里作动词用）在这里起点染景色的重大作用。

例（四）杜荀鹤《春宫怨》：

风暖鸟声碎，日高花影重。

"碎""重"寻常形容词，活用在这两句里，就构成一幅春暖时季的花鸟图，使读者好像听见鸟声繁碎，看到花影重重。值得注意的是仗着两个词就创造出春暖的一片气氛。当然，这两个词只是个"点"，"点"必须结合"面"才能显出力量，才能成其为"点"。

例（五）王安石绝句：

春风又绿江南岸，明月何时照我还。

"绿"原是寻常形容词，用在这里起动词作用，是使诗中的江南风景生动化的动力。

（2）词中的寻常词语艺术化例子。

例（一）宋祁《玉楼春》：

东城渐觉春光好，縠皱波纹迎客棹。绿杨烟外晓寒轻，红杏枝头春意闹。

寻常动词"闹"，用在这里绘出了极生动的春景图。一"闹"字创造出春的气氛来。

例（二）张先《天仙子》：

沙上并禽池上暝，云破月来花弄影。……

"弄"也是个较俗的词（动作动词），安排在这里，就显出有摇曳的风致。这正如王国维在《人间词话》中所说："'红杏枝头春意闹'，着一'闹'字而境界全出；'云破月来花弄影'，着一'弄'字而境界全出矣。"当然，倘无"红""春""云破月来"规定了当时当地的情景，单拈出一个"闹"字、一个"弄"字，是不足以见其"境界全出"的。

例（三）陈克《菩萨蛮》：

玉钩双语燕，宝甃杨花转，几处簸钱声，绿窗春睡轻。

这个"轻"字（寻常形容词）用来就把睡境特征描出，使人感觉这首词构思灵巧。

上面列举一些名句例子，可以供我们的借鉴。倘若追问如何才能把寻常词语炼得好，把它加以高度艺术化，依我们看，根本是仗着作者（或说话人）对事物的洞察力，对情境的感受力。主要是结合实境而别开生面，陶炼了思想情感而自然陶炼了词语。

前人的用词造句的实际经验，对我们的陶炼词语是有一定帮助的。我们应当好好研究和学习。

第十章　现代汉语修辞和语体

苏联《语言学问题》创刊号社论讲得好："修辞学应该建立成为语言学的一个独立分支，成为关于全民语言、民族语言的各种文体系统以及它们的相互关系和互相渗透的一门科学。成为关于某一语言中所特有的表现多多少少相类似的内容的互相关联而平行的诸方式（引者注：这大约是指关于同义的表现手段）、关于联系表现手段于被表现的内容的各种形式的一门科学。"我感觉得这段话很有启发性，讲修辞学应具的三项主要内容，颇为精当。列"文体"做第一项，说研究各种文体相互关系互相渗透。这值得我们特别注意。现在根据自己的粗浅认识，略谈现代汉语语体的三个问题：一是现代汉语语体类型，二是现代汉语语言因素、修辞各方式和书面四类语体的关系，三是现代汉语语体综说。（重点放在第二个问题）

（一）现代汉语语体类型

现代汉语语体类型的划分，是个复杂的问题，目前语言学界还没有作充分的讨论，还没有一致的看法。在这里按自己的看法，大略地谈一下。

在讲述语体分类之前，有必要先提一下构成语体基础的因素。构成语体基础的是哪些因素呢？大略说来有表达的内容、交际的目的、群众（听众读者）的特点、交际的场合等等。例如"文艺语体"：内容是作品的主题思想。目的是使人们从作品的人物形象受到感染，在美的领略中受到教育。读者听众的生活体验、审美要求、欣赏经验和欣赏能力各方面有种种的差别。交际场合，有的，是群众在一定的时间、地点共同欣赏的，如朗诵诗、戏剧、评书等；有的是各个读者分别阅读欣赏，如一般的诗歌、小说、寓言、报告文学、杂文等。

又例如"科学语体"，内容是科学理论、规律。目的是使人们理解事物的规律、信服科学的论断。听众读者有科学专家与非科学专家的区别。交际场合，或是学术集会上的报告、讲演、讨论，或是课堂上的讲课，或是电台的通俗科学的宣传广播，需要不一样，条件有差别。

这几个因素是互相联系的。说话人、作者根据这些因素，结合实际，选择运用民族语言材料（词句），自然就产生一些特点。这种特点综合而形成的类型就是"语体"。语体不是一成不变的，是历史地发展着的。语体不是独立语言，它是民族语言的支脉。

根据上面所讲的构成语体基础的因素，划分现代汉语语体类型如下：

先大别为"口头语体""书面语体"两大类。书面语体又有必要区分为"文艺语体""科学语体""政论语体""公文语体"四个变体。

应该注意的，"语言形式"和"语体"不可混同。"口语""书面语"是语言形式。口语凭语音以表情达意，书面语凭文字以表情达意。而口头语体和书面语体是根据前面所述的几个因素选择语言材料的结果。两大类语体运用语言各有一系列的特点。

口头语体又名"谈话体"，书面语体又名"文章体"。这两大类的语体是正相对待的，有区别而又有联系。口头语体产生在早，书面语体是在口头语体的基础上发展起来的。

口头语体为社会日常生活服务，新时代广大劳动人民的生活是很广阔的，所以这类语体所表现的面也很广。这类语体通过口语形式进行交际，典型的形式是"面谈"。酝酿语言的过程较短，说话要见景生情，随机应变，要能迅速地调动语言的积极因素。但是表情达意除了语言本身以外，同时还有面部表情和各种手势可以作辅助。

这类语体的语言，平易、自然、朴素、生动活泼，类型多样，带着强烈的生活气息。

词汇，丰富纷繁。俚俗语、感情词汇、艺术性词汇等常常随机运用。

句法，由于说话直接结合语境，所以不拘定使用规整的句式，更进一步说，事实上往往活用各种不完整的形式，如独词句、省略句等。有些地方假如硬使用完完整整的句子，反而累赘、呆板，会失掉真正的神情。

语音，特别是字调、语调，变化多端，对表情达意有很大作用。

修辞，时常巧妙地运用富于表现力的各种语言手段。

这类语体的语言自然朴素，所以常常能表现说话人的独特风格。因为这类语体和生活直接联系，说话往往会自然地带着激情。

总之口头语体的语言的一系列特点，是由交际的情况产生的。

书面语体正可以提出来同口头语体对照地讲讲。两相对照，特点就容易突出起来。

书面语体，通过文章形式进行交际。酝酿语言的过程比较长，文章有思索推敲的时间，有修改的机会。但是它靠语言本身来表情达意，交流思想（新式标点符号有时可以帮助表达，不过究竟作用不大）。这类语体由于说话人、作者和广大的读者听众不是直接地接触，所以就需要充分考虑表达的规整性、严密性。

这类语体的语言，表达形式要清楚、规整、要修饰加工。

词汇，按不同体裁而运用各种专门词汇（单词、词组）以及特别的一套惯用语。如科学语体主要运用科学术语词汇，政论主要运用政治词汇，而公文则必须应用一套事务词汇，词语形式特点是很明显的。文艺是大量应用通用词，但特点是在把通用词加以艺术化。

语法句法，为了确切地完整地表情达意，为了让读者听众容易清楚地理解，就严格要求运用完整的句式——用复式的单句和各种类型的复合句。

语音，在文艺体中是很重要的（特别是诗歌），政论体中有时语调、音节配合对于宣传鼓动有一定的作用。总之书面语体的语音，要求正确反映口语语音的情况。

修辞，各类修辞方式在书面语体的各种变体中，适应性、局限性各有不同，就是同一类辞式在不同的语体变体中也往往有不同的运用情况和不同的作用。

标点符号有时对语言的表情达意传神有所帮助。这是书面体语言的附加物。

作者、说话人的语言独特风格在文艺体中最容易鲜明地表现出来，政论也可能显现出个人风格。

总之，书面语体语言的一系列特点，也是由交际情况产生的。

口头语体在现代汉语语体的发展中起主导的作用。它和书面语体的各种变体有密切关系，对现代汉语书面语体有显著的影响。新中国成立以来，书面语体中的文艺体，不仅小说、戏剧方面口语成分逐渐加多，就是诗歌也往往采用口头语体的语言形式，韵调自然，情味亲切。通俗科学体也常常采用口头语体的语言成分。这有利于科学知识的普及传播。政论中口语也日益加多，这颇有利于宣传鼓动。就是公文体，本来是最少应用口头语体的语句的，现在也有些地方参用了，显出新的风格。

可以看出，口头语体的语言对书面语体确有重大的影响，但是我们也不可不注意到书面语体对口头语体的帮助。政论文、文艺作品、科学论著、公文的语言通过书面的传播，自然地把新的语言成分不断输进到口头语体中，使口头语体的语言更加精练准确，丰富多彩。事实上，口头语体和书面语体两类语体在发展过程中是互相影响、互起作用的。

书面语体实际存在几种变体，头绪较繁，下节分作四项来讲述各变体的语言特点。

（二）现代汉语语言各因素、
修辞各方式和书面四类语体的关系

文艺语体（又称艺术语体）

（1）文艺语体特征：

文艺语体是以语言形象的完整性、生动性，语言的丰富、高度的美感性为特征。作品要敏锐反映并全面描述社会生活，所以往往需要采用极其多样的语言手段。文艺体尤其是其中的诗歌体的语言，就其总体而论，可能将民族语言的所有的词汇财富、语义体系、语法特点、语音条件和修辞手法都加以利用。文艺体的语言艺术特点：一是语言手段跟塑造人物形象、写景、抒情、叙事的互相影响。再是作者叙述的语言和作品中人物语言的区分、融合与交错。

文艺语体的语言和科学语体不同。科学语体语言主要要求逻辑的高度准确性，目的是诉诸群众的理智；文艺语言要求形象的高度美感性，目的是诉诸群众的情感意志。

（2）语言因素、修辞方式在文艺语体中的适应性。

（甲）词汇方面，词要与形象有机的结合，词和人物景物等密切融合，才可以有特殊的力量。例如鲁迅《祝福》描绘鲁四爷"晚饭摆出来了，四叔俨然的陪着"。用"俨然"这个词，妙处就在能把这个词和假道学鲁四爷的性格结合起来，因而就有很强的表现力。

又如《三千里江山》：

> 说实话，武震是不大喜欢山的。……
>
> 但对朝鲜的山水，武震也不能不看两眼。他随那人民军战士往联队部去，半路立在高处一望，远远近近都是山。远山灰蒙蒙的，一重比一重远，一重比一重淡。近处山岭长满密丛丛的赤松，霜雪

一洗，碧绿鲜亮，透出股淡淡的青气，松树又爱招风，光听见四面山头忽忽好响，不知风有多大，山洼的栗子树、苹果树，却只轻轻摇摆着。大沟里高高低低净稻田，稻子收割了，还没运走，乱堆在野地里……

那人民军战士指给武震看他们的城市。在北朝鲜，你还能找到一座好城？这座城也不例外。烧的焦黑一片，横在山脚下，好几处还渺渺茫茫冒着青烟，影得背后的山岭和落叶松微微发颤。

（41—42 页）

这段运用若干的各类型的叠音词来描绘朝鲜的山景、田野景象，实际是揭露美侵略军焚劫的罪行。这些叠音词对写景有重要的作用。

文艺，广泛使用带有表情色彩的描绘性语言成分，如使用表示说者对描写的事物的态度的词语（崇敬、轻蔑，同情、反对，庄严、诙谐等）。

词汇方面有三点值得特别注意：

第一，大量运用通用词：通用词是日常生活、交际广泛使用的词，是各类语体、各个社会集团习用的词。

各种专用词（如政治词、科学术语词），只有在通用词的衬托下，在它和通用词相对应的情况下，才能显出它的特殊性，放出异彩。

通用词是语言词汇的基础（同基本词汇相接近而不相等）。特色是自然、简朴、平易、通俗易懂，因此文艺作家往往大量运用通用词来巧妙地创造各种形象以表现真实深刻的思想情感。文艺作品语言特征之一，就是把通用词加以艺术化。（参看第九章《现代汉语寻常词语的艺术化》）

通用词原来没有什么特别修辞意味，但当一些带有鲜明修辞色彩的词和它一起运用，整段语言就会获得相应的修辞色彩。我们无妨这样说：通用词是无色的，所以具有高度易染性。

后面举出例子来看看。

如鲁迅《故乡》中所刻画的农民闰土在半殖民地半封建统治下的愚昧麻木的神态：

> 我问问他的景况，他只是摇头。
>
> ……他只是摇头；脸上虽然刻着许多皱纹，却全然不动，仿佛石像一般。他大约只是觉得苦，却又形容不出，沉默了片时，便拿起烟管来默默的吸烟了。……他出去了；母亲和我都叹息他的景况：多子、饥荒、苛税、兵、匪、官、绅，都苦得他像一个木偶人了。……
>
> （《鲁迅全集》第一卷，69 页）

这一段加着重号的都是通用词语，但是都加以艺术化了（有的是运用修辞方式——比喻，有的就是寻常词的美化），传出了人物的"神"。一面对闰土表深厚的同情，一面对当时反动统治表强烈的愤恨。

第二，往往运用口语的词汇语汇：后面具体地详细地讲讲群众口语与文艺作品的表现力的关系，文艺各体裁（小说、诗歌、戏剧等）都需要选择、运用劳动人民群众的口语。

劳动群众的口语词汇语汇，能准确反映劳动人民的思想感情，能充分而生动地表现劳动人民的生活和斗争。作品如果很好地运用群众口语，就容易受到广大读者的欢迎，因为它有强烈的感染性和巨大的鼓动力。新中国成立以来，在毛主席文艺思想的指导下，许多作品运用群众口语，显示了艺术的巨大功能。

后面按体举例，略加说明：

小说方面如赵树理同志的作品，极自然极纯熟地运用群众活生生的口语，描绘农民群众的轰轰烈烈的各种斗争，有声有色、生动、精确。从多方面运用，如运用俗语词汇、谚语、歇后语、叠音词等。

又如《红旗谱》艺术特点之一，就是大量运用群众口语。在抒情、写景，以及叙述人物的对话各方面，往往利用河北省方言词语以加浓地方色彩，加重地方气氛。

诗歌方面，新民歌艺术的一个显著特色是口语化。提炼群众语言叙事抒情，自然成韵，饱含生活气息，放射地方芳香。打开《红旗歌谣》，从各篇都可以看到口语的鲜明色彩，可以体会到口语化的艺术精神。口语化不仅是叠音词的运用，而是具有多方面的特点的，必须加以具体分析。如代词、形容词、语气词、感叹词各类词的口语色彩，句子语气语调的口语特点，词汇的口头语体色彩等等。例如《一颗红心跳蹦蹦》：

> 一片灯火一片红，一颗红心跳蹦蹦；
>
> ……
>
> 心啊心啊为啥跳？总路线啊宣布了！
>
> （《红旗歌谣》50 页）

这里运用语气词"啊"、疑问代词"啥"，表现了口语的声情神态。又例如《鼓声换成犁声》：

> ……
>
> 春雷轰轰叫着哩，好比给你助劲哩。
>
> 电闪明明耀眼哩，它是照亮你路哩。
>
> 大家日忙夜赶哩，为了丰收增产哩。
>
> 年年有个正月哩，那有今年的新鲜哩。
>
> （《红旗歌谣》132—133 页）

每句句末用语气词"哩"作押韵字（韵脚），造成诗的调谐的节律。又例如《惊动天上太白星》：

> 一阵锄声卷入云，惊动天上太白星，

拨开云头往下看，啊！梯田修上了南天门。

（《红旗歌谣》108 页）

用感叹词"啊"、用惊叹的语气托出来对梯田的褒扬。

又例如《醉得麦苗绿油油》：

春雨贵似油，井水是美酒，
美酒灌麦田，醉得麦苗绿油油。

（《红旗歌谣》184 页）

又例如《一杯清茶香喷喷》：

一杯清茶香喷喷，欢迎社员到我家。

（《红旗歌谣》157 页）

"绿油油""硬邦邦""香喷喷"这类形容性态的叠词表现口语的色彩，用以描绘事物，能给人鲜明的印象。

戏剧是文学体裁中最具有群众性的，这种体裁更要求善于提炼和组织群众语言。话剧的台词、歌剧的唱词都是要在配合剧情的原则下对群众语言进行加工。例如《龙须沟》台词极熟练地极精巧地运用人民群众的语言。配合舞台情况，灵活运用口语语气词、感叹词以表现情绪神态，反映人物的典型性格。大量运用北京方言，使地方色彩鲜明，使环境气氛浓烈。

歌剧的语言，要求有诗意诗腔。例如《刘三姐》，唱词就是以民歌为根据。有的采用原歌词，有的加工，有的更改个别词句……而民歌的一种特色，正是善于利用人民群众的语言。《刘三姐》剧通过民歌唱词，突出刻画了正面反面人物性格（刘三姐的英勇、刚强、机智，恶霸地主莫海仁的狠毒、丑恶，小牛的坚强、英武，媒婆的刁滑、奸诈，三个秀才的迂腐、愚蠢等），并且巧妙地推动剧情的发展。

第三，可以适度地运用方言词，但切忌滥用。方言词，一般不用于科学、政论、公文各语体，但在文艺作品中它却是丰富语言的一种手段。不只作品中人物的对话需要它，叙述人（作者）的语言有时也需要。人物对话，用它可以反映人物身份——籍贯、社会阶级，阶层、社会习气等。叙述人的语言用它，也可以加浓地方色彩，加强作品中所写的环境气氛。我们感觉到文艺中方言词在一定情况下的适度运用，有助于反映多样、复杂的社会生活。就新中国成立以来的文艺作品看，许多名著巧妙地运用方言词，对描绘社会环境、塑造人物形象起了很大的作用。

如《暴风骤雨》运用东北方言中的"唠闲嗑"（聊天）"扎古丁"（抢劫）"干仗"（相骂或相打）"埋汰"（肮脏）"抹得开"（好意思）等词。

又如《山乡巨变》运用湖南方言中的"堂客"（妻子）"细伢子"（小孩子）"后生子"（青少年）"流水"（常常）"轻色"（轻易）等词。

再如陈登科写的《杜大嫂》运用了苏北的一些方言词，"你侬"（你老人家）"女奶奶"（妇人）"短打"（短裤）"横竖"（反正）"伢子"（小孩）"孬种"（劣种）等词。

以上各部作品采用方言词，都在创造形象中起了一定作用。但冷僻的方言词究竟是以少用为宜。

文艺运用方言的原则是符合艺术要求和易于理解。利用方法是提炼——去杂质、取精华。有些方言词本身往往带感情色彩，所以适度地运用起来，就能有助于作品的形象的描绘。

依我们的看法，方言词在文艺作品中有时发生积极的作用。我们对文艺作品中的方言词使用问题，不可以只从消极方面来研讨。

（乙）词义方面，常常利用词的转义条件，构成比喻、代替等辞式。比喻、代替在文艺中是形象化的主要手法。叶菲莫夫《论文艺作品的语言》中说："文艺作品的语言的形象性是借各式各样的语言手段和它的运用方式所取得的。但主要的和最有表征性的手段，通常认为是词的转借譬喻的意义的采用。"

（丙）语法方面，有两项值得特别注意：

第一，艺术性的动词状语和动词补语的经常运用。

艺术性动词状语——状语就是指一般所说的动词、形容词的修饰语。我们这里所讨论的只是限于动词的修饰语。这里所称的艺术性的状语是指状语具有生动的描绘性（图画一般地描写动作的性态，给人以具体的实感），含有评价意义（说话人作者对所描写的动作性态的肯定或否定意义），表现感情色彩（鲜明表现说话人作者对所描写的动作性态的褒贬色彩）的。这种状语在现代汉语文艺作品中起很大的作用。

如李准《不能走那条路》中运用这种状语，对塑造人物形象、描绘人物的思想活动确有很大作用。

> 吃清早饭时就一本正经地把东山叫到屋子里，兴致勃勃地说："张拴卖地那事情这几天咋说哩？"东山简单地答了一句："人家不准备卖。"
>
> （3页）

这里用"一本正经"作状语来修饰动词"叫"，用"兴致勃勃"作状语以修饰动词"说"，把老农民宋老定想买张拴的好地的真实心理透彻表现出来，把他的自发的强烈的资本主义倾向鲜明描绘出来。同时在这两个状语里，间接地表示出作者对老定的动作性态的否定与贬抑的态度。假如删去这两个状语，就显不出人物的内心活动的特点，更无从暗示出作者的态度。

又如《三千里江山》有的地方也利用这种状语来巧妙地绘出人物的动作的神态。

> 武震瞪着他单刀直入道："旁人讲你（指郑超人——引者）怕

美国呢。"

（39 页）

这个状语"单刀直入"描绘出武震对郑超人的"恐美病"的十分憎恶的神情以及不客气的批评态度。实际在这个状语里，正是表示作者对郑超人的否定态度和对武震的肯定的态度。

状语的艺术性是同状语内容的社会意义分不开的。

艺术性动词补语——补语是指一般所说的动词、形容词后面的补充说明的部分。我们这里所讨论的是限于动词的补语。所称的艺术性的动词补语，是指补语具有生动的描绘性，含有评价意义，表现感情色彩的。动词的补语说明动作的趋向、力量、结果、影响等等，能表现动作运动的具体情况，它和被补充语血肉相连。补语的运用，我们汉语是有着传统的，并且具有简练、灵活等等特色。艺术性动作补语，在现代汉语文艺作品中也起很大的作用。

艺术性的动词状语，是对动作的性态加以艺术的渲染；艺术性的动词补语，是对动作的力量、影响、结果等等作形象的表现。二者联系起来讲述，很有意义。现在举出艺术性的补语例子来看看。

例《照到哪里哪里好》：

> 共产党比太阳明，
> 制订出总路线，
> 光芒日夜亮晶晶。
> 照得山来笑弯腰，
> 照得水来喜盈盈，
> 照得白云变红云，
> 照得田变聚宝盆，
> 照得百花怒放万里香，
> 照得百鸟鸣出凤凰声，

照得五谷变黄金，

照得棉花变白银，

照得车轮长翅膀，

照得黄河水变清，

照得万物四季春，

照得老人变年轻，

照得多快好省比先进，

照得万马奔腾不留停。

……

（《红旗歌谣》48—49页）

这里强烈地歌颂了共产党创制的总路线的光芒。通过一串连的补语，从山、水、云、田、花、鸟、谷、棉、人、物各方面，反映总路线"照耀"的情况。描写出万物的兴旺气象，表现人民拥护总路线的极热烈的情感。新诗里，艺术补语是常常运用的。抒情诗歌中的艺术性补语往往比较直接地表现作者对事物的态度。

例《三千里江山》：

武震照着安奎元的胸脯咽地一拳："好家伙，我也打过呢！东北一解放，我们就盼着东北解放军进关了。你们一进关，把国民党反动派像碾蚂蚁一样，碾得稀烂，仗打的可痛快啦。"

（46页）

这补语"稀烂"，绘出动作"碾"的结果。通过"碾得稀烂"这个动补结构具体显示东北解放军的战斗力量，鲜明表现对反动派的轻蔑态度。实际，这里也就是表示作者对东北解放军的赞扬和对反动派的贬抑。

又例如《红岩》：

余新江攥起结实的拳头，在小圆桌上狠狠地一击，震得瓶里的蜡梅纷纷飘落。

（6页）

这里用"瓶里的蜡梅纷纷飘落"这个主谓结构作动词"震"的补语，绘出了革命战士余新江击桌子的力量，联系上文反映出余新江对特务放火的极强烈的愤怒。使读者如闻其声。实际上这个动补结构里就含着作者对革命工作者余新江的动作的赞许。

总之，小说中的艺术性的动词状语和动词补语都往往在修饰人物动作的性态或反映人物的动作的力量、影响中透出来作者的感情和态度，因此能加强人物形象的感染力。

第二，各种句法错综运用。各种句法，多种多样句型，长句、短句，单句、复句，疑问句、直陈句、祈使句、感叹句，根据内容错综运用。不完全句、独词句、无主句，有时运用。毕达可夫《文艺学引论》说："在科学著作和报刊论文中，句法是为准确地表达作者的思想而服务的，而在文学作品中，句法则是塑造人物的形式之一。"见解正确。文艺作品的各种句法往往是为创造人物形象服务的。

语音是激起美感的工具，在诗歌里，这个因素最为重要。我们汉语在声韵的表情达意和美感方面，有特殊的传统，值得加以发扬。如"叠音""拟声""字调""双声叠韵""谐音""押韵""轻、重音""语调"等现象在一定语境下都可能当作修辞的条件，起特殊表达的作用。（参看第三章《现代汉语语音现象和修辞手段》）

各种修辞方式在文艺作品中的特殊适应性：

前面概括地提过各种修辞方式在文艺中都起主导作用，现在要进一步具体地分析各种辞式在这种语体中的特殊适应性。如"比喻""代替""夸张"等描绘手法，在文艺中经常应用，为人物形象的塑造效劳。又如布置类的修辞手法"对照""反复""回环""倒装"等式也有时具特殊的适应性。"对照"式有的是形象的对照（不是事实事理的对照）。

"反复"式在诗歌体中常常运用。往往作音律的章节的标志。"回环"多用以写景抒情。"倒装"在诗歌或抒情散文里，有复杂性和特别的自由性。往往由于要求声韵调谐、对仗工整而调动语序。表达类的"问语"辞式，在文艺中比其他语体中的适应性有所不同。文艺"问语"往往用以加强抒情，激发想象。

文艺内部各分体对修辞也有不一样的要求：如诗歌、小说、戏剧，探究起来，各体因性质不同而修辞也有差异。

诗歌　要求语言特别精练，要求语言的严密调谐，对语音特别讲究。

小说　要求人物语言和作者语言的交融，人物语言的个性化、典型化。

戏剧　要求语言符合人物性格，配合舞台动作，表现戏剧内容。

台词对话，要求自然、明白显豁、精练（要紧是根据人物性格选择运用词句的同义形式）、性格化（使剧中人说自己的话）、具行动性（社会行动性）。其特点不许作者（叙述人）直接说话，必须符合舞台要求。

文艺语体，特别能表现出作家个人的语言风格。什么是语言风格？这并不是什么神秘的东西，它是作家在创作作品时个人所采取的组织语言的手法。就是作家所特有的和惯用的选词、造句的方法，而选词、造句的方法则要根据思想内容本身的要求。别林斯基说得好："风格是形式和内容的灵活的有机的互相适合，用思想实质本身所要求的那个词那个语句来表达思想的技巧。"（《别林斯基全集》第二卷，645 页）这话很深刻，值得仔细研究。

总起来说，文艺作品语言的形象性是语言手段和展示内容的其他手段相互影响的结果。果鲁伯柯夫《文学教学法》中关于文学作品的语言形象性有一段话很精当："语言的形象性不是直接在语言中创造出来的。只有当语言处在展示作品内容的一切手段性格冲突情节结构的完整体系之中，这时语言方成为形象的语言。语言的形象性是语言手段与文学作品中展示内容的其他一切手段密切相互影响的结果。""作品语言的形象性是语言手段与人物性格塑造与写景与抒情互相影响的结果。"这话道出了文艺语言形象性的特点，对研究文艺语言大有帮助。

（3）文艺语言在语体体系中的地位。

文艺的语言是否能成为一种独立语体？有的人以为文艺作品中存在着各种不同语体的语言成分（科学性的论述、公文性的语言等），好像就不能成为一种语体。实际，这种看法是不正确的。文艺所以能成为一种独立语体，主要理由是具有形象化语言的基本特点。格沃兹节夫在《俄语修辞学概论》中说："承认这种语体的存在是从形象化的语言的特点出发的，而且在个别作品中所用的纯属其他语体成分，由于本身处在文艺语言这一基本的语体环境中而有了特殊的功能。"这所说个别作品所用的其他语体成分，依我们体会，大约是指科学语言、政论语言、公文语言等，所说由于处在文艺语体环境中而有特殊功能，大约是指文艺中所采用的科学或公文或政论等语言是有表现人物性格、反映环境等功用。

文艺语言在民族文学语言体系中的地位。文艺语言在民族文学语言体系中算是最重要的组成部分，在文学语言的发展中起主导作用。叶菲莫夫《论文艺作品的语言》说得正确："文艺作品语言，作为文学语言最重要的组成部分之一，列入它的文体体系，文艺作品语言在民族文学语言的发展一切阶段中都保持着主导作用，这点是由文艺作品的性质本身及其传播范围所决定的。"

文艺作品语言的研究应属于修辞学范围，而且应当占据中心地位，作为重要章节。

《论文艺作品的语言》在《修辞学的对象》一节中曾指出有些修辞学家把文艺语言的研究让给文艺学家，是不当的："某些语言学兼修辞学家把文艺作品使用的语言形象刻画手段转让给文艺学家，这样他们便枯竭了这门最重要的学科，使它失去了生动的内容。"的确，文艺作品语言的研究，是修辞学语体部分的最丰富生动的内容。我们必须抓紧这个部分。

科学语体（又称理智语体）。

（1）科学语体特征。

科学语体随着科学的发生而发生，随着科学的发展而发展。这类语体的任务是准确地系统地叙述自然社会和思维的现象，并论证这些现象的规律性。概念的准确性、判断的严密性和推理的周密性、精确性是科学语体的语言特征。这与文艺语体以形象的生动性为特征有所不同。科学论著，主要是由"论断"构成，论断的目的是证明由研究了客观世界的事实以后而得出的规律，为了使论断具有说服力，必须保证论断的连贯性、循序性。这类语体是总结对事物的理性认识，所以又称理智语体。

（2）语言各因素（词汇、语法）在科学语体中的适应性。

（甲）词汇在科学语体中的适应性。

第一，专门术语词单义性的严格要求。

科学语体的术语词严格要求单义性，力求意义单一，排斥多义。每个术语词在某种知识领域中应该只有一个严格规定的意义。说得明确些，就是每个术语词在这门科学一定范畴的术语词汇的系统中只能具有唯一的意义。术语词假若有多义或歧义，就会在科学的研讨中造成概念的混乱和论证的模糊。

术语词要求意义准确，这项是和前一项相联系的。准确就是反映概念的本质。

后面略举术语词例子：

例如："基本词汇""构词法""单一词""复合词""同义词""反义词""同音词"等这些是词汇学术语词。

又例如："词""词组""句""时""数""性""格""独词句""简单句""紧缩句""复合句""语法形式""语法范畴"是语法学术语词。

例如："潜台词""效果""气口""髯口""行头""舞台"等是戏剧术语词。

例如："前线""后方""指挥部""司令部""警卫""警备""警戒""先遣部队""后备军""后卫部队""阵地战""运动战""游击战""歼灭战""各个击破""包围""迂回战术""火力"等是军事术语词。

又例如："内科""外科""妇科""听诊器""体温计""咽喉镜""X光射镜""高血压症""心脏病""歇斯底里""奎宁""盘尼西林""咖啡因"等是医学术语词。

术语词如果活用在艺术性的语言中，大概就构成转义，含比拟、比喻的意义。很明显的如：军事术语"司令部""歼灭战""迂回战术"等词，在各种语体中常常用于转义，具形象力。

同一个术语词运用在一般各种语体，往往是泛泛的非严格的，而用在专门科学领域则必须严密。例如"词""句"这两个名词，用在一般语体，含义是泛泛的，不讲究严格的逻辑的概念，而用在语法学的科学论著体中，则必须讲究在科学上的准确意义，不容含糊。或许可以诠释为："词"是一个或几个音节表示的一个意义。是语法的基本单位。"句"是具备主语、谓语等句子成分，并符合语序习惯，能表示相对的完整意思，成为相对独立单位的一群词的组合。是语法的最高单位。

又例如"同义词"这个名词，用在一般语体中，意义可能是宽泛的，用以表示"代用的词语"，而用在词汇学科学语体中，就必须考究本门科学的准确意义，或许可以诠释为：一组词中的各词间基本意义、核心意义相一致，而补充的意义附加的色彩有细微差别。大同而小异。

就是在科学语体中，这门和那门专门科学论著可能用同一个术语词而它们的概念实质迥不相同。从这种情况正可以理解到科学术语词在专门知识领域中严格的单义性。

例如"蒙太奇"（montage）这个术语词，建筑学和电影艺术学都使用，但是概念不同。建筑学的"蒙太奇"是将各种个别材料，根据一个总计划分别加以处理而把它们安装在一起，使作用提高（比原来个别所有的作用更高）。电影艺术学的"蒙太奇"是指电影镜头的组接构成方法。

又例如农业所称的"种子"和体育竞赛中所称的"种子",概念显然有差别。又如语法学上所称的"形态"（词的形态）和植物学的"形态"概念也迥然不同。

术语词的来历,有的通过翻译,利用外来词,或全用或加以改造而后应用;有的就在本民族语言传统通用词的基础上构造新词。

现代汉语术语词,利用外来词的例子很多,后面在《外来词的运用》一节,分项举例。

在传统通用词基础上构造术语词。例如"典型性格""典型环境"等属于文艺学的术语词,是在传统通用词"典刑"（刑同型）的基础上构成的。（《诗·大雅·荡》:"虽元老成人,尚有典刑。"）

又例如"根本矛盾""内部矛盾""敌我矛盾""矛盾性""矛盾律"等哲学上的术语词,是在传统通用词"矛盾"的基础上构成的。（见于《韩非子》的《难势》《难一》等篇）

又例如"代谢作用"（指旧物质与新物质的交换作用）是属生物学的术语词,"新陈代谢规律"是属哲学的术语词,它们都是在传统通用词"代谢"的基础上构成的。（《淮南子·俶真训》"二者代谢舛驰"、《南史·袁湛传论》"四时代谢"中的"代谢",都是新旧交替的意思。）

利用传统通用词构成术语词,一般是将原词的意义加以术语化。

术语与科学:

术语词有重大的科学意义。科学上有了创造发明,就产生了术语,而术语又转而推进着科学,科学会随着术语的新意义的确立而加速前进。术语词对科学发展的关系不可以忽视。

术语词不仅消极地记载科学概念,并且能积极地影响概念,促使概念明确严密。

科学工作者必须对术语词认真加以研究。科学上有了发现、发明、创造,就应当提出新词,对术语进行革新。

恩格斯说:"任一种科学,每当有新解释提出时,总不免要在这个科学的术语上，发生革命。"(《资本论》第一卷《英译本第一卷编者序》，27 页) 这话，我们应该加以仔细体会。科学工作者应当对于不正确地解释术语的现象随时加以纠正，还要在对事物的精密研究过程中，不断促进术语的革新发展。

第二，抽象词汇的大量运用和严格使用。

抽象词汇就是表示抽象概念的词汇，是复杂的抽象思维的产物，它用作说明"抽象法"的材料。例如："形式""范畴""质量""因素""原因""结果""性能""纯粹""忠实""准确""论证""考虑"，这些词都属抽象词汇。抽象词汇，各种语体都需要采用。如政论文，抽象词汇占相当大的比重，为了言论有说服力，有推证力，不能不使用这类词汇。特别是科学语体，它不但必须大量运用抽象词汇，并且必须严格地使用。使用这类词汇必须根据科学的认识，必须根据对具体实际的探索。科学语体中的抽象词同术语词性质虽然很为接近，但不是一个东西。专门术语词是某科学专门领域的专用词，而抽象词汇是科学界一般的用词。如果说，艺术词汇、感情词汇是文艺语体语言的重要材料，那么"抽象词汇"就可以说是科学语体语言的重要工具。

像"质的飞跃""科学的抽象""假说""精确度""直接观察""原始观察""直接经验""偶然因素""科学的假说""科学的想象""抽象法""前提"等是何祚庥在《实验抽象和假说在科学研究中的作用》一文(《红旗》1961 年 11 期) 中运用的抽象词汇。这一些词在这篇里都是必需的。通过这些词，才可以把逻辑概念表达出来。适当利用这些词才可以把一篇论旨表述出来。

第三，同义词的对比诠释与科学概念的分析。

科学论著有时通过两个同义词的对比诠释的方式把科学概念作深刻的分析。这与文艺使用同义词不一样，文艺使用这类词往往考虑感情色彩、刻画形象的功能等问题，而科学体的使用同义词、辨析同义词，主要是为的能使科学概念明晰，能使读者对事物的理性认识达到深化。

例如王朝闻在《论艺术技巧》中对"技术""技巧"两个同义词作

了解释。他写道：

> 对于技巧这一用语，我们还没有一致的解释。有人以为技术就是技巧，提高技术，就是提高了技巧。……我还不能为技巧这一用语下一个确切的定义，但也不妨试图在考察具体问题之前，简单谈谈我对于这一用语的了解。
>
> 技巧这一用语所包含的内容，要比技术这一用语所包含的内容更广泛得多。它包括技术，它使一切技术充分表现创作意图。它是构成艺术形式的方法；它是决定艺术性的重要因素；它是由艺术家的生活经验、教养、立场、观点、研究生活的方法、关于艺术的知识和创作实践中得来的经验所形成的。它是一种创造性地把握和描写客观事物（包括人的行动）的特征，从而迷人地表现生活的逻辑，特别是塑造典型的艺术形象的一种特殊本领。
>
> （4—5 页）

从所阐明的"技巧"这个词的内容来看，它比"技术"所包含的意义要广泛得多。通过对"技巧""技术"两个词内容的比较诠释，就使"技巧"这个概念特别明晰，就使读者能对"艺术的技巧"有深刻的认识。

第四，反义词的配合使用。

毛主席在《矛盾论·矛盾的特殊性》中讲：

> 科学研究的区分，就是根据科学对象所具有的特殊的矛盾性。因此，对于某一现象的领域所特有的某一种矛盾的研究，就构成某一门科学的对象。例如，数学中的正数和负数，机械学中的作用和反作用，物理学中的阴电和阳电，化学中的化分和化合，社会科学中的生产力和生产关系、阶级和阶级的互相斗争，军事学中的攻击和防御，哲学中的唯心论和唯物论、形而上学观和辩证法观等等，都是因为具有特殊的矛盾和特殊的本质，才构成了不同的科学研究

的对象。

（《毛泽东选集》第一卷，297 页）

科学研究既然是以现象领域的特殊矛盾为对象，科学语体的语言自然不能不常常利用反义词。用针锋相对的反义词来表述事物的多种多样的矛盾关系，这是不难理解的事。并且科学语体所使用的反义词，特别要求严格的逻辑性。这与文艺作品对所使用的反义词的要求不大一样，文艺作品对反义词的要求，有的是事理的反义，有的是形象的对照，总之是可以变通地运用，在科学语体中就不然。后面举出科学论文体的利用反义词的范例来分析体会。

如《矛盾论》：

　　研究问题，忌带主观性、片面性和表面性。所谓主观性，就是不知道客观地看问题，也就是不知道用唯物的观点去看问题。……例如：只了解中国一方、不了解日本一方，只了解共产党一方、不了解国民党一方，只了解无产阶级一方、不了解资产阶级一方，只了解农民一方、不了解地主一方，只了解顺利情形一方、不了解困难情形一方，只了解过去一方、不了解将来一方，只了解个体一方、不了解总体一方，只了解缺点一方、不了解成绩一方，只了解原告一方、不了解被告一方，只了解革命的秘密工作一方、不了解革命的公开工作一方，如此等等。一句话，不了解矛盾各方的特点。这就叫作片面地看问题。或者叫作只看见局部，不看见全体，只看见树木，不看见森林。这样，是不能找出解决矛盾的方法的，是不能完成革命任务的，是不能做好所任工作的，是不能正确地发展党内的思想斗争的。

（《毛泽东选集》第一卷，300—301 页）

毛主席在这段论述里指出了思考最忌片面性的问题，论述过程中是用一系列反义词准确地表达了事物矛盾的各方特点的，说明假如只了解一方而忽略另一方，就是片面看问题，这样就不能找出解决矛盾的方法。

第五，外来词、国际词的适当运用。

在社会科学、自然科学论著中，往往吸取、运用外来词语，以表示新事物、新概念。如经济学方面吸取运用从日语借来的外来词：企业、金额、交换、保险、组合、节约、市场、财务、财政，消费、核算、预算等。医学上也吸取和运用了很多外来词：像来自拉丁语的维他命、盘尼西林，来自西班牙语的奎宁，来自古法语的休克等。军事学上运用的外来词也很多。像从日语借来的动员、集会、复员、导火线、情报、勤务、退却、游击等，从英语转借来的勃朗宁、来复枪、坦克车等。哲学、逻辑学运用的外来语也非常多。像从日语借来的抽象、断定、概念、判断、肯定、否定、命题、积极、消极、前提等，从英语转借来的逻辑、乌托邦等。

在人民生活、交际和科学概念交换过程中，现代汉语科学语体逐渐吸取了名种来源的许多外来词，作为民族语言词汇的补充，这样就使科学词汇丰富起来。不但无损于汉语的民族特质，而且能使民族性更加扩大、巩固。

但是我们要注意的是使用外来科学词语，应当以“必要”为原则，假如滥用就必致妨害语言的纯洁性，妨害科学文化的交流。

与科学外来词相连的还有科学国际通用词，表明国际的概念。如“共产主义”“社会主义”“辩证唯物主义”“历史唯物主义”“国际主义”“电气”“电车”“电话”“汽车”“数学”“哲学”等词。国际通用词在科学语体的语言中也占重要地位。

第六，在论战中带感情的词语的使用。

在科学体中，一般不用带感情的词语表示评价，但当作者向论敌展开论战，进行辩驳，就可能用讽刺的词语、贬抑的说法以表示愤怒或憎恨或鄙薄的态度。

例如在批判修正主义、揭露修正主义诡辩的折衷主义特点时，吴江在《我们的时代和卡德尔的辩证法》中说：

> ……修正主义诡辩的另一特点，就是折衷主义。修正主义者总是要把自己打扮成为马克思列宁主义者（马克思主义愈获得胜利，他们愈要这样），但他们实际上是为资产阶级和帝国主义服务的。因此，他们总是把各种原则上不同的思想观点杂乱地纠合在一起，拌成一堆的"大杂烩"，把一切弄成模糊的、暧昧不清的、不具体的，借此偷运修正主义、唯心主义的货色。折衷主义的妙用就在于"混水摸鱼"。
>
> （《红旗》1962 年 6 期）

这段里的"拌成""大杂烩""偷运""货色""混水摸鱼"词语带着很重的讽刺色彩，表现出强烈的愤恨情感。

（乙）语法因素在科学语体中的适应性。

第一，逻辑性定语。这种定语，具有限制和区别的意义。用这种成分就能把这类事物和他类事物的特征区别开来。例如"完整的形式"，这"完整的"就是逻辑性定语，它修饰中心词"形式"，标明形式的特征，使这种形式和"非完整的形式"区别开来。

又例如"朴素的唯物论"，这个"朴素的"就是附加在中心词"唯物论"上面的定语，就把这种唯物论和科学的唯物论、其他唯物论区别开来。

例如"自为的阶级"，加上定语"自为的"，就把这个阶级和"自在的阶级"区别开来。

逻辑性定语与艺术性定语恰相对待。逻辑性定语标示事物界限，艺术性定语描绘事物性态。

第二，逻辑性插说。插说是句法的独立成分，它不跟别的成分发生结构的关系。

逻辑性插说，是指有逻辑意义（如表示论断的性质、论证的范围等）一类的插说。

科学语体，为了表明论断的准确可信，或表示论述的谨严周密，或表示论究的清楚深入，往往用逻辑性插说，以引起读者的注意。固然逻辑性插说在其他语体中也有时应用，但其作用跟在科学体中不一样，科学体中，这类插说是针对着科学内容而发的。

后面就科学体所用的插说略加分析：

像表示对事理的坚决肯定时，为了使群众对某论断确信不疑，往往应用"毫无疑问""不可否认""可以断言"等一些词语。在表示说话的性质或范围或态度时，又往往用"认真地说""实际说来""严格地说""一般地说""不客气地说""平心而论"等来表示论述的严密。在表示包括或排除或突出的意味时，往往用"包括……在内""除了……""特别是……""尤其是……"等。这些都是为的表示论述的更周密。而在表示更正或解释时却用"……亦即……""……即……""……不，……"等。这样就可以把所要论述的事物说得更清楚深刻。

逻辑性插说运用得当，可以增强论述的谨严性、周密性，使得论断对读者具有更强的说服力。

第三，复合句。偏正复合句在科学语体中的适应性。

复合句，特别是偏正复合句，它是表现精密复杂的思维关系的，在科学语体中服从科学内容的需要，往往大量运用。汉语偏正复合句类型、复合关系多种多样，有因果、条件、假设、转折、让步等形式，科学论文如能确切使用这些复句形式，就能加强推证力、说服力。现根据《自然科学与世界观》一文提出篇中的复合句，说明各类句型在论证过程中的作用。

首先说转折复合句，其方式是"……但是……"，"但是"是转折连词。

牛顿是经典力学的奠基人，但是他的形而上学的思想是很严重的，并且是笃信上帝的。爱因斯坦是相对论的创始人，但是他的思想中的唯心主义影响是很多的。海森堡是量子力学的建立者之一，但是他在哲学上公然宣传唯心主义，反对唯物主义。

（《红旗》1961 年 15—16 期）

在这段里利用一连串的转折复句，说明牛顿、爱因斯坦、海森堡这些科学家的科学成就和他们的世界观的尖锐矛盾。

科学论文在揭露事物的矛盾现象，反映事物的参差、差异的关系，提出科学问题的时候，往往运用这种偏正复合句形式。

还有让步复合句（又名撇开），表现为一面姑且承认，一面又撇开（抛开）。这种复合句的方式是"虽然……但是（或却是）……"或"尽管……但是（或也）……"等呼应方式。

例如：

应该说，自然科学家虽然一般地能够具有自发的唯物主义，但是这种自发的自然科学的唯物主义同辩证唯物主义世界观之间的区别，不是简单的量的区别。从前者到后者是一个质的飞跃。

（《红旗》1961 年 15—16 期）

这一段就是应用让步复合句，说明自然科学家自发的唯物主义和辩证唯物主义确有相通的相联系的一面（副句"虽然……"肯定联系），但是这种自发的唯物主义与辩证唯物主义之间又存在质的差异（主句"但是……"指出区别）。让步复合句在科学论文里运用，可以防止看问题的片面性和表面性的偏向。科学语体往往运用这种句式，在论证中深刻地辨析事物的异同，透过了事物的表面现象，进一步揭露事物的本质。

至于因果复合句更是科学论文中不可缺少的、大量运用的句式。这种句式或由因推果，或由果溯因，反映事物的必然规律。应用在科学语体中最能增强说服力。

例如：

不同的学术观点并不总是由于人们世界观不同而引起的，单是由于人们掌握材料的不同，观察问题的角度与深度的差别，研究方法和途径的殊异，会产生各种学术见解和各种学派的分歧和矛盾。因此，自然科学中的各科学论争，是认识发展中的必然的正常的现象。

（《红旗》1961 年 15—16 期）

这段运用因果复合句，从已知的现象中（学术观点见解的差异是由多种因素产生的。除了世界观以外，还有掌握的材料，观察问题的角度、深度，研究的方法途径的不同都可能引起见解的分歧），引出了作者所企图阐明的新论断（自然科学的论争是必然的正常的现象）。

实事求是，由因推果，自然具有很强的说服力。因果复合句可以算是科学语体中应用的最主要的句式。深入地看，偏正复合句中，除去一部分的时间复合句以外，像假设、条件、推论、让步等句式，则绝大部分实质上都可以算是反映广义的因果关系（就是时间复合句，其中也有一部分是含有因果关系的）。

总之，科学论著中经常运用偏正复合句，对客观现实世界各种复杂的矛盾现象进行分析和综合的研究，提高到理性认识而传达给交际对方。

客观的事物变化发展，事物间的关系极其错综复杂，因此，科学语体中运用的复合句有多种多样复杂错综的新形式，有待于我们深刻地探讨和研究。

（3）科学语体的分类：专门科学语体、通俗科学语体。

这是根据交际的对象不同（读者、听众）而区分的。由于分类的不同，所以语言因素的运用也有差别。

专门科学论文——读者为专门科学研究人员，因此这种语体严格要求体现科学语言的特点，严格地使用专门的术语词（不许模棱两可），准确地运用各种的复合句、长句，恰当地利用虚词（介词、连词是语言组织的工具），完全保持严格的逻辑结构，要求论点准确，论据充足，论证确凿、明显、有力。总之，要体现科学的高度准确性（虽然也能体现作者的个人语言风格特点，但它的作用不像在文艺作品中那样大）。

通俗科学语体——其对象是不熟悉或不大熟悉科学内容的人们。这种语体比较专门体有灵活性。列宁在阐明这种语体的特点时说："从最简单的、众所周知的材料出发，用简单易懂的推论或恰当的例子来说明从这些材料得出的主要结论，启发肯动脑筋的读者不断地去思考更深一层的问题。"（《列宁全集》第五卷《评〈自由〉杂志》）

通俗科学语体，术语要少用，如果有的术语为听众读者所难于理解，就必须加以解释。如果有的术语本身是大家所不懂的，但它所包含的概念又是大家所具有的，就可以用他们所懂的词来代替。要善于通过结构清晰和完整的句子把思想表述得明白、显豁，让广大的听众读者都能迅速理解。

通俗科学，有时采用文艺性的描绘法，用故事体使内容生动、有趣，富于感情色彩，有时不是用描绘法而是用平易浅明的叙述代替抽象的深奥的解说。

在我们伟大新中国时代，当科学工作者的劳动和社会主义建设紧密相连的时候，当广大劳动群众渴望掌握科学知识的时候，我们应该对通俗科学语体认真研究并适当应用。

通俗科学语体，是社会主义建设时代技术革命、技术革新、文化革命中广大的工农群众劳动人民所迫切需要的。我国现时报刊上适应读者的需要，常常登载这种语体的文章。如《人民日报》的《知识小品》及《中国青年》《中国青年报》《科学大众》都提供一些范例。

例如石工做的《碳和生命》叙说：

碳是一切生命的基础，它在活物质里起骨干的作用。碳提供生命以材料，生命则创造出使碳千变万化的奇迹；而把碳引入这变化过程的是植物叶子中的叶绿素。……每一棵植物都在起着工厂的作用。……只要我们深入贯彻"八字宪法"，提高叶绿素的作用，更充分地利用太阳能，就有可能使这个"绿色的工厂"捕捉更多的二氧化碳，成倍地提高产量。

（《人民日报》1960 年 11 月 17 日）

这篇文章深入浅出并带一点描绘性。用平易通俗的表述法，用鲜明简洁的词句，介绍自然科学的新知识，并提到有关发展农业生产问题。使读者感觉有趣味，内容容易理解又有实际的用处。

再如石工做的《海洋在召唤》开头揭示出海洋是辽阔而深邃的水的世界。贮藏着地球上的五分之四的水，也贮藏着无穷的财富。是一个等待我们开发的巨大宝库。其次说明海洋是生命最旺盛的地方，生存的动物超过十五万种，而植物方面仅藻类就在十万种以上。又次，指出海洋是宝藏的集会，说：地球上许多宝藏每时每刻都随着流水向海洋里集合。又次，指出海洋不仅有丰富的水产品和矿产品，还有无穷的力量。说它像不知疲倦的巨人，一刻也不停止运动，产生了无穷的力量。最后，满怀信心地说："在我们优越的社会制度下，通过集体的力量，我们一定能把海洋的宝藏充分利用起来。"对群众提出响亮的号召："向海洋勇敢地进军！"这一面介绍了有关海洋的科学新知识，一面鼓舞着海洋生产战线上同志们的斗志。

这一类的通俗科学作品，都是用浅显的文字、各种生动的修辞手段（比喻、拟人、摹状等）来描述自然界的现象动态，能引人入胜。像这类作品既有利于普及科学新知识，又开拓读者眼界，启发智慧；既介绍生产的经验，有助于生产的发展，又使读者欣赏体会通俗科学语体的优美风格（科学说明里带艺术性）。

（4）各修辞方式在科学语体中的适应性和局限性。

在通俗科学语体中，比喻、拟人等式常常运用。通过形象描写，对群众灌输科学的基本知识。在对论敌作反驳时，幽默、讽刺等式可以用作战斗武器。布置式中的对照（作事理的对照）、反复（强调论点）、回环（反映事物互相依存关系）、排叠（周密说明事理）以及表达式中的问语（树立对立面）等，这些辞式在科学论著中都有时可以适当使用。至于夸张、双关等辞式，一般是受到局限不能使用的。

在科学语体中运用引语式，有特别的要求和作用。大约有两种情况，各有不同的作用。引用现成话借以帮助说明自己的论旨，这样做有"佐证""例证"的作用。另一种是借现成话以比拟自己所论述的道理、境界，起一种象征的作用。

前者比较是实性的，后者比较是虚性的。

例如《矛盾论》：

> 我们中国人常说："相反相成。"就是说相反的东西有同一性。这句话是辩证法的，是违反形而上学的。"相反"就是说两个矛盾方面的互相排斥，或互相斗争。"相成"就是说在一定条件之下两个矛盾方面互相联结起来，获得了同一性。而斗争性即寓于同一性之中，没有斗争性就没有同一性。
>
> （《毛泽东选集》第一卷，321 页）

这里引用"相反相成"（《汉书·艺文志·诸子略》）一句话来帮助说明"矛盾的同一性和斗争性"规律。这引语有佐证的作用。

另例如施东向《关于写文章》中谈道：

> 有时我们研究一个问题，起初未必能预见到它的广度和深度到底如何，到了写不下去的时候，才意识它的复杂性。所以写作过程常常能引导我们的思想进入新的境地。"山穷水尽疑无路，柳暗花明又一村"的苦恼和喜悦，在写文章的过程中是常常会经历到的。
>
> （《红旗》1959 年 12 期）

这里引用陆游诗句"山穷水尽疑无路，柳暗花明又一村"借来比拟文章思路的发展变化（穷则变），比喻写作的甘苦。这引语是具有象征作用。

运用、体会科学语体的引语辞式，须辨别这两种用法。

同语修辞方式（对举的），即"甲是甲、乙是乙"式，在科学体中运用，也有特殊的作用。它同文艺体中运用的这种辞式有点差别，它是科学上的辩证。

例如王朝闻《美术的特殊性》一文中说：

　　有人说诗是无形的画，画是有形的诗。（一作"画是无声的诗，诗是有声的画"）从状物与抒情的作用上看，它们都有共通之点。但诗到底是诗，画到底是画，对于形象的把握，各有各的路径。如果一幅画只能记录瞬间印象，或只有事物之外表的说明，毫无抒情作用，就很难引起想象和思考，不算很有力的艺术。但过于倾向文学趣味，将会失却作为造型艺术的特长的。

　　先谈诗："大漠孤烟直，长河落日圆。"这是王维对于壮阔的风景的抒情的描写。……"花映霞光不敢红"，是清代的一个不大有名的文人的诗句……其他如李后主的《长相思》，李白的《菩萨蛮》，王维的《汉江临眺》，马志远的《小令》，到处都可挑出绘画趣味的句子来。这些诗，是画，但到底是诗不是画。再看绘画：许多引起进入画中游玩或幻想的古中国山水，吕特（Burgundian Rude）的《马赛曲》，米勒的《晚祷》《倚锄的男子》，罗丹的《老娼妇》，都是明显的具备着诗意的美术。但这诗意的存在，存在于造型本身，或者说由造型所流露。它是诗，但到底是美术。

　　　　　　　　　　　　　　　　　（《新艺术创作论》109—110 页）

这段先用同语式提出"诗到底是诗，画到底是画"的对比的判断，后面举出诗画实例，说明诗里虽有绘画趣味而到底本质是诗，画意凭语言文字表现（原文后面加以申论）；画中虽然具备诗意，而到底本质是美术，诗意由造型流露。这种同语修辞方式是属于逻辑性的，是对于实际道理的认真的追根究底的判断，它和文艺体中的同语式不一样。文艺体中的同语往往是有比拟性的。下面举例来比较一下：

如鲁迅《战士和苍蝇》：

> ……的确的，谁也没有发现过苍蝇们的缺点和创伤。然而，有缺点的战士终竟是战士，完美的苍蝇也终竟不过是苍蝇。去罢，苍蝇们！虽然生着翅子，还能营营，总不会超过战士们的。你们这些虫豸们！

> （《鲁迅全集》第三卷，30 页）

这里所谓"战士"是指孙中山和民国元年前后殉国而反受奴才们讥笑糟蹋的先烈，"苍蝇"是指反动统治者的奴才们。这里的同语辞式："有缺点的战士终竟是战士，完美的苍蝇也终竟不过是苍蝇。"是形象的对比的判断，是比拟性的，具有评价、抒情的作用。

作者通过这个辞式对烈士极力赞颂，对奴才极度贬抑。

总之科学语体中的运用辞式，往往有逻辑上的推证说明作用。同一辞式用在文艺语体中，有抒情描绘的作用，而用在科学体中则有说明事物实际问题意义的作用。两相比较，正可以显出某些辞式在科学语体中的特殊适应性——服从科学语体的需要。

政论语体（又称宣传鼓动语体）。

（1）政论语体特征：政论文讨论现实社会生活的问题，跟国家政治生活、阶级斗争密切联系。语言有强烈的战斗性，立场鲜明，热情洋溢。说话人（或作者）坚决保卫自己的信念，激烈反对敌人，竭力团结同志共同执行摆在面前的任务。这种语体旨在向群众进行政治宣传鼓动，所以又称"宣传鼓动语体"。语言特征是兼用科学语言和文艺语言的两种表达手法。科学的论证和形象的描绘往往相交织。

优秀的政论，有系统的论据，有谨严的逻辑推理，使听众读者信服；同时还有鲜明生动的文艺描绘手法以激发听众读者的情感，鼓舞大家积极参加现实斗争。

我们新中国的政论文，具有高度的党性。伟大领袖毛主席的政论文是政论文最光辉的典范。许多革命领导人的政论、演说，《人民日报》的许多社论、评论以及《红旗》杂志上的许多论文都是优秀的论著。

（2）政论文论述的两大法则。

政论、演说、辩论，对自家人和对敌人有两种不同的原则。对人民内部的劝导说服批评的方法与对敌人的打击斗争的方法有原则性的区别。而这个论述原则决定这类语体的语言特点。

毛主席的各种政论文，闪耀智慧的光芒，掌握高度的原则性。对阶级敌人有揭发、进攻、嘲笑的巨大力量，引起广大人民群众对敌人的鄙视、仇视、蔑视的心情；对革命阵营内的同志，有说服、动员的伟大力量，有革命教育的深刻意义。

因时制宜，有的放矢，掌握语言的艺术分寸，同时就发挥政治的战斗力量。

后面举例来看看：

（甲）对反动派的揭露、进攻、嘲笑的政论。

例如在《质问国民党》一文中，为揭发国民党反动派勾结日寇汉奸订立默契的滔天罪行，根据事实，列举铁证，运用正问、反问各种语气的问句，显示出巨大的战斗力量。

许多国民党人肆无忌惮地天天宣传共产党"破坏抗战"、"破坏团结"，难道尽撤河防主力，倒叫做增强抗战吗？难道进攻边区，倒叫做增强团结吗？

如果你们将大段的河防丢弃不管，而日本人却仍然静悄悄地在对岸望着不动，只是拿着望远镜兴高采烈地注视着你们愈走愈远的背影，那末，这其中又是一种什么缘故呢？为什么日本人这样欢喜你们的背，而你们丢了河防不管，让它大段地空着，你们的心就那么放得下去呢？

（《毛泽东选集》第三卷，905—906 页）

"老实说吧，我们很疑心你们同那些日本党、汉奸党互相勾结，所以如此和他们一个鼻孔出气，所以说出的一些话，做出的一些事，如此和敌人汉奸一模一样，毫无二致，毫无区别。敌人汉奸要解散新四军，你们就解散新四军；敌人汉奸要解散共产党，你们也要解散共产党；敌人汉奸要取消边区，你们也要取消边区；敌人汉奸不希望你们保卫河防，你们就丢弃河防；……何其一模一样，毫无二致，毫无区别至于此极呢？你们的这样许多言论行动，既然和敌人汉奸的所有这些言论行动一模一样，毫无二致，毫无区别，怎么能够不使人们疑心你们和敌人汉奸互相勾结，或订立了某种默契呢？"

（《毛泽东选集》第三卷，910—911 页）

前引一段，先摆出事实（尽撤河防、进攻边区等），用反问语气，严厉地谴责国民党反动派的言行相背。然后用尖锐讽刺的说法，用质问的语气，揭露出国民党反动派同日寇暗里勾结、心心相印的丑恶情况。

后引的一段，历举国民党反动派的言行和敌人汉奸的言行一一作对比，得出来的结论是：一模一样，毫无区别。铁证如山，使反动派无可狡辩抵赖。用反复的辞式（一模一样、毫无二致、毫无区别），用正问、反问各种语气的问句，揭发了国民党反动派勾结日寇汉奸订立默契的滔天罪行。

又例如《新民主主义的宪政》：

……有很多的顽固分子，他们是顽固专门学校毕业的。他们今天顽固，明天顽固，后天还是顽固。什么叫顽固？固者硬也，顽者，今天、明天、后天都不进步之谓也。这样的人，就叫做顽固分子。

（《毛泽东选集》第二卷，729页）

　　……但是我看将来的结果，决不是顽固取消进步，倒是进步要取消顽固。顽固分子要不被取消，除非他们自己进步才行。所以我们常劝那些顽固分子，不要进攻八路军，不要反共反边区。如果他们一定要的话，那他们就应该做好一个决议案，在这个决议案的第一条上写道："为了决心消灭我们顽固分子自己和使共产党获得广大发展的机会起见，我们有反共反边区的任务。"顽固分子的"剿共"经验是相当丰富的，如果他们现在又想"剿共"，那也有他们的自由。因为他们吃了自己的饭，又睡足了觉，他们要"剿"，那也只好随他们的便。不过，他们就得准备实行这样的决议，这是不可移易的。

（《毛泽东选集》第二卷，731—732页）

　　用幽默的说法，揭出了顽固派的僵硬性的本质，引起群众对他们的鄙视。警告顽固派说：如果他们一定要反共反边区，就应该做好决议案"决心消灭我们顽固分子自己和使共产党获得广大发展的机会"，并且得准备实行这个决议案。暴露敌人的愚蠢，发挥嘲笑的巨大力量，自然能使群众对敌人发生蔑视的心情。

　　（乙）对人民内部进行批评、说服、教导的政论。

　　毛主席政论文对于党内、人民内部的批评教导，是对症下药，因时制宜，具有高度说服力，发挥伟大的教育力量。

　　例如《改造我们的学习》《整顿党的作风》和《反对党八股》等文，是毛主席关于整风运动的基本著作。在这些文章里，毛主席进一步地从思想问题上总结了过去党内路线的分歧，分析了广泛存在于党内的伪装马克思列宁主义的小资产阶级思想作风，主要是主观主义的倾向、宗派主义的倾向，和作为这两种倾向的表现形式的党八股。号召全党开展按照马克思列宁主义的思想原则整顿作风的运动。这些文章，详细地分析主观主义、宗派主义的根源和表现的各种病症，党八股的危害性，提出克服的措施办法，谆谆劝诲，析理清楚，说法幽默、生动通俗，在广大党员和革命干部中间具有指导思想斗争的伟大力量。

例如：《整顿党的作风》一文，指出学风的偏弊——主观主义的毛病，对待马克思列宁主义的态度的错误。针对当时在许多人中间流行的关于"理论家""知识分子""理论和实际联系"等等问题的糊涂观念，加以澄清。号召宣传辩证唯物主义、历史唯物主义，以攻破教条主义的主观性和片面性。指出党风上存在的问题——对内对外的宗派主义。详细分析党内的宗派主义残余。号召铲除内外两方面的祸根，以加强全党同志的团结，和党与全国人民的团结。最后提出"惩前毖后""治病救人"作处理党内思想问题的方针。描述生动情况，分析思想问题，谆谆教导，反复叮咛，体现政治教育的高度原则性，同时字里行间含着无限的亲切意味。

（3）政论语体的分类

可大别为评论和杂文两类。

（甲）评论，这种变体是最近于科学语体，其功能在于评议事实，讨论政治问题。

优秀的革命政论评论文，本身就是科学著作。它根据马克思列宁主义观点，深刻地分析现实的社会问题，做出广泛的概括和准确的结论。在政论体中，"评论"这种形式算是主要的。用这种的议论形式的目的在于发表主张，树立判断，对听众读者发挥说服力。

（乙）杂文，这种变体显然接近文艺语体，可以说是政论体与诗体的结合。

新时代的杂文，以歌颂为主，歌颂新制度、新人物、新事物、新风尚等等。新中国的伟大现实，给新杂文提供着广阔新鲜的题材，报刊上歌颂光明进步的新杂文，越来越多，并且越来越显出活跃的精神。歌颂的精神是新时代杂文的基调。

另一方面，杂文又是具有现实的战斗性，是政治斗争、思想斗争的锐利武器。因此对敌人的冷嘲热讽，要有揭发力量，要能击中要害。对人民内部的批评，要尖锐深刻，但态度要恳切，格调要明朗。运用这种变体时，准确地掌握其原则分寸是极重要的。

（4）现代汉语语言各因素（词汇、语法、语音）在政论语体中的适应性。

（甲）词汇方面：

政论语体词汇，依我们的体会，特征有几个方面：主要是政治词汇的体系，其次是各专业词语的应用、古词语和口头词语的搭配使用和庄严词语的辩证运用（正用、反用）。

第一，政治词汇的体系：政治词汇是政论常用的主要的词汇，这是不待言的。我们现在要着力说明的是政治词汇的体系。政治词汇的体系就是政治词汇的总和。各政治词汇间，彼此的含义既有严格的区别，又有逻辑的历史的联系。

在党中央的文件和毛主席的政论文中，为现代政治词汇建立了完整的体系。根据马克思列宁主义理论，结合中国人民革命斗争和社会主义建设的实际，建立了人民政治词汇的体系。

各个政治词在政治词汇体系组织中，都有其严格规定的含义。定义准确，彼此词间不能互相通融。例如"国体""政体"这两个名词，毛主席在《新民主主义论》中做了极准确极清楚的诠释，把两个概念的本质区别开来。文中说：

　　这里所谈的是"国体"问题。这个国体问题，从前清末年起，闹了几十年还没有闹清楚。其实，它只是指的一个问题，就是社会各阶级在国家中的地位。资产阶级总是隐瞒这种阶级地位，而用"国民"的名词达到其一阶级专政的实际。这种隐瞒，对于革命的人民，毫无利益，应该为之清楚地指明。

……

至于还有所谓"政体"问题，那是指的政权构成的形式问题，指的一定的社会阶级取何种形式去组织那反对敌人保护自己的政权机关。

……

国体——各革命阶级联合专政。政体——民主集中制。这就是新民主主义的政治……

（《毛泽东选集》第二卷，669—670页）

这所诠释的国体、政体两个名词，也是通过政治词的体系鲜明表现阶级观点和无产阶级革命立场。同时对资产阶级的在使用政治词方面的诡计作了揭露。

各个政治词之间，词义又有其有机的一定的联系。互相制约，互相依赖。

例如"统一战线""武装斗争""党的建设"三个政治词，毛主席在《〈共产党人〉发刊词》中就论证了这三个词相互的密切关系。文中说：

十八年来，党的建设过程，党的布尔什维克化的过程，是这样同党的政治路线密切地联系着，是这样同党对于统一战线问题、武装斗争问题之正确处理或不正确处理密切地联系着的。这一论断，很明显地，已经被十八年党的历史所证明了。倒转来说，党更加布尔什维克化，党就能、党也才能更正确地处理党的政治路线，更正确地处理关于统一战线问题和武装斗争问题。这一论断，也是很明显地被十八年来的党的历史所证明了。

所以，统一战线问题，武装斗争问题，党的建设问题，是我们党在中国革命中的三个基本问题。正确地理解了这三个问题及其相互关系，就等于正确地领导了全部中国革命。

（《毛泽东选集》第二卷，596—597页）

十八年的经验告诉我们，统一战线和武装斗争，是战胜敌人的两个基本武器。统一战线，是实行武装斗争的统一战线。而党的组织，则是掌握统一战线和武装斗争这两个武器以实行对敌冲锋陷阵的英勇战士。这就是三者的相互关系。

（《毛泽东选集》第二卷，604页）

这几段从党的发展史精确地论证统一战线、武装斗争、党的建设三大法宝的相互关系，同时也可以说是对这三个政治词的关系的准确提述。

政治词汇在各个不同的历史时期，又各有其特定的含义。政治词是属于历史范畴的。例如"人民"这个词，在抗日战争、解放战争、现阶段三个历史时期，就有三个不同的含义。

在《关于正确处理人民内部矛盾的问题》一文中，毛主席对"人民"这个概念在我国各个不同历史时期中包含的不同内容作了极准确的说明：

人民这个概念在不同的国家和各个国家的不同历史时期，有着不同的内容。拿我国的情况来说，在抗日战争时期，一切抗日的阶级阶层和社会集团都属于人民的范围，日本帝国主义、汉奸、亲日派都是人民的敌人。在解放战争时期，美帝国主义和它的走狗即官僚资产阶级、地主阶级以及代表这些阶级的国民党反动派，都是人民的敌人；一切反对这些敌人的阶级、阶层和社会集团，都属于人民的范围。在现阶段，在建设社会主义的时期，一切赞成、拥护和参加社会主义建设的阶级、阶层和社会集团，都属于人民的范围；一切反抗社会主义革命和敌视、破坏社会主义建设的社会势力和社会集团，都是人民的敌人。

（1—2页）

这段就三个不同的历史时期，诠释"人民"这个名词的内容，完全符合历史实际，准确地分清敌我界限，反映革命的发展情况。

我们人民的政治词汇体系和帝国主义、反动派的政治词汇体系针锋相对。人民政治词汇反映客观现实实际，是人民群众在政治生活和社会斗争中的利器；而帝国主义、反动派则利用一套漂亮的政治词汇以欺骗迷惑人民，进行反动宣传，目的是使其政治阴谋得逞。

我们政论文的重要任务之一，就是揭破他们的宣传花招，把他们在漂亮的词汇的外衣掩盖下的反动阴谋和罪恶的企图彻底暴露在人民群众的面前，让群众提高警觉。

例如《奴役，还是进步?》一文中就尖锐地揭穿了肯尼迪的"争取进步联盟"这个术语的虚伪性：

> 看来，肯尼迪比他的先辈稍微不同些。肯尼迪手中不但攀着巨棒，似乎还举着一把火炬，要来照亮黑夜的道路。何以见得？原来这位总统制成了一个"新产品"名字叫作"争取进步联盟"，他声称要慷慨地提供为拉丁美洲所需的二百亿美元外来资源的一半——旨在今后十年中"帮助"格兰德河以南两亿人口"自我改革"，加速他们的经济教育和社会进步；或者如肯尼迪的负责亚、非、拉丁美洲事务顾问鲍尔斯所说，帮助这些国家"向促进社会正义和有条不紊地政治成长的方向前进"，以便这些国家"可以有最大限度的选择自由"来"缔造他们自己的独立前途"云云。……难道古巴不正在进行自我改革吗？难道古巴不正在逐步消灭因帝国主义和寡头势力的压榨和迫害而产生的贫困和落后状态吗？难道古巴不是在自由选择自己的独立前途吗？……总之，难道古巴不正在争取进步吗？既然如此，以"争取进步"相标榜的肯尼迪，为什么对革命的古巴又要大加反对呢？仅仅这一事实，就暴露了肯尼迪的所谓"争取进步联盟"者不过是从华尔街陈旧的殖民主义武库里搬出来的一根巨棒——只是巨棒的顶端安装上了几个金元而已。懂得华尔街这套政治语汇学，举一反三，就可以知道，肯尼迪所创造的"争取进

步联盟"，其含义不外是争取美国统治拉丁美洲人民的联盟罢了。

(《红旗》1962 年 5 期)

从"肯尼迪的对革命的积极争取进步的古巴大加反对"这个事实暴露他所捏造的"争取进步联盟"这一词语的虚伪性，揭发其实际含义只不过是"美国统治拉丁美洲人民的联盟"。从而也就揭露了新殖民主义者的政治的罪恶阴谋，给敌人以沉重打击。

总之，无论是诠释和运用人民的政治词汇语汇，还是揭穿和否定敌人的政治词汇语汇，都是政论语体的重要任务。

第二，各专业词语的应用。政论语体，由于主题的需要，往往广泛使用各种专业词语（军事、农业、工业、经济等）。这是由这类语体特征决定的。后面每一种举出一些例子来看看：

在军事词语的应用方面，例如《抗日游击战争的战略问题》一文中，如射击原则（荫蔽身体，发扬火力）、战略原则、战术、战役、防御战中的进攻战、持久战中的速决战、内线作战中的外线作战等。

又例如《论持久战》一文中，也应用了像战略进攻、战略防御、战略保守、战略反攻、战略退却、防御中的进攻、持久中的速决、内线中的外线、运动战、游击战、阵地战、消耗战、歼灭战等不少的军事词语。

在农业词语的应用方面，例如《关于农业合作化问题》一文中，使用许多有关农业的词语，像全国合作化的社会改革的高潮、贫农、富裕中农、老中农、新中农、劳动互助社、耕田队、变工队、互助组、农业生产合作社、单干户、土地报酬、劳动报酬、商品粮食、农业机器、化学肥料、个体农民所有制、农业技术改造、农业技术改革等等。

在工业词语的应用方面，如《实现农村电气化的道路》一文中像电力工业、机械化、半机械化、水利化、电气化、兴修水利、大型电站、小型电站、机器操作、动力、技术力量、动力站、水力站、水电站、动力资源等工业词语都是。

在财政经济词语的应用上，例如《抗日时期的经济问题和财政问题》一文中就应用许多财政经济专门词语：人民经济、公营经济、自给经济、发展经济、保障供给、公私兼顾、精简、节约、消费性的支出、生产的收入等。

政论语体中应用的一些专业词语，不是做推理使用的工具，而只是作为说明政治问题的材料，这一点与科学论文中的运用专门术语略有不同。

第三，古词语和各种口头词语、俗语、成语的配搭使用。

例（一）《湖南农民运动考察报告》：

> 第二，革命不是请客吃饭，不是做文章，不是绘画绣花，不能那样雅致，那样从容不迫，文质彬彬，那样温良恭俭让。革命是暴动，是一个阶级推翻一个阶级的暴烈的行动。
>
> （《毛泽东选集》第一卷，18 页）

这段是把古代经典的成语"文质彬彬""温良恭俭让"（《论语》）和寻常口头语"请客吃饭""做文章"等融合一起，作"暴烈行动"的反衬。使人具体领会到革命的真意义。典雅词、寻常词自然配搭，使人感觉意味深长。

例（二）《别了，司徒雷登》：

> 美国人民在北平，在天津，在上海，都洒了些救济粉，看一看什么人愿意弯腰拾起来。太公钓鱼，愿者上钩。嗟来之食，吃下去肚子要痛的。
>
> （《毛泽东选集》第四卷，1499 页）

把古成语"嗟来之食"（《礼记·檀弓》）和口头成语"太公钓鱼，愿者上钩"融合运用，极自然而生动。画出美国散发所谓"救济粉"的侮辱性及其恶劣意图。

第四，庄严词语的辩证的运用。政论文里往往辩证地运用带着昂扬庄严隆重色彩的词语。这类词语，有两种用法，一种是表示对伟大的人物、事件、业绩的赞扬歌颂，能引起听众读者的钦佩崇敬的心情，对人民有教育、鼓舞、动员等作用。当然这种是主要的。另一种是反面活用，把庄严词语加在反面人物、现象方面，表示幽默讽刺的意味，能引起人民对敌人对反面现象的鄙视和憎恶。有战斗作用。这是次要的。这类词语，科学语体一般很少运用。先举正面的例子：

例（一）《论持久战》：

伟大抗日战争的一周年纪念，七月七日，快要到了。全民族的力量团结起来，坚持抗战，坚持统一战线，同敌人作英勇的战争，快一年了。这个战争，在东方历史上是空前的，在世界历史上也将是伟大的，全世界人民都关心这个战争。

（《毛泽东选集》第二卷，429 页）

用庄严词"英勇""空前""伟大"，赞颂抗日战争，指出它在历史上的地位，色调昂扬，给群众以巨大的鼓舞。

例（二）《论持久战》：

这样看来，长期而又广大的抗日战争，是军事、政治、经济、文化各方面犬牙交错的战争，这是战争史上的奇观，中华民族的壮举，惊天动地的伟业。

（《毛泽东选集》第二卷，463 页）

"奇观""壮举""伟业"庄严隆重的名词，用来标出抗日战争的性质与气魄、规模，令人肃然起敬。

例（三）《新民主主义论》：

> ……二十年来，这个文化新军的锋芒所向，从思想到形式（文字等），无不起了极大的革命。其声势之浩大，威力之猛烈，简直是所向无敌的。其动员之广大，超过中国任何历史时代。而鲁迅，就是这个文化新军的最伟大和最英勇的旗手。……鲁迅是在文化战线上，代表全民族的大多数，向着敌人冲锋陷阵的最正确、最勇敢、最坚决、最忠实、最热忱的空前的民族英雄。
>
> （《毛泽东选集》第二卷，691 页）

用庄严词"浩大""猛烈""所向无敌"形容革命新军的声势威力；以"最伟大和最英勇的旗手"称誉鲁迅，用一连串的庄严词"最正确、最勇敢、最坚决、最忠实、最热忱"形容鲁迅的民族英雄的气质，准确估计鲁迅在民族文化革命史上的地位，对人民群众有极严肃、极深刻的教育意义。

另外，用庄严词语以进行讽刺，以褒作贬，寓庄于谐，往往有反语的意义。

例如《国民党反动派由"呼吁和平"变为呼吁战争》：

> 自从一月一日蒋匪介石发动和平攻势以后，曾经连篇累牍地表示自己是愿意"缩短战争时间"，"减轻人民痛苦"，"以拯救人民为前提"的国民党反动派的英雄好汉们，一到二月上旬，和平的调子就突然低落下去，"和共党周旋到底"的老调忽又高弹起来。……请问国民党的英雄好汉们，你们为什么要反对惩办战犯呢？……你们是"以拯救人民为前提"的大慈大悲的人们，为什么一下子又改成以拯救战犯为前提了呢？……
>
> （《毛泽东选集》第四卷，1415—1416 页）

这段用"英雄好汉"庄严词来称呼国民党反动派，用"大慈大悲"庄严词来形容他们，利用反语的意义作辛辣的讽刺。

（乙）语法方面：

第一，同一性定语的适当运用。同一性定语要求定语表明中心词的内容。大多数是直接表明，也有的用比喻法来表明。

例如"统一战线的政策"，定语"统一战线"表示中心词"政策"的内容。

又如"又联合又斗争的政策"，定语"又联合又斗争"表示中心词"政策"的内容。

以上两例定语是直接地表示中心词内容。

再例如"两条腿走路的方针"，定语"两条腿走路"是用比喻法表明中心词"方针"的内容。

第二，复合句的大量运用。

一般句子，就语气说，除直陈句外，多用询问句和祈使句。就结构说，往往用复合句。

为了树立对立面，以便揭示问题的本质，为了指出现实矛盾，以引起听众读者的注意，往往运用各类型正问的疑问句；为了坚决强烈地表示肯定或否定的判断，为了对敌人发挥战斗力，对人民群众引起激情，往往应用各种反问的疑问句。

为了发挥动员力量，引起人民群众积极行动，自然常常运用祈使句（政论文常常应用这类句法，此处不必举例）。

由于要反映事理的各种复杂关系，反映事机事态的复杂关系，就往往利用偏正式表示各种复合关系的句子。这与科学语体育相近似的地方，不过科学语体往往是用复合句以阐述科学理论，说明科学规律，而政论文是大多使用这种句式以论述形势和方针、政策、任务等等。

后面略举政论的备正复句例子：关于因果、条件、假设、让步等类。

表因果的复合关系的如《中国共产党在民族战争中的地位》：

  ……共产党员应是实事求是的模范，又是具有远见卓识的模范。因为只有实事求是，才能完成确定的任务，只有远见卓识，才能不失前进的方向。因此，共产党员又应成为学习的模范。他们每天都是民众的教师，但又每天都是民众的学生。只有向民众学习，向环境学习，向友党友军学习，了解了他们，才能对于工作实事求是，对于前途有远见卓识。

（《毛泽东选集》第二卷，510 页）

这段话的句法结构，是因果复合关系的相连接。在因果关系中又包含着条件关系（"因为""因此"是表原因连接词，"只有""才"是表唯一条件的连接词）。

表假设和因果的复合关系的。

如《关心群众生活，注意工作方法》：

我们现在的中心任务是动员广大群众参加革命战争，以革命战争打倒帝国主义和国民党，把革命发展到全国去，把帝国主义赶出中国去。……我们的同志如果把这个中心任务真正看清楚了，懂得无论如何要把革命发展到全国去，那末，我们对于广大群众的切身利益问题，群众的生活问题，就一点也不能疏忽，一点也不能看轻。因为革命战争是群众的战争，只有动员群众才能进行战争，只有依靠群众才能进行战争。

（《毛泽东选集》第一卷，131 页）

"如果……那末……"假设复句，"因为……"因果复句，二者相联合起来。假设复句又作为因果复句的表果句。

连用无条件复句和因果复句的。

例如《将革命进行到底》：

敌人是不会自行消灭的。无论是中国的反动派，或是美国帝国主义在中国的侵略势力，都不会自行退出历史舞台。正是因为他们看到了中国人民解放战争在全国范围内的胜利，已经不能用单纯的军事斗争的方法加以阻止，他们就一天比一天地重视政治斗争的方法。

（《毛泽东选集》第四卷，1379页）

这连用无条件复句和因果复句，概括地提出来敌人的日益重视政治斗争方法的原因，暴露敌人的阴谋，提高人民群众的警觉。

联结连锁复句和单句的。

例如《在新政治协商会议筹备会上的讲话》：

……我们决不可因为胜利，而放松对于帝国主义分子及其走狗们的疯狂的报复阴谋的警惕性，谁要是放松这一项警惕性，谁就将在政治上解除武装，而使自己处于被动的地位。

（《毛泽东选集》第四卷，1469页）

这将连锁复句和单句相联结，论断假使放松对帝国主义的报复阴谋的警惕，就将解除政治思想的武装，这对群众予以深刻的教训。

（丙）语音方面（包括音节、音数、节奏、语调）：政论语体有时候也利用语音各项条件以加强宣传鼓动力量。语音在这时候有实际的作用。

语言的音节响亮、匀称、音数整齐，节奏调谐、语调抑扬、低昂、缓急适当，这样就能使听众读者易于感受、理解内容的精神，也易于传诵记忆原文。这对于有效地传播政论的思想观点，起到了辅助作用。

第一，音节、音数、节奏。如《反对自由主义》一文中列举自由主义的现象时说：

……当面不说，背后乱说；开会不说，会后乱说。……
事不关己，高高挂起；明知不对，少说为佳；明哲保身，但求无过。……

（《毛泽东选集》第二卷，347 页）

这些语句四字一组，音数整齐。有的音节相重，有的相协。好念好记，还能引起幽默感。

政论里有些排叠辞式（里面往往含着反复式），结合内容，利用音律条件而收到表情达意的特殊效果。

例如《新民主主义的宪政》：

这个宪政运动的方向，决不会依照顽固派所规定的路线走去，一定和他们的愿望背道而驰，它必然是依照人民所规定的路线走去的。这是一定的，因为全国人民要这样做，中国的历史发展要这样做，整个世界的趋势要我们这样做，谁能违拗这个方向呢？历史的巨轮是拖不回来的。但是，这件事要办好，却需要时间，不是一朝一夕所能成就；需要努力，不是随随便便所能办到；需要动员人民大众，不是一手一足的力量所能收效。

（《毛泽东选集》第二卷，732 页）

这一段利用排叠辞式畅论宪政运动的道理，指出宪政是历史发展的要求，说明想把宪政办好，需要"时间""努力"和"动员人民群众"。音节清亮，节奏调谐，是有利于宣传鼓动的。

第二，语调。说话声音的高低、抑扬、轻重、缓急等等，是语调的外形表现，语调的内容实质就是说话人对所说的事物和交谈对方所表示的态度。

政论文，特别是讲演、报告，有时自然地利用不同语调以表示鲜明态度，对群众能起很大的感染作用。当然归根到底，语调色彩是决定于说话的目的和所说的思想内容。

如闻一多《最后一次的讲演》：

大家都有一支笔，有一张嘴，有什么理由拿出来讲啊！有事实拿出来说啊！（闻先生声音激动了）

为什么要打要杀；而又不敢光明正大地来打来杀，而偷偷摸摸地来暗杀！（鼓掌）这成什么话？（鼓掌）

今天，这里有没有特务？你站出来！是好汉的站出来！你出来讲！凭什么要杀死李先生？（厉声，热烈地鼓掌）

本篇是闻一多先生在李公朴遇难后（李公朴因参加反对"国民党反动派发动内战"的运动，1946 年 7 月 11 日在昆明被国民党反动特务暗杀）的一次讲演，讲演中有力地揭露国民党反动特务的暗杀阴谋，并庄严地号召群众同反动派作坚决斗争。篇中用悲愤激昂的语调，控诉国民党反动派的罪行，指出其卑鄙无耻；用响亮的语调，赞扬民主战士李公朴。这样的语调是从尖锐的斗争中产生的，而又激动群众情感，加强政治斗争的气氛，加强政治斗争的力量（本篇括号内所记讲演时的情况，可以证明）。我们现在念这篇文章，感到声情宛在，义气凛然。

有时候政论中掺入了文言的语调，富有幽默味，这也是对敌斗争的一种有效方式。

例如《新民主主义论》在驳"左"倾空谈主义时说：

……这班先生们，像煞有介事地提倡"一次革命论"，反对共产主义和共产党，却原来不为别的，专为百分之四十九或五十一，其用心亦良苦矣。"一次革命论"者，不要革命论也，这就是问题的本质。

（《毛泽东选集》第二卷，678 页）

用文言的语调"其用心亦良苦矣""不要革命论也"揭穿了当时反动宣传家的丑心。

政论语体中的语调，多种多样。有的是紧张激昂，有的是松缓沉重；有的是促节，有的是曼声；有的错综参差，有的整齐调谐。总之是为的有利于宣传鼓动。

（5）修辞各方式在政论体中的适应性。

修辞方式，有时运用描绘类某些辞式（比喻、拟人等），有时运用表达类某些辞式（反语、问语、引语、幽默、讽刺等），有时运用布置类某些辞式（对照、衬托、对偶、排叠、反复、层递等）。总之三大类修辞方式在政论语体中有很大的适应性。（参看五、六、七章三类辞式政论文例句）

不过仔细比较一下，描绘、表达类中有的辞式，在政论语体与在文艺语体的运用情况和作用是有些差异的。

（甲）描绘类的比喻，在文艺体中往往就是单作形象的比拟，而政论中的比喻，则往往是在逻辑论证推理的基础上作形象的描绘，作用是使论旨明朗化，使真理形象化。这是辅助的作用，与文艺不同，文艺中比喻的作用是主要的。

毛主席政论创造的比喻是在逻辑论证的基础上作形象的描绘。

例如"纸老虎"这极精确极鲜明极深刻的比喻，是在对帝国主义和一切反动派本质"外强中干"的特征的逻辑论证的基础上创造出来的。而这个比喻手法确实有助于论旨的明朗化，有助于真理的形象化。

毛主席《和美国记者安娜·路易斯·斯特朗的谈话》说：

> 一切反动派都是纸老虎。看起来，反动派的样子是可怕的，但是实际上并没有什么了不起的力量。从长远的观点看问题，真正强大的力量不是属于反动派，而是属于人民。
>
> （《毛泽东选集》第四卷，1193页）

根据对反动派的本质的高度概括（外似强大，实则虚弱），在极深刻的理性认识的基础上，巧妙地构成"纸老虎"的形象。从战略上藐视敌人，有幽默感，有高度战斗性；有说服力，对群众有巨大的教育和感染作用。

文艺中的比喻例如《三千里江山》：

> ……姚志兰今年十八岁了，长得细挑挑的，两只眼睛水灵灵的，双眼皮，脖子后扎两根小辫，好像一枝刚出水的荷花。
>
> （5 页）

这里用"荷花"比喻"姚志兰"，只是单纯的形象描拟，没含有什么深义。

（乙）表达类中的问语辞式在政论语体中往往是"实性"的，是为的加强逻辑推理的力量，增加说服力，充分发挥政治战斗作用。

下面举政论文运用问语辞式例子。

正问例，如《论联合政府》：

> 为什么在国民党主要统治集团领导下会产生这种严重情况呢？因为这个集团所代表的利益是中国的大地主、大银行家、大买办阶层的利益。……
>
> （《毛泽东选集》第三卷，1046 页）

这揭示国民党统治集团反动政策的阶级根源，用特指式的正问和答语，显出论断的特有的锐利性。

反问例，如《论联合政府》：

> 国民党统治者面前摆着这些反常的状况，怪谁呢？怪别人，还是怪他们自己呢？怪外国缺少援助，还是怪国民党政府的独裁统治和腐败无能呢？这难道还不明白吗？
>
> （《毛泽东选集》第三卷，1049 页）

这是把选择的反问句和是非的反问句结合起来构成有力的反问辞式。选择的反问，形式是任意选择而实际是强烈肯定后者——怪他们自己，怪国民党政府的独裁腐败。对国民党政府作严厉的谴责。

问语辞式在文艺语体中运用往往是"虚性"的，是为的加强抒情力量，使表情深婉一些（诗歌中这种意图最为明显）。

例如《奔腾的运河》：

　　……是什么人？
　　背着负伤的同志，
　　跳出火海浓烟，
　　飞越重重山岭，
　　穿过层层封锁线……
　　……
　　是什么人？
　　用冷水拍击着前额，
　　战胜着疲惫继续前进。
　　是什么人啊！
　　是什么人？
　　用双肩供应着战争所需要的一切，
　　用双腿和射向敌人的炮火接力。
　　是什么人啊！
　　是什么人？
　　像战斗的运河里日夜奔腾的流水，
　　像战争的机体里循环涌流的血液！
　　朋友啊！那就是
　　志愿军的火线运输队。

（《志愿军诗一百首》65—67 页）

这首诗热烈赞颂志愿军火线运输队的勇敢牺牲的伟大精神。利用问语辞式，叠次提出问题（反复运用特指问句——是什么人?），最后作出答案，这样就显示出抒情的很强的力量，显示出表情的婉曲美。

表达类中的引语式（用典），在政论与在文艺中的作用也不一样。政论的引语大多有辅助证明事理的作用，有现实战斗的力量；而文艺的引语则大多是帮助抒情或叙事，有点染词语的好处。

政论文运用引语辞式例，如《和中央社、扫荡报、新民报三记者的谈话》：

> ……凡是敌人反对的，我们就要拥护；凡是敌人拥护的，我们就要反对。现在许多人的文章上常常有一句话，说是"无使亲痛仇快"。这句话出于东汉时刘秀的一位将军叫朱浮的，写给渔阳太守彭宠的一封信，那信上说："凡举事无为亲厚者所痛，而为见仇者所快。"朱浮这句话提出了一个明确的政治原则，我们千万不可忘记。
>
> （《毛泽东选集》第二卷，580 页）

这里引用朱浮的话，肯定它为明确的政治原则，从亲者仇者对事情的感情反应方面，提出政治斗争的根本注意点，意味极深长。这样的引语辞式，有辅助论证的重大作用。

文艺中的引语例子，如林元《访问朝鲜·陈正根的房子》：

> 面对着这样顽强、乐观、生命力那么充沛的英雄人民，面对着从废墟上茁长起来的一片崭新的房子，我想的是什么呢？我想起祖国古代诗人赞美春草的那两句诗："野火烧不尽，春风吹又生。"
>
> （29 页）

这里引用唐诗"野火……春风……"二句，借以赞美朝鲜英雄人民的在废墟上建设新房屋的伟大精神，歌颂革命的无穷力量。使读者感觉情味特别深远。这是利用引语辞式以加强抒情力量。

另外，在小说的叙述和对话里，还常常引用歇后语、俗语、谚语等以增加情感色彩，创造艺术气氛。当然上述各辞式在政论与在文艺中的运用、作用的差异只是相对的，不可以把它绝对化，这是要掌握分寸的。

公文语体（又称事务语体）。

（1）公文语体特征。

这种语体直接地与现实生活、工作要求紧密联系。主要用在国家机关、社会团体之间以及机关团体与居民联系之间。我们不应该拘泥于"公文"这个名词的辞面意义，而认为这类语体是限于政府机关应用的文件。实际有的就是适应个人的事务上的需要而撰写。如个人计划、总结、文据等。所以这类称作"事务语体"，比较能概括标明语体的特质。这类语体反映人们在社会生活及生产过程中的各种联系，语言能明显表现民族特点。

（2）公文语体的演变。

汉语公文语体历史悠久。解放以前的公文是官样文章，沿用一套官腔官调。有上行、平行、下行各级文牍种类和公文程式，并有一套用语。上行（下级或人民对上级的）大都用"呈文"。用语有"窃维""谨呈""奉令前因""实为德便""等因奉此"等；平行（同级之间）用"公函""咨文"等。用语有"准""相应""函达""至级公谊""等由准此"等；下行（上级对下级）则用"令""训令""布告""批示"等，用语有"具报""令仰遵照""等情据此"等，表示封建等级关系。

沿用文言形式，装腔作势。

辞意游移圆滑，如"事出有因，查无实据"等惯用语。

新中国成立后，随着社会制度的变革，新中国的公文语体大大革新，出现新的面貌。叙事说理表现实事求是的精神，运用口语，明白易懂。

新社会的公文也有上行下行的区别，也各有规定的特用词语。上行用的词语如"汇报""请示""申请"等，下行用的如"命令""任命""指令""指示""批示""布告"等。但是与旧社会公文上下级的应用词语根本不同。新公文上行下行词语是表明工作的系统、责任的联系，表示领导和被领导间的关系。现时公文渐渐吸收各种语体成分（文艺语体、政治语体、口头语体等）而造成本语体的新风格。

（3）语言各因素在公文语体中的适应性。

公文语体随着应用的场合、交际双方的关系而制定特定的程式（语式），规定专门词语。

词汇方面：有一套专用的事务词（包括政府法令、机关文件及其他应用文所用的词汇）。这种事务词汇一面跟科学专门术语很接近，表示专门性概念，另一面又与术语有所不同，它比术语词应用得广泛，在口头语体中也常常使用。如"宣言""布告""报告""命令""法令""提案""决议""建议""协议""申请""核准""批准""领导""号召""任命""免除""预算""决算""审查"等一套特用词和"准予量才录用""概不追究""听候清点和接管""缉拿归案""依法惩办""决不姑息""勿谓言之不预"等一整套特用语。

公文语体，有时运用古典词语（包括现代汉语中已经不用或正在消失的）来表现特定的内容。这类词语在一定上下文中具有庄严、昂扬的色彩，能使叙述具有高尚严肃的色调。例如《向国民党的十点要求》：

> ……务绝汪党，投畀豺虎。……
> ……假统一之名，行独霸之实。弃团结之义，肇分裂之端。司马昭之心，固已路人皆知矣。……
> ……青年何辜，遭此荼毒？……过去十年"文化围剿"之罪恶，彰明较著，奈何今日又欲重蹈之乎？……

　　……特务机关之横行，时人比诸唐之周兴、来俊臣，明之魏忠贤、刘瑾。彼辈不注意敌人而以对内为能事，杀人如麻，贪贿无艺，实谣言之大本营，奸邪之制造所。使通国之人重足而立，侧目而视者，无过于此辈穷凶极恶之特务人员。……

　　……在此辈人员眼中，三民主义不过口头禅，而有真正实行之者，不笑之曰多事，即治之以严刑。……

　　　　　　　（《毛泽东选集》第二卷，715—779 页）

　　在这一文件中，运用了一些古词语及典故（词语下面加着重号标明）揭露国民党反动派的罪行与毒计，表现了强烈的斗争意志，阐释了深刻的思想内容。

　　公文一般不用口语谈话体的词语，但是近来这类语体有时也参用谈话体词语，更显得自然平易亲切。

　　例如《在中国共产党第七届中央委员会第二次全体会议上的报告》：

　　……我们既然允许谈判，就要准备在谈判成功以后许多麻烦事情的到来，就要准备一副清醒的头脑去对付对方采用孙行者钻进铁扇公主肚子里兴妖作怪的政策。只要我们精神上有了充分的准备，我们就可以战胜任何兴妖作怪的孙行者。

　　　　　　　（《毛泽东选集》第四卷，1437 页）

　　这里用"孙行者故事"说明要在精神上准备对付和南京反动政府谈判后的许多麻烦事情，就有口语谈话的风致。

　　又例如《中国共产党八届八中全会关于开展增产节约运动的决议》：

　　要告诉全党和全国人民，我们不但要善于安排生产，而且要善于安排生活，会过日子，精打细算，留有后备。

"会过日子……"属口语谈话体成分，表现亲切叮咛的意味。

更进一步说，现代汉语公文体往往有的是把古词语和口头语体的词语配合起来适当运用，相辅而行，相得益彰。

如《中国共产党第八届中央委员会第八次全体会议的公报》：

> 八届八中全会满意地指出：由于全党全民贯彻地执行党的鼓足干劲、力争上游、多快好省地建设社会主义的总路线，今年上半年国民经济各部门在一九五八年大跃进的基础上继续跃进，已经取得新的重大成就。

这古成语"力争上游"和口头词语"鼓足干劲"融合起来成为战斗口号，极庄严而又具有伟大的号召力量。

例《中华人民共和国国防部命令》：

> 世界上一切侵略者及其走狗，通通都要被埋葬掉，为期不会很远。他们一定逃不掉的。他们想躲到月球里去也不行。寇能往，我亦能往，总是可以抓回来的。
>
> （《人民日报》1958 年 10 月 13 日）

用"寇能往，我亦能往"古语同上下文的口头语体词语配合起来，说明敌人是无处逃罪，必被埋葬。断定了敌人命运，表现出人民威力。

《中华人民共和国国防部再告台湾同胞书》：

> 同胞们，我劝你们当心一点儿。我劝你们不要过于依人篱下，让人家把一切权柄都拿了去。……现在这个时代，是一个充满希望的时代，一切爱国者都有出路，不要怕什么帝国主义者。当然，我们并不劝你们马上同美国人决裂，这样想，是不现实的。我们只是希望你们不要屈服于美国人的压力，随人俯仰，丧失主权，最后走

到存身无地，被人丢到大海里去。……

（《人民日报》1958 年 10 月 25 日）

用古成语"依人篱下""随人俯仰"和上下文口头语融合起来，警告台湾同胞，切勿惧怕美帝，切勿屈服于美帝国主义，而致无存身之地。这段话结合实际，语重而心长。

语句方面：语句要求简明，表达要求准确。其准确性是通过运用词的直接意义及使用专门词语而达到，其简明是以叙述的简练与熟练掌握和运用公文的特殊程式而达到。

（4）修辞方式在本语体的适应性与局限性。

修辞方式有一部分在公文语体可以适用。如布置式中的对照、对偶、回环、反复、排叠等，表达类中的问语、引语等。有一部分就不适用。如描绘类的拟人、夸张、连物，表达类的双关式。

（三）　现代汉语语体综说

前一节把现代汉语各语体的特征、语言因素、修辞手段和各语体的关系作了分析说明，现在提出两个问题来综括地谈一下，以作本章的结束。

（1）各语体内部因素的联系与语体色彩的统一。

现代汉语每个语体，无论文艺、科学、政论、公文语体，还是口头语体，就它的内部说，各语言因素（词汇、语法、语音）各修辞手段都不是零零散散各自孤立的，而实际是相联系相依待的。如科学语体，它要求严格单义的专门科学词汇、抽象词汇，要求逻辑性定语和结构复杂谨严的复合句。就是修辞手段也要求形象化服从科学准确性，要求比喻等手法的运用能合于实际的分寸。这就与文艺语体对这类辞式的要求不一样。石工《也谈知识性文章》说得对："文学中的譬喻形容有时是不

妨夸张的，但是在知识性文章中则应注意量的尺度，恰如其分。"（《人民日报》1962 年 4 月 13 日）

在文艺语体中词汇上要求运用口语词、俗语词，句法往往需要独词句、省略句、不完全句等不规整句式。语音方面也要求多样的语调、优美的儿化韵、多样化的叠音等等形式。修辞方式也就要求具有高度美感性。

政论体自有政论的风格色彩（政治的战斗性、尖锐性）。科学体自有科学体的风格色彩（逻辑的准确性、立论的严肃性）。另一方面，一个语体是仗着本语体风格的总色彩把各因素统一起来。我们研讨各个语体，必须体会语体内部因素联系与语体色彩统一的辩证关系。某语体单个的个别的语言因素，也可能应用于其他语体；如科学术语词也有时应用于政论，或公文，或文艺，但是这是"非典型的"用法，这种运用是别有目的。科学术语只有在科学语体中的用法才方算是典型的。

研究说明语体，应当对于语体中因素的体系总特点下功夫，不可以笼统讲述语言手段总体系，也不可以枝枝节节地讨论各因素，或孤立地提述某个因素。

（2）各类语体间的交错情况和各语体的独立精神。

各类语体虽然各有独立特征（如上面所讲的），但是它们又互相关联，互相影响，彼此交错，彼此渗透。我们对于语体类别的看法要辩证灵活，切不可以绝对化。

文艺语体很明显地兼包各种语体（前面提过了）。

科学语体中的通俗科学语体，兼具文艺成分，一般用形象化手法。就是专门科学语体，在论述中也可能参用一些富于感情色彩的语言成分，以便表示说话人对所述事物现象的态度。而科学论争，就其热烈性来说，又往往接近于政论。

政论语体兼具科学、文艺两类语体的特点。毛主席的政论文，一面是我国马克思列宁主义科学论文的最高典范，密切结合中国革命实际、建设实际，全面发展马克思列宁主义理论，表现伟大的共产主义风格；

一面又表现崇高的文艺语言风格，对民族语言传统加以高度发扬，有宣传鼓动的巨大力量（政论中有极生动的描绘，有诗一般调谐的韵调、节奏，有关于词汇、成语、句法的种种创造性地运用，有各种修辞方式的创新）。鲁迅的杂文是文艺，同时又具有极深刻的政治意义，它揭露了旧社会内部尖锐的阶级矛盾，表现了一种"韧"的战斗的精神。

公文语体就反映事物逻揖规律、工作规律说，又算是具有科学性。

虽然各语体是这样的交互错综，但是就各类语体的整体和主调说，还是各有其独立的精神。

后　记

　　正当菊花傲霜、柏树滴翠的时候，《现代汉语修辞学》完稿了。在这里把本书的基础、撰写讨论修订的过程和本书内容需要交代的事项大略地述说一下，以便于向读者同志们领教。

　　本书的基础：内容以新中国成立前后历年在高等院校所撰写的修辞学讲义为基础。

　　新中国成立前，历年在各校讲授关于修辞学一类课程，曾于1925年印行《中国修辞学》一书。以后在讲课中适应需要，又撰写一些讲稿，但都是就旧著加以修改补充的。内容主要是讲述修辞方式。

　　新中国成立后，担任现代汉语课程数年，学习了马克思主义语言学原理及有关修辞学方面的新理论，渐渐认识到：修辞学应当属于语言科学范畴，现代汉语修辞学应当成为现代汉语科学的一个组成部分。但当时仅只有这样的基本认识，而没能够根据这个认识，把现代汉语修辞学的内容一些问题做切实的考虑。后来经过一个时期的摸索，才抓到"现代汉语修辞与汉语语言因素的联系"一环，但是还没能对这个环节加以具体研究。1957年编著的《现代汉语讲义》反映出这种情况。

　　本书的撰写过程：本书初稿是在中国科学院河北省分院语言文学研究所，用三年的时间撰写的。是就历年的讲义、讲稿修改而成。

　　1959年春，调来研究所，专搞现代汉语研究工作，有机会集中精神探讨现代汉语修辞学问题。1959年、1960年之交，又应河北大学的邀约，讲了修辞学专题课，教学过程中受到了各种启发，研究工作中又有了一点收获，随讲授，随研究，随撰写，于 1961 年春间完成了《现代汉语修辞学》初稿。1961 年秋季又做了一度的修改，才有了个完整的面貌。

全书由三个环节组成：一是语言因素与修辞，二是修辞方式和寻常词语艺术化，三是修辞与语体。1961 年完成的稿子，对语言因素与修辞的关系根据具体探讨，做了一些说明；对辞式也根据系统的探讨，做了详细的阐述。1961 年的修改稿对于寻常词语艺术化、语体两方面，又根据新的探索作了补充说明。

本书的讨论修改过程：研究所为了广泛地征求语言学界对这部稿子的意见，特地将初稿印出来寄给南北各高等学校及有关机构，以供讨论；并且有计划有准备地组织了一次关于本书的座谈会（1961 年 12 月），出席的有京津语言学界（各高等学校教师）同志数十人。这次会讨论的面相当广，讨论的内容相当深刻，接触到修辞学理论上一些主要问题；对于本书，肯定一些地方，也指出来某些不足之处及需要考虑的问题。此外，会前会后还陆续接到各地区各学校许多书面意见，内容具体详细，是从各角度提出的，很有价值，颇有用处。我仔细参酌各方面的意见，认真修改。在这段修改讨论过程中，衷心感谢各方面同志的关注和指教，深深体会到在科学研究中的群众路线的重大意义。

关于本书内容的交代事项：《例言》中提到本书的重点：语言因素，辞式和寻常词语艺术化，语体。

第三章在分析语言因素与修辞手段的关系时，就提到修辞方式问题；第四章到第九章，系统地讲述修辞方式和寻常词语艺术化时，又对各辞式、各艺术化手法的利用语言因素情况做了具体分析。最后一章讲述语体时，又对语言各因素、修辞各方式在各类语体中的适应性、局限性做了说明。语言因素、辞式、语体三个部分相连相补。本书内容的组织大致如此。

本书是现代汉语修辞学，只在有必要时适当地引用古汉语修辞实例以及古代的关于修辞的理论（引来，有的有证明作用，有的有溯源借鉴的意义，有的有新旧对照的用处），不滥引滥用。

　　如果说这部书有什么可以肯定的地方，这是党的领导指引之功，是群众的匡助策励之效。

　　各方面同志们希望此书出版，天津人民出版社热情协助一切，我为了响应党的"百花齐放、百家争鸣"的庄严号召，为了适应群众的现实需要，就把初稿修订付印。倘若这区区的一部书能引起语言科学大海的一些波澜，我是多么高兴！

　　水平所限，探索很浅，此书有的地方提出新鲜课题而分析不够，有的论点不错而阐述未透。此外各方面还一定存在错误和缺点，诚恳地请求专家和读者同志们多多批评指教！

　　本书承黎锦熙先生作序、黄绮同志题签，在此表示谢意。

张　弓

1962 年 11 月

附：　　　　**现代汉语书面语体修辞表**

语体名称	（甲）文艺语体（艺术语体）		
语体特征	以形象的生动性为总特征，要求高度的丰富的美感性。全民语言的语法特点、词汇财富、语义体系、表情色彩特征、固有语言风格等等都被利用作文艺创作的手段。语言艺术特点：①语言手段和塑造人物形象、写景、抒情的互相影响；②作者的语言和作品人物的语言的区别、融合与交错。		
语言因素特点	词汇	大量使用通用词，把通用词加以艺术化。广泛地使用感情词汇。往往运用劳动群众的口语词汇语汇，充分而生动地表现人民生活和斗争。适度地使用方言词汇以表现地方色彩，并反映各地区社会生活的复杂多样性（当然切忌滥用）。一般不用术语词汇，用术语有的放在对话里，有的用作比喻的转义。	
	语法	艺术性词组（状语、补语）大量运用。各种句法多种多样句型，根据内容错综运用。不完全句、独词句、无主句有时运用。	
	语音	在声韵的表情达意方面有特殊传统。如叠音、拟声、字调、双声叠韵、谐音、押韵、轻重音、语调等现象，在一定语境下都可能当作修辞条件起特殊的表达作用。	
修辞手法特点	各类修辞方式在本语体中起主导作用。描绘类的比喻、夸张、借代等式经常应用，为人物形象的塑造服务。布置类的对照、反复、回环、倒装等方式有特殊的适就性。表达类的"问语"式在文艺中与在其他语体中的适应性也不相同。		
彼此语体比较			

（续表）

语体名称	（乙）科学技术语体（理智语体）（知识性语体）
语体特征	以概念的准确性、判断的严密性、推理的周密性为特征。目的是论证由研究了现实世界的事实而得出的规律。
语言因素特点	**词汇**　　主要是科学专门术语的正确运用，术语词要求单义性，排斥多义。术语词运用在一般语体，是泛泛的、非严格的，而用在专门科学领域中则必须严密。 　　其次，是抽象词的大量运用，科学语体为了证明事理、规律具有说服力，必须运用这类词。 　　有时通过同义词的辨别，使科学概念明晰，使论断准确精密。又往往使用科学技术方面的外来词、国际词，这是适应文化交流的需要。 **语法**　　逻辑性定语大量运用。有时运用逻辑性插说成分。一般利用各种类型的偏正复合句（因果复合句用得最多，此外，还运用条件、推论、让步等句式）。 　　一般运用完全句、长句。
修辞手法特点	描绘类中的比喻、拟人等式，在通俗科学体中常用，通过形象描写，对群众灌输基本知识。表达类中的幽默、讽刺等式在对论敌反驳时可作武器。布置类中的对照、反复、回环、排叠等式以及表达类的问语式，都有时可以适当使用。在本语体中某些修辞手段受到局限，不能运用。如夸张、咏叹、双关等。又，同一辞式用在科学语体和用在文艺语体中不一样。如同语式大概在科学体有推证道理的作用。而在文艺体中有象征比拟的意义。
彼此语体比较	**文艺语体与科学语体的比较**　　文艺语体以语言形象的完整性、生动性、语言的高度美感性为特征。科学语体以语言的高度准确性（逻辑思维的准确性）为特征。文艺语言尤其是诗歌体的语言，可能将民族语言的所有的词汇财富、语义体系、语法特点、语音条件、修辞手法加以利用（当然这是就该语体的总体说的）；而科学语体只是能选用民族语言因素、修辞手法的一部分。科学语体中的通俗科学语体，有时也采用文艺的语言成分，但这些成分所起的作用究竟和在文艺中的不一样。科学体应用描写形容手法，可以帮助读者认识事物的本质和规律；文艺体运用语言形象化手法，能影响读者的情感意志。

（续表）

语体名称	（丙）政论语体（宣传鼓动语体）	
语体特征	以政治的战斗性为特征。讨论现实社会生活问题，永远跟国家政治生活密切联系。旨在向群众进行宣传鼓动。兼用科学语言和文艺语言的表达方法。优秀的政治论文有系统的论据，有谨严的逻辑推理，使听众读者信服。同时还有鲜明生动的文艺描写，以激发读者听众的情感，鼓舞群众积极参加斗争。	
语言因素特点	词汇	政治词汇的准确运用：依据政治词汇体系，准确运用政治词以进行宣传鼓动。对敌斗争往往抓住敌人所捏造的政治术语，揭穿其虚伪性。服从主题需要，利用各种专门词汇。古词语和各种口头词语、俗语、成语的配搭使用。庄严词语的辩证运用（正用——赞颂、反用——讽刺）。社会政治方面的国际词的正确使用。
	语法	同一性定语的运用。为了树立对立面，引起群众注意，为了坚决强烈表示肯定、否定判断，对敌人发挥战斗力，对群众引起激情，往往运用正问、反问句法，为了发挥动员力量，常用祈使句法。为了反映事机事态的各种复杂关系，利用各类复合句。
	语音	适用语境，利用音节字调、语调、节奏等语音条件，以加强宣传鼓动力量。
修辞手法特点	三大类修辞方式，在本语体中有很大的适应性。但描绘类、表达类中某些辞式在政论与文艺中的运用情况和作用不一样。比喻（描绘类）在文艺中往往单作形象的比拟，在政论中则是在逻辑论证推理的基础上作形象描绘。问语（表达类）在文艺中，一般是为的加强抒情力量；而在政论中是为的加强逻辑力量，发挥战斗作用。	
彼此语体比较	政论语体与科学语体、文艺语体的比较	政论语体在主要方面，如报纸的社论、评论以及演说等以议论(判断推理)的形式发表思想主张，目的是诉诸群众的理智。但是它究竟是以表现政治的斗争性、反映阶级矛盾为状况特征，与科学体的单纯说理、单纯说明规律不同。政论往往表现热烈的感情与科学体表现宁静严肃的态度也不一样。 政论有的分体接近文艺(如小品、杂文等)，有时也运用形象描绘等修辞手法，但这只是对逻辑的论证起辅助的作用，只是在个别情况下利用，与文艺体的运用形象化手法不一样。文艺的形象化语言是有一定体系，对主题思想的表现起主要作用。

语体名称	（丁）公文语体（事务语体）
语体特征	以事务的简捷性、准确性、谨严性为特征。 本语体直接与现实生活、工作实际要求紧密联系。主要用在国家机关、社会团体彼此间的联系以及机关团体与居民联系方面。范围实际包括适应个人的事务上的需要而撰写的文件。 对语言要求是事实的高度准确性和事务专门词语的确定性。
语言因素特点	词汇和语式：有专门词语与特定语式。 往往运用古词语、典故表现昂扬色调，表现庄严色彩。 有时参用口头语体词语，显得自然、平易、亲切。有时把口头语体词语和古词语配合起来适当运用，相辅而行，相得益彰。
修辞手法特点	有些辞式在本语体中可以适当使用，如布置类的对照、反复、排叠、对偶、回环、联珠等式。有些辞式，在一般情况下不可以运用，如描绘类的夸张、连物式，表达类的双关式。
彼此语体比较	